2035中国教育发展战略研究

丛书主编　袁振国

为了人的更高发展

国际社会谋划 2030 年教育研究

彭正梅　邓　莉　周小勇　著

华东师范大学出版社

2035中国教育发展战略研究编委会

主　编　袁振国
副主编　王　焰　柯　政
编　委（按姓氏笔画为序）
　　　　　　王　莉　王　焰　田　凤　白锋宇　朱军文
　　　　　　刘贵华　刘复兴　阮光页　陈纯槿　林炊利
　　　　　　尚俊杰　柯　政　姜　勇　袁振国　黄忠敬
　　　　　　彭正梅　董圣足

上海市浦江人才计划(批准号：2019PJC030)成果之一

总 序

这是一个史无前例的大变革时代。

科学技术迅猛发展,国际关系急剧变化,社会生产方式、生活方式深度变革,毫无疑问,教育方式和学习方式也面临着重大转型发展的历史挑战和前所未有的改善机遇。

自互联网、大数据、云计算取得突破性进展以来,教育的转型发展已初见端倪,随着人工智能、物联网、脑科学等的新突破,这种转型发展将更快、更强烈:

教育的形态,从以教为重心向以学为重心转移,从固定人群在固定地点、固定时间、学习固定内容的学校教育,向任何人在任何地点、任何时间、学习任何内容的泛在教育转型;

教育的功能,从以知识传授为中心向以能力培养为重心转移,尤其注重责任能力、思维能力、学习能力、沟通能力、创新能力、解决复杂问题能力的培养;

教育的内容,从以知识体系为主线的分科性的学科教育为主,向以核心素养为主导的综合性、问题性教学为主转型;

教育的评价和要求,从班级授课制背景下的统一化、标准化,向瓦解班级授课制的多样化、个性化、选择性的因材施教转型;

教育的形式,从以教定学,教什么学什么、怎么教怎么学,向以学定教,学什么教什么、怎样学就怎样教转型;

教育的手段,从以黑板粉笔为主要工具的线下教育,向基于互联网、物联网、人工智能的线上线下融合教育转型;

教育的生涯,从一次受教终身受益,向不间断的终身教育转型;

……

与此同时,未来社会对人才的数量、质量和类型不断提出新的要求。教育不断变革才能适应社会要求的不断变化,才能为受教育者奠定成功和幸福的基础。

关注 2030、关注未来教育形态,已经成为国际热点。2015 年 11 月,联合国教科文组织发布《教育 2030 行动框架》,指出:必须在当今发展的大背景中来审视"教育2030",教育系统必须相互关联,回应迅速变化的外部环境,如变革的劳动力市场、技术的更新换代、城镇化的兴起、政治环境的不稳定、环境恶化、自然风险与灾难、对自然资源的争夺、人口压力、全球失业率的攀升、贫穷的困扰、不平等的扩大以及和平与安全所面临的更多威胁。

经济合作与发展组织(OECD)在其发布的"2030年教育计划"中写道:"2030年,世界将会更加复杂,易于波动,不确定因素增多,形势不定。全球化、数字化、气候变化、人口结构变动以及其他重大趋势不仅创造了机会,而且给个人和社会带来了挑战,需要人们积极应对。下一代人需要掌握一种全新、不同于以往的技能,才能取得成功,为有序社会作出贡献。虽然到2030年还有一段时间,但是现在开始读小学的孩子们将会在2030年踏入职场。"

中国经过改革开放40多年的发展,已经迅速发展为教育大国,并不断向教育强国迈进。面对快速发展、充满不确定性的未来,必须学会以不变应万变,以超常思维谋划未来,谋划适应和引领未来的教育。为此,华东师范大学教育学部和华东师范大学出版社联合申报了上海市文教结合"高校服务国家重大战略出版工程"项目,组织业内专家撰写"2035中国教育发展战略研究"丛书。

丛书从"服务国家重大战略"出发,希望对未来一二十年中国教育必将面临的重大挑战,对教育改革的重点领域和关键环节,进行整体思考、系统回应;从服务上海科创中心和教育综合改革试点出发,对上海如何贯彻先一步、高一层、领先发展的战略思想作出回答。丛书的指导思想是:第一,以2035年作为参照点,选取当前国家教育现代化战略推进过程中必然遇到的重大理论和实践问题,对下一阶段中国教育发展方向、问题和路径进行战略性、前瞻性和富有针对性的探讨;第二,以各级各类教育为经,以重大问题、发展趋势为纬,勾画未来教育蓝图;第三,以前瞻性、可操作性和实证性作为基本写作要求;第四,重视方法手段的变革,更注重制度性创新。

丛书的第一批作品包括:《新时期学前教育发展研究》(华东师范大学姜勇教授等)、《延长义务教育年限研究》(中国人民大学刘复兴教授等)、《"双一流"建设突破研究》(中国教育科学研究院刘贵华教授等)、《高考改革深化研究》(华东师范大学袁振国教授等)、《民办学校分类管理推进策略研究》(上海市教育科学研究院董圣足研究员等)、《面向2035教育经费投向研究》(华东师范大学陈纯槿副教授)、《未来教育重塑研究》(北京大学尚俊杰研究员)、《教育舆情演变与应对研究》(中国教育科学研究院田凤副研究员)、《高等教育赋能上海科技创新中心建设研究》(华东师范大学朱军文教授等)、《为了人的更高发展:国际社会谋划2030年教育研究》(华东师范大学彭正梅教授等)、《OECD教育指标引领教育发展研究》(华东师范大学黄忠敬教授等)。

谋定而后动。社会发展越快,超前研究、多元研究越是重要。希望这套丛书能为我国未来教育改革发展提供战略性参考,也能激发广大从事和关心教育的读者的丰富思考。

袁振国

2019年9月

目录

导言　发展21世纪能力,建设现代教育强国:国际教育改革新趋势及中国应对 / 1

第一部分　国际教育2030

第一章　构建人类命运共同体——面向2030的全球公民教育 / 25

第二章　用教育4.0推进工业4.0:德国教育2030战略考察 / 38

第三章　迈向2030年的课程变革:以美国和芬兰为例 / 50

第四章　面向未来的教学蓝图——美国《教学2030》述评 / 68

第五章　全球学习战略2030与中国教育的回应 / 83

第六章　非洲联盟2063议程框架下的教育愿景与行动计划 / 101

第二部分　重要主题

第七章　培养具有全球竞争力的人才——基于全球21世纪技能运动的考察 / 115

第八章　核心素养的话语形成、扩散与制度化 / 135

第九章　全球化时代呼唤全球素养教育 / 145

第十章　西方全球公民教育述评——多元话语与实践 / 158

第十一章　西方新自由主义全球公民教育述评 / 169

第十二章　当代全球教育治理的模式、特征及启示 / 178

第十三章 迈向教育改革的核心：培养作为21世纪技能核心的批判性思维技能 / 188

第十四章 全球竞争力教育指标国际比较及政策建议——基于世界经济论坛《2018年全球竞争力报告》的数据 / 199

第十五章 通向21世纪技能的学习环境设计——美国"21世纪学习环境路线图"述评 / 218

第十六章 培养具有全球竞争力的美国人：基于21世纪美国四大教育强国战略的考察 / 237

第十七章 培养具有全球竞争力的中国人：基础教育人才培养模式的国际比较研究 / 251

结语：为了人的更高发展 / 266

导言　发展 21 世纪能力，建设现代教育强国：国际教育改革新趋势及中国应对

为了应对全球知识社会日益扩展所带来的挑战，自 20 世纪末以来，世界各国兴起了超越知识的 21 世纪能力教育改革运动（21st century skills-oriented educational reform movements），美国智库布鲁金斯学会（Brookings Institution）将这场改革运动称为"全球技能运动"（global skills movement）。[①] 全球教育系统的目标、内容、方法和评价更为明确地关注并聚焦于 21 世纪个人及社会所需的广泛的高阶能力，即 21 世纪能力（或技能）。21 世纪能力已经成为世界各国回应全球知识社会、提升全球竞争力的重要抓手，成为各国教育改革的核心关注，也成为 21 世纪教育强国的本质体现。[②③]

今天的中国已经处于世界之中，而且一改近代以来的被动地位，更加主动地参与到国际和全球事务之中，力图推动建立更加合理公正的国际秩序，从而在全球格局中谋求中华民族的伟大复兴和全人类的共同福祉。对于已经实现从"面向世界"到"在世界之中"转变的中华民族来说，结合自身国情，顺应全球教育趋势，推动以"21 世纪能力"为导向的教育转型，从未像今天这样刻不容缓，也从未像今天这样可望可及。

一、全球 21 世纪能力教育改革运动及其本质

新世纪以来，国际上出现了一场全球性的 21 世纪能力运动，其本质是一种以人的高阶能力发展为导向的教育改革运动，体现了一种教育目的上的新人形象。

（一）21 世纪能力教育改革运动的兴起

2001 年是新世纪以来教育改革的开端，世界各国纷纷布局自己的教育战略，以应对各自所面临的挑战。在美国，在 2001 年的总统选举中，民众关心的第一议题就是教育问题，并促进了 2001 年《不让一个孩子掉队法案》（No Child Left Behind Act）的出

[①] Ananiadou K, Claro M. 21st Century Skills and Competences for New Millennium Learners in OECD Countries [R]. OECD Publishing, 2009:8.
[②] 邓莉,彭正梅. 全球学习战略 2030 与中国教育的回应[J]. 开放教育研究,2017,23(3):18—28.
[③] 彭正梅,邓莉. 培养具有全球竞争力的美国人——基于 21 世纪美国四大教育强国战略的考察[J]. 比较教育研究,2018,40(7):11—19.

台；在中国，为了解决基础教育中的应试教育倾向，2001 年，教育部启动了"基础教育课程改革"；在德国，教育现状是在 2001 年的经济合作与发展组织（Organization for Economic Cooperation and Development，OECD）主导的国际学生评估项目（PISA）测试中遭受了"PISA 震动"（PISA Shock），从而迅速开启了新的全国性的教育改革。

稍后，每隔三年的 PISA 测试进一步把世界拖入到教育竞争之中。卷入 PISA 测试的国家都极为关心自己的 PISA 测试排名，并把这一排名视为教育竞争力、人力资本竞争力乃至国家竞争力的关键。2009 和 2012 年，上海 PISA 测试两获世界第一，震惊了整个世界。一方面，人们惊奇地发现，长期以来被西方世界刻板化地认定为死记硬背的填鸭式的中国教育居然具有世界最强的教育潜力；另一方面，国际社会特别是西方社会把这视为中国经济的潜在竞争力，并惊呼这是一次新的"人造卫星"危机，就像 50 多年前苏联的人造卫星上天对西方教育、科研体制乃至社会的冲击。PISA 测试试图用同一把尺子来衡量参与国的教育质量，推动和促进了各国的教育改革及反思浪潮。

这些改革的核心议题就是试图探讨 21 世纪教育需要培养什么样的人才。1999 年，OECD 提出了个体在 21 世纪获得"兴盛"（flourishment）需要什么关键能力的框架；2002 年，美国 21 世纪学习合作组织（Partnership for 21st Century Learning，原名为 Partnership for 21st Century Skills，P21）提出了个体在 21 世纪获得成功需要什么样技能的框架图。2001 年，在美国教育界家喻户晓的"布卢姆认知领域教育目标分类"经过修订，在该修订版中，"创造"被置于顶端，代替了之前的"综合"。如果古典经济学家把专业化和贸易化视为提高经济效率的主要因素，那么，在 21 世纪，人们日益确信，创新和创业才是经济增长的主要驱动力，创新力才是各国的核心竞争力。培养人的创新力成为各国教育竞争力乃至国家竞争力的核心。

2016 年，布鲁金斯学会环球教育中心（Center for Universal Education at Brookings）和乐高基金会（LEGO Foundation）对 113 个国家的教育系统进行调查发现，大部分国家制定了 21 世纪能力框架来界定和遴选 21 世纪所需的技能或能力。在全球范围内，越来越强调发展学生超越传统学科知识的广泛的 21 世纪能力，并且体现出一场 21 世纪能力导向的全球性的教育改革运动。①

各国和地区，以及国际组织在自己的文件中指称"21 世纪能力"所用的概念有所差异。例如，OECD 和欧盟称为"关键能力"（key competencies/key competences），美国

---

① Care E, Anderson K, Kim H. Visualizing the Breadth of Skills Movement across Education Systems[R]. The Brookings Institution, 2016.

称为"21世纪技能"(21st century skills),日本和新加坡称为"21世纪能力"(21st century competencies),中国大陆和中国台湾称为"核心素养"。此外,还有"横向能力"(transversal competencies)、"高阶思维技能"(higher-order thinking skills)、"高阶技能"(higher-order skills)、"通用技能"(generic skills)、"通用能力"(general capabilities)、"深度学习"(deeper learning)、"21世纪流畅力"(21st century fluencies)、"全球能力/全球胜任力"(global competencies)、"终身学习素养"(lifelong learning competences)、"新基础性技能"(new basic skills)、"软技能"(soft skills,)以及"非学术技能"(non-academic skills),等等。①

这些指称有其共同之处,但也有着不同的侧重点,后者主要体现在两个英文关键词"competency"(能力)和"skill"(技能)之间的区分上。一般而言,"skill"和"competency"在某种程度上都是指完成"某一(些)"任务所需要的能力。"skill"偏重"可表现"、"可观察"的技能,因此,"skill"并不能完全告诉我们"如何"(how)成功地完成一项任务或动作;相对而言,"competency"这个概念更为广泛,能够涵盖把"skill"转化为工作行为时所遗漏的部分。也就是说,"competency"包含着"知识"、"技能"和"态度和价值观"这三个方面的意思,而不仅仅是"可表现"、"可操作"及"可观察"的行为。因此,那些使用"skill"来指称"21世纪能力"的国家,为了避免这个概念较为狭隘的意义,越来越把"skill"理解为 KSA(knowledge、skills and attitudes);而那些使用"competency"的国家,为了避免这个概念的广泛性和模糊性,则越来越使用"skill"来指称"21世纪能力"明确的特殊性。

实际上,"全球技能运动"产生于并旨在回应新世纪以来日益扩展和加深的全球化和全球市场,因此,它比较忽略带有更多的文化性和意识形态的知识、态度和价值观,而是强调更具表现性和结果性的"skills"。因此,布鲁金斯学会把这场全球性的教育改革运动称为"全球技能运动",可谓抓住了这场运动的本质。

中文把这场"全球技能运动"译为"核心素养运动",自然反映了我们重视知识、价值观的教育传统,但忽视了这场运动强调"可表现"、"可操作"和"可观察"的技能的本质。但另一方面,"技能"在中文中常常与职业教育联系在一起,"技能"概念的使用,反而不利于这场运动在所有教育领域中的展开,不如中文"能力"这个概念更好。因此,这里把"全球技能运动"称为"21世纪能力教育改革运动"。这样,我们可以把对这场运动的研究和考察与中国教育界长期以来关于"知识与能力"关系问题的讨论史联系

---

① 邓莉.如何在教学上落实21世纪技能:探究性学习及其反思和启示[J].教育发展研究,2017(8):77.

起来,并有利于这个问题在新世纪的澄清。另一方面,考虑到"21世纪技能运动"(21st century skills movement)主要是为了培养个体在21世纪获得成功和生命"兴盛"所需要的能力,因此,"技能"这个狭隘的概念也不足以涵盖个体"成功"和"兴盛"所需要的能力。而且,如果再把"21世纪能力"从中文翻译成英文,这里宁可采用阿玛蒂亚·森和玛莎·努斯鲍姆的"能力"(capabilities)概念,把它翻译为"21st capabilities"。[①]

(二) 21世纪能力是高阶能力

21世纪能力教育改革运动首先体现在很多国家或组织制定的21世纪能力框架之中。这些框架界定了本国或组织所认可的最为重要的21世纪能力,来引领学校变革和课程教学变革。

各国对"21世纪能力"的定义及其所包含的子技能内容有所不同,但呈现出某种共同的关怀。各国提出的21世纪能力通常包含认知和非认知的知识、技能和态度或价值观,其共同特征在于强调4C技能(Critical thinking and problem solving、Communication、Collaboration、Creativity,即批判性思维和问题解决、交流、合作和创造技能)、ICT技能、人际交往能力、适应能力等。其中亚洲国家,如新加坡和日本同时把伦理道德和价值观摆在重要位置。[②] 这里将对21世纪能力与布卢姆认知领域的教育目标分类进行比较。

20世纪50年代,美国教育心理学家布卢姆提出教育目标分类法:知识(knowledge)、领会(comprehension)、应用(application)、分析(analysis)、综合(synthesis)、评价(evaluation),这六个阶段的认知水平由低阶走向高阶,其中,分析、综合与评价是问题解决能力的三个水平,是综合运用多种知识、技能和策略来解决问题的能力,是高阶能力。2001年,安德森(Lorin Anderson)与科让斯沃(David Krathwohl)对布卢姆认知目标分类进行了修订。修订版将"创造"置于知识复杂度的顶层,也就是说,创造和创造性思维被视为最复杂的人类认知过程。这种修订试图强调,学习结果仅仅满足于知识习得和理解层面是不够的,学习的成功必须通往高阶目标或层次,最终导向问题的解决、创造力的获得。

因此,按照布卢姆的教育目标分类,读写算能力即3R(Reading, wRiting, aRithmetic)能力和传统教育的学科知识属于较为低阶的知识和能力,因为它侧重于记忆和回忆等认知水平层次,只需要学生付出低层次的认知努力,而分析、综合与创造等

[①] 杨兴华,张格儿. 阿玛蒂亚·森和玛莎·努斯鲍姆关于可行能力理论的比较研究[J]. 学术论坛,2014,37(2):31—34.
[②] 邓莉. 如何在教学上落实21世纪技能:探究性学习及其反思和启示[J]. 教育发展研究,2017(8):78.

的高阶能力需要付出更大的认知努力,包括复杂推理、逻辑思维、问题解决等,并能够将知识迁移到实际生活中。

如果以布卢姆教育目标分类来考察,我们可以看出,21世纪能力特别是4C技能分布在高阶区域。

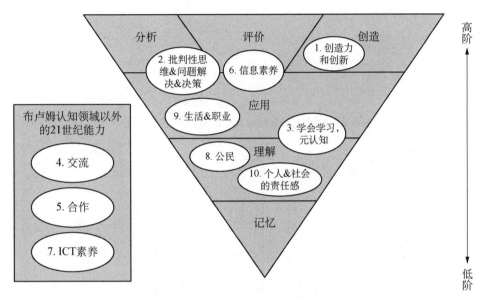

图导言-1　21世纪能力的教育目标分类①

4C技能正是21世纪能力教育改革运动的核心。布鲁金斯学会的研究发现,97个国家和地区在公开文件中提到特定的能力,如合作、问题解决、信息素养、创造力、交流等能力,并强调通过教育系统发展这些能力;55个国家和地区在课程文件中提到这些能力;45个国家和地区在其使命和愿景陈述中提到21世纪能力和个人品质;13个国家和地区提到在不同学段、年级中的能力进阶(即能力的不同层次水平)。② 在各国和地区政策中最为频繁提到的21世纪能力是交流技能,其次是创造力、批判性思维和问题解决技能。③ 澳大利亚一项研究也显示,4C技能在各国和地区21世纪能力框架处于最重要的位置。

因此,可以说,21世纪能力具有跨领域性、复杂性、通用性,被世界各国视为当前

---

① Suto I. 21st Century Skills: Ancient, Ubiquitous, Enigmatic? [J]. Cambridge Assessment, 2013: 11.
② Care E, Anderson K, Kim H. Visualizing the Breadth of Skills Movement across Education Systems [R]. The Brookings Institution, 2016: 9.
③ Care E, Anderson K, Kim H. Visualizing the Breadth of Skills Movement across Education Systems [R]. The Brookings Institution, 2016: 9.

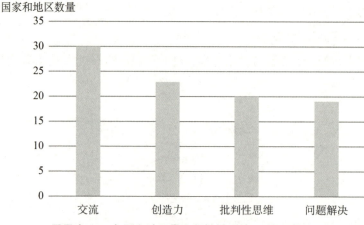

图导言-2　各国和地区最为频繁提到的 21 世纪能力

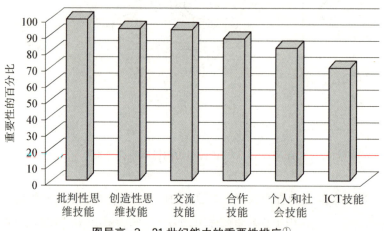

图导言-3　21 世纪能力的重要性排序[1]

和未来社会及个人取得生活和职业成功、国家取得经济繁荣所需要的必备能力。作为高阶能力的 21 世纪能力与低阶能力相对,超越了传统的读写算能力,超越传统学科,主要包含批判性思维、问题解决、合作、交流、创造力等能力。高阶能力的本质在于如何创造性地应用知识来解决问题,其超越了学科知识的认知性掌握,是知识、技能、思维和态度的综合。正是从这个角度,21 世纪能力教育改革运动,也被简称为从 3R 到 4C 的运动。[2]

实际上,高阶能力是一个历史的概念,受政治、经济、文化等方面的影响。农业时

---

[1] Queensland Curriculum and Assessment Authority. 21st Century Skills for Senior Education: An Analysis of Educational Trends [EB/OL]. (2015-11). [2017-11-20]. https://www.qcaa.qld.edu.au/downloads/publications/paper_snr_21c_skills.pdf.
[2] 邓莉,彭正梅. 美国学校如何落实 21 世纪技能——21 世纪学习示范学校研究[J]. 外国教育研究,2017,44(9):52.

代、工业时代所认为的高阶能力是读写算能力,当今时代的高阶能力在未来也会发生变化,有些能力会被人工智能所代替,一些新的能力会加进来。基于当前21世纪所处的全球知识社会背景,以及从全球21世纪能力教育改革运动的背景来看,目前社会的高阶能力主要是指21世纪能力,这样的能力是目前和未来一段时期机器难以取代的能力,"甚至是人摆脱被人工智能取代的重要资本"。[①]

今天,世界各国所言的21世纪能力具有共同的主要特征:横向的或通用的(不与特定的领域直接联系,但与很多领域相关);多维度的(包含知识、技能和态度);高阶的,与高阶技能和行为相关,是能够应对复杂问题和突发情况的能力。[②] 21世纪能力中的批判性思维和问题解决技能、合作技能、交流技能、创新和创造技能等尤其具有复杂性、高阶性、跨学科性、多维性、合作性,并且是对每个人的要求。

在21世纪,高阶能力已不再是偶然的、附带的教育和教学的点缀,而必须成为我们教育体系中普遍的刻意行为。如果要致力于更加公平和有效的教育,那么,我们就必须普遍教授儿童如何去思考,如何将所学知识应用于实践,帮助所有儿童去习得可迁移的高阶能力。也就是说,在柏拉图时代,作为精英阶层的"奢侈品"的批判性思维技能等高阶能力,必须走向每个人。[③]

这种以培养人的高阶能力为导向的全球性的教育改革,体现了一种国际教育中的新人形象,而培养这种新人恰恰是21世纪的全球知识社会的基本而迫切的要求。

二、全球知识社会需要培养个体的21世纪能力

21世纪能力教育改革运动尽管落脚点是个体成功,但需要从个体及教育所属的社会及世界,特别是从现代化的视角来加以考察,才能看出这场运动的特殊性、必要性及迫切性。

(一)现代化的前提是人的现代化

从西方教育历史发展来看,现代教育强调的是培养理性的主体。卢梭提出,教育的目的既不是培养暴君,也不是培养奴才,而是培养一个人。暴君任性,他想做什么就做什么,并且禁止别人评判和批评;奴才没有个性,以他人的意志作为自己的意志。卢

[①] 郑太年. 美国教育的基础性制度和发展战略的嬗变[J]. 教育发展研究,2018,38(11):22.
[②] OECD. The Definition and Selection of Key Competencies (Executive Summary)[EB/OL]. (2005-05-27).[2017-09-25]. http://www.oecd.org/pisa/35070367.pdf.
[③] 彭正梅,邓莉. 迈向教育改革的核心:培养作为21世纪技能核心的批判性思维技能[J]. 教育发展研究,2017(24):57-63.

梭要培养的是具有真情实感和能够理性思考的主体。康德把卢梭的论述进一步归纳为培养"能够不依赖他人而独立使用自己理性的个体"。大自然给予了人类独特的理性禀赋，目的就是为了使用和运用理性，这是大自然的隐秘的计划。因此，康德鼓舞人类："拿出勇气来，去使用自己的理性！"①

在康德之前的夸美纽斯呼吁要把"一切知识传递给一切人"，因为只有拥有知识，人类才能思考。而康德之后的赫尔巴特认为，知识即道德。没有经过理性思考、没有理性抉择的道德，不是真正的道德。

杜威认为，教育不仅在于培养理性主体，更在于培养致力于社会改善的理性主体。因为只有改善了的社会，才允许人的理性使用及进一步使用。因此，在杜威看来，现代教育的任务是培养能思考的积极的公民。这里以一则事例来加以说明。

> 贝尔市是美国洛杉矶近郊一个蓝领工人聚居的普通小城。2010年7月初的一天，50多岁的拾荒妇女简·艾丽丝正在漫不经心地清理从贝尔市政府回收的废纸。突然，一份贝尔市官员的工资单闯入眼帘，上面的数字让艾丽丝惊呆了：市长里佐的年薪竟然高达78.8万美元，相当于美国总统年薪的近两倍。警察局长兰迪·亚当斯的年薪同样令人咋舌，达到46万美元，比洛杉矶市警察局长的年薪多出15万美元。
>
> 艾丽丝越看越感到震惊：斯帕希只是一名助理执政官，年薪竟高达37.6万美元，而市议会的4名议员并非全职工作，每人年薪也达到10万美元。在美国，一般城市里的议员每月通常只有微薄的薪水。
>
> 艾丽丝愤然走上街头，通过演讲揭露这件蹊跷事。此举引起《洛杉矶时报》关注，该报组成一个20人的采访小组进行调查，结果证明艾丽丝所言属实，并引起检察机关介入。
>
> 美国咨询公司"奥马力国际"总裁约翰·奥马力对本报记者说，美国城市一般规模不大，政府预算不多，给人留下官员没有贪腐空间的印象，但贝尔市的腐败案改变了人们的想法。尤其可怕的是，这些腐败官员是一位拾荒者在偶然间发现并揭露出来的，倘若没有艾丽丝，这些硕鼠也许至今仍逍遥法外。②

---

① 康德. 康德论教育[M]. 李其龙，彭正梅，译. 北京：人民教育出版社，2017：78.
② 陈一鸣. 美国拾荒大妈拉地方贪官落马[EB/OL]. (2014-06-05). [2017-11-23]. http://opinion.people.com.cn/n/2014/0605/c1003-25107547.html.

一个国家想要健康发展,就必须要让每一位公民都具备监督意识和监督能力。在杜威看来,只有这样"能思考的积极的公民",才能帮助我们的理性使用建设一个不断改进的社会环境。否则,理性思考能力就是一种屠龙之技。

杜威之后,美国社会学家英格尔斯(Alex Inkeles)在20世纪60年代明确指出,现代社会建立的前提是人的现代化。人的现代化不是现代化的产物或副产品,从根本上说,恰恰是现代化的必要前提和条件。

英格尔斯在其国际调查中发现,国家落后和不发达不仅仅是一堆能勾勒出社会经济图画的统计指数,也是一种心理状态,一种落后的国民素养。"痛切的教训使一些人开始体会和领悟到,那些完善的现代制度以及伴随而来的指导大纲、管理守则,本身是一些空的躯壳。如果一个国家的人民缺乏一种赋予这些制度以真实生命力的广泛现代心理基础,如果执行和运用这些现代制度的人,自己还没有从心理、思想、态度和行为方式上都经历一个向现代的转变,失败和畸形发展的悲剧是不可避免的。再完美的现代制度和管理方法,再先进的技术工艺,也会在传统人的手中变成废纸一堆。"①

那么,这些素养是什么呢?在英格尔斯看来,人的现代素养包括,准备和乐于接受新的生活经验、思想观念和行为方式;准备接受社会的改革和变化;思路开阔,头脑开放,尊重和愿意考虑各方面的不同意见和看法;注重未来与现在,守时、惜时;强烈的个人效能感,办事讲究计划和效率;充满尊重知识的气氛,热心探索未知的领域;可信赖性和信任感;重视专门技术;有愿意根据技术水平高低来领取不同报酬的心理基础;乐意让自己和他的后代选择离开传统所尊敬的职业;对教育内容和传统智慧敢于挑战;相互了解、尊重和自尊;了解生产及过程等。②

只有国民具有这些素养,其国家才可真正称之为现代化的国家,才能实现有效的管理和高速稳定的经济发展。否则,即使由于某种其他原因或机遇,经济开始起飞,获得短暂繁荣,也不会长久,难以持续。因此,人的现代化是国家现代化必不可少的因素,是现代化制度和经济赖以长期发展并取得成功的先决条件。这就是为什么德国和日本二战后能迅速崛起的重要原因。只要人的技能存在,被毁坏的国家是可以迅速重建的。

(二) 全球知识社会需要21世纪能力

如果一个国家国民的心理和精神处于传统意识之中,那就会严重阻碍其经济社会

---

① 英格尔斯. 人的现代化[M]. 殷陆君,译. 成都:四川人民出版社,1985:4.
② 英格尔斯. 人的现代化[M]. 殷陆君,译. 成都:四川人民出版社,1985:22—36.

发展及其现代化。英格尔斯把这种人称为传统人。传统人恐惧不同观点以及社会变革，盲目服从传统和权威，没有时间感和效率观，总是以古人和传统来评断新事物，希望古代那几本经典可以解决一切现代问题，等等。传统人还不断地攻击现代化及其所需要的理性主体的培养，并把国际社会出现的对现代性的批判视为对现代性的根本否定。

但是，自20世纪60年代开始在西方世界盛行的后现代诸种思考，如后殖民主义、后结构主义和批判主义，并未动摇以理性主体为核心的现代社会，更没有产生一种后现代社会。"柏林墙的倒塌"反而预告了一种更加连接性的现代社会，即全球化时代的到来。

1990年，柏林墙的倒塌、东欧社会主义国家的转型以及苏联的解体，被西方认为是自由民主人权取得了胜利。美国的福山甚至认为，历史走向了终结。他乐观地想象道："人类不会是盛开千姿百态美丽花朵的无数蓓蕾，而是奔驰在同一条道路上的一辆辆马车……马车构造表面上的差别并不能被视为驾驭马车的人之间永久的、必然的差异，而只不过是因为他们在路上所处的位置不同罢了……有相当多的马车驶入城镇这一情景会使任何有理性的人看到后都不得不承认只有一条路，且只有一个终点。而毋庸置疑，我们现在就处在这个目的地上。"①在福山看来，这个目的地就是市场经济、民主政治和个体自由。他相信，自由民主的理念和制度已在全球范围内得到认可和扩展，并成为唯一的意识形态；市场经济力量正在推动国家壁垒的崩溃，正在创造一个唯一的、一体化的世界市场。

在福山看来，从20世纪90年代开始的全球化不是后现代社会，而是现代化在全球的扩张，一种全球性的西方化。可以看出，他的这种西方化实际上就是马克思主义所批判的资本主义的全球化，其中隐含着被后现代所深刻批判的"西方中心论"：西方文明是高级文明，其他文明是低级文明；西方文明普遍有效，其他文明特殊狭隘。而实际上，根据卡奇米耶日·Z. 波兹南斯基的研究，在这种资本主导的全球化进程中，前共产主义东欧几十年来积累的社会财富被抢劫一空。② 对此，这里不作进一步探讨，而是指出，福山所描述的这种作为现代化扩展的全球化，带有任何民族国家及其教育都必须加以回应的新的特性。也就是说，这里的全球化实际上是一种知识经济的全球化。

---

① 弗朗西斯·福山. 历史的终结和最后的人[M]. 黄胜强, 许铭原, 译. 北京: 中国社会科学出版社, 2003: 381—382.
② 卡齐米耶日·Z. 波兹南斯基. 全球化的负面影响——东欧国家的民族资本被剥夺[M]. 佟宪国, 译. 北京: 经济管理出版社, 2004.

与以英格尔斯所描述的工业经济为特性的第一次现代化不同的是，20世纪90年代所开启的全球化，是一种知识经济的现代化，是第二次现代化。OECD认为，知识经济正在改变整个世界经济对劳动力市场的技能水平的要求。在工业国家，以知识为基础的行业迅速扩张，劳动力市场需求也相应发生改变。新技术的引入，对高技能工人的需求，特别是对高技能信息和通信技术（ICT）的工人的需求增加了。与此同时，对低技能工人的需求下降了。[①] 社会学家吉登斯（A. Giddens）也指出，在知识经济时代，劳动力主要不是在物质生产或原料物资分配环节，而是在设计、开发、技术、营销、销售和服务领域。这是一种在思想、信息、知识支撑下的创新和增长的经济。[②]

如果我们把迈入知识经济的社会称为知识社会，那么这个社会有哪些特征呢？我们又应当如何教育当下及未来的公民，使他们能够更好地在这个社会工作和生存呢？换句话说，知识社会时代的教育使命是什么？

根据汉斯-戴尔特·埃弗斯（Hans-Dieter Evers）的观点，知识社会具有以下几个特征：

● 与其他社会相比，知识社会的成员受教育水平一般较高，劳动力中很大一部分人群都是研究人员、科学家、信息专家、知识管理专家等"知识工作者"；[③]

● 知识社会的工业产品集成了人工智能；

● 知识社会的组织机构——无论是私人、政府还是社会机构——都应转型为智能化、学习型组织；

● 系统化知识呈上升趋势，以数字化专业知识为形式存储在数据库、专业系统、组织计划和其他媒介当中；

● 专业知识和知识生产呈现多中心扁平化趋势；

● 有明显的生产和利用知识的文化。[④]

对于教育而言，知识社会的这些特征意味着教育目的与以往相比发生了重大变化，知识社会对学校提出了一些新的要求。学校应当：

● 将知识的创生作为工作和日常生活的中心；重新设计学习经验，这些学习经验

[①] OECD. The Knowledge Economy and the Changing Needs of The Labor Market [EB/OL]. [2017-12-10]. http://siteresources.worldbank.org/INTLL/Resources/Lifelong-Learning-in-the-Global-Knowledge-Economy/chapter1.pdf.
[②] Giddens A. Sociology (4th Edition)[M]. Cambridge: Polity Press, 2001: 378.
[③] 知识工作者是现代管理学之父彼得·德鲁克（Peter Drucker）提出的术语，用来描述知识经济的参与者，与工业时期生产有形产品的产业工人相对，他们的主要资本是知识，对知识生产及处理是他们日常的工作和活动，软件工程师、建筑师、科学家、律师、教师与科研人员等是常见的知识工作者。
[④] Evers H. Transition Towards a Knowledge Society: Malaysia and Indonesia in Comparative Perspective [J]. Comparative Sociology, 2003, 12(1): 355-373.

应当考虑将所学的知识在将来应用于产品、市场或需要与之打交道的用户;拓展培训受益面,使所有人都能成为参与其中的研究者或行动研究者——分析情境、预估并解决问题、有创造性的思维、不断创新并在合理判断的基础上大胆尝试;这意味着我们要在做任何事情时都要不断地从认知的角度加以反思;

● 让学习者成为主导适应变化的领导者,以免在面对未来社会形态时手足无措;支持鼓励建立跨学科协作团队,在面对我们这个时代的重要挑战时采取具有前瞻性的措施——这些挑战包括可持续发展、科技变革、经济发展和各种形式的全球主义。

● 培养优秀的公民——优秀的企业公民(法人)、地方性公民、国家公民以及全球公民;在学习过程中培养学习者的 21 世纪能力,使他们能够独立或协作承担社会责任;培养学习者正确的伦理价值观和个人判断力;

● 创设一种富有建设性的多样性,以确保所有人的多元个人经验和知识都能够参与经济与社会发展——这些多元的经验与知识包括不同的个人观点、沟通方式、人际网络、对问题的理解能力和应对挑战的方法等;

● 培养学习者的创新能力,支持他们建立在合理判断基础上的大胆创新,为创新精神的自由发展提供空间等。[①]

因此,如果说,在试图实现以工业社会为特征的现代社会需要英格尔斯所列举的人的现代素养,那么在作为以全球知识社会为特征的当代社会,则需要培养 21 世纪能力这样新的基本的高阶能力。也就是说,正是全球知识社会内在地促进了 21 世纪能力教育改革运动的产生。

显然,在这样一种知识经济的全球化中,竞争其实并没有消失,反而更加激烈,竞争从两个主要阵营的竞争转向了全球竞争。在这样一种全球竞争、全球流动的背景之下,对低阶的常规性技能的需求整体呈下滑趋势,而对非常规性分析和非常规性人际技能的需求却大幅上升,也就是说,作为 21 世纪能力的高阶能力已经成为全球性的货币,成为各国教育的核心关注点。

尽管如此,不能把全球化简单地作为第一次现代化的延续和扩展,西方的理性主体的理论毕竟经过了后现代以及后殖民主义等的批判,从而使得对理性主体的呼求更加带有一种多元文化的色彩。这也说明,理性主体不能只从理性的使用而是需要从 4C 的维度来加以阐释的。因此,由于全球化时代持续的社会变革及技术进步,个体需要不断地学习;由于全球化带来的普世价值和地方价值的冲突以及由此而带来的日益

[①] Mary K, Bill C, Walter M. New Learning: A Charter for Change in Education [EB/OL]. (2012-01-31). [2017-12-30]. https://education.illinois.edu/newlearning/knowledge-society.html.

加剧的异质性,跨文化能力或多元文化能力已经成为个体必要的生存能力(survival skills)。全球知识社会时代需要乔布斯那样一种"求知若渴、虚心若愚"新的理性主体。这种理性主体就是21世纪能力所体现的新人形象。

康德指出,我们可以把人类的历史大体上视为大自然的一项隐秘计划的实现。① 从工业的现代社会到全球性的知识社会这样一种进展,体现了人的理性一代一代的使用和积累。在技术和人工智能的帮助之下,人类独特的理性禀赋将会得到普遍地富有尊严地使用,而且,这种使用会有利于人类命运共同体的逐渐确立和逐渐完善。

三、教育强国的新界定及中国的战略应对

随着21世纪能力成为全球知识社会的基本能力,教育强国的现代定义也出现了相应的变动。但对于中国来说,建设现代教育强国要更加复杂,也提出了不同于其他世界教育强国的新要求。

(一) 教育强国即21世纪能力的强国

现代化是一个不断移动的指标体系,因此,在19世纪末,普鲁士可能被称为教育强国,20世纪初,美国和苏联可以被称为教育强国。那么,在知识经济时代,在全球知识社会,教育强国的基本特征又是什么呢?

我们通过梳理现有文献,发现国际各类组织、国外学者对教育强国的内涵和建设路径有不同的理解,基本可以分为如下几类。

第一种理解是通过国际性大规模测量来判断一个国家是否是教育强国,如果一个国家的学生在PISA等国际测试中表现卓越,那么这个国家通常会被认为是教育强国(education superpower)。例如,由于芬兰学生在PISA测试中持续表现优异,芬兰被公认为教育强国。② 新加坡学生连续在多个排名中拿到第一,比如在2015年的PISA测试中,新加坡学生在数学、阅读和科学三个科目中的成绩都占据了首位,在2016年的国际数学和科学测试(TIMSS)中,新加坡学生的成绩也高居榜首,因而新加坡也被认为是教育强国。研究者将这种成功归功于1997年开始的在"思考型学校,学习型国度"的理念下开展的一系列教育改革。③

---

① 康德. 历史理性批判文集[M]. 何兆武,译. 北京:商务印书馆,1990:1-21.
② Morgan H. Review of Research: The Education System in Finland: A Success Story Other Countries Can Emulate [J]. Childhood Education, 2014, 90(6): 453-457.
③ Maxwell D. Singapore, the 21st Century Education Superpower [EB/OL]. (2017-01-09). [2018-02-10]. https://www.studyinternational.com/news/singapore-the-21st-century-education-superpower/.

第二种理解是根据全球大学排名来判断一个国家的教育强弱。其逻辑是：全球大学排名代表了一个国家的高等教育系统，从而也代表了这个国家的整个教育系统的人才、科研成果产出。罗斯玛丽·迪姆（Rosemary Deem）等人指出，在各种世界性排名榜中，美国的大学都占据了绝对优势，美国理所当然地被世人认为具有世界上最好的教育制度。① IIE 和 AIFS 基金会（IIE and the AIFS Foundation）在 2015 年出版的论文集《亚洲：未来的高等教育强国？》中，对亚洲国家是不是下一代高等教育强国以及全球大学排名差距决定了亚洲国家和高等教育强国地位之间的差距等问题进行了探讨，其中指出在慷慨的财政投入和强有力的政策支持之下，亚洲的一些重点大学取得了令人瞩目的进步，亚洲大学的崛起已经成为了众多全球大学排行榜的一大主题，但问题和挑战在于这些大学是否有能力打破西方的教育霸权，成为真正的高等教育强国。②

第三种理解是根据人口与国民收入、教育发展水平、教育投入和产出等因素，将世界各国分成教育发达国家、教育较发达国家、教育中等发达国家和教育欠发达国家。按照世界经济论坛发布的《全球竞争力报告 2017—2018》，从宏观经济环境、基础设施建设、健康与初等教育状况、劳动力市场效率以及创新能力等要素来看，芬兰、瑞士、比利时、新加坡、日本、新西兰、爱沙尼亚、爱尔兰、荷兰等国拥有世界上最好的教育制度，是教育强国。③ OECD 每年发布的《教育概览》报告涵盖了 35 个 OECD 成员国和大量伙伴国家的教育数据，以教育投资、高等教育毕业率、就业率、高等教育收益、国民受教育程度、班级规模等指标来对各国进行排名，在教育效能、质量与公平方面表现优异的国家被视为教育发达国家。④

第四种理解是以教育国际化尤其是国际学生的数量来判断一个国家是否是教育强国。论文集《亚洲：未来的高等教育强国？》中指出，教育国际化是代表全球教育竞争力和高等教育强国的重要指标。⑤ 杰米·史密斯（Jamie Smyth）在金融时报的一篇文章称澳大利亚正在寻求成为继美国和英国之后的又一个全球教育强国。这是因为，在 2015 年，澳大利亚接纳了超过 65 万留学生，教育成为了澳大利亚第三大出口产业。⑥

---

① Deem R, Mok K H, Lucas L. Transforming Higher Education in Whose Image? Exploring the Concept of the 'World-Class' University in Europe and Asia [J]. Higher Education Policy, 2008, 21: 83 - 97.
② Bhandari R, Lefébure A. Asia: The Next Higher Education Superpower? [M]. IIE and the AIFS Foundation, 2015.
③ Schwab K, Sala-i-Martín X. The Global Competitiveness Report 2017 - 2018[R]. World Economic Forum, 2017.
④ OECD. Education at a Glance 2017: OECD Indicators [R]. Paris: OECD Pulishing, 2017.
⑤ Bhandari R, Lefébure A. Asia: The Next Higher Education Superpower? [M]. IIE and the AIFS Foundation, 2015.
⑥ Smyth J. Australia Seeks to Become Global Education Superpower [EB/OL]. (2016 - 02 - 10). [2018 - 01 - 22]. https://www.ft.com/content/e9fd9d6a-cf9f-11e5-986a-62c79fcbcead.

第五种理解认为教育强国应该支持其他国家的教育发展,为其他国家提供教育援助。例如,凯特·安德森(Kate Anderson)认为,要成为教育强国,不能只关注本国教育,还应该支持全球教育的改善,对其他国家提供教育援助。她指出,加拿大2017年6月新发起的女性主义国际援助政策为加拿大成为女性教育全球领导者提供了平台,向着成为教育强国迈出了重要一步。① 苏珊·L.罗伯逊(Susan L. Robertson)认为世界一流教育应当是世界主义的,对学习持开放态度,关注全球普遍性的问题、思想和关切。②

可见,国际上对于教育强国的理解存在着分歧,对教育强国内涵的关注点存在差异。因此,给一个国家贴上教育强国的标签时应当谨慎。例如,一个国家的大学在大学国际排名前100位的数量较多,就会被认为是高等教育强国。美国显然是典型的高等教育强国。但是,荣格·凯奥尔·信(Jung Cheol Shin)和芭芭拉·M.柯玛(Barbara M. Kehm)认为,目前全球的高校排名带有浓厚的新自由主义价值取向,大学排名背后的竞争更加关注经济效益而非提高教育质量、更加关注科研而非一般意义上的教育。③ 斯隆(Sloan Bousselaire)指出中国台湾、香港、澳门、上海等地区因为PISA测试成绩突出,因而中国也可被视为教育强国。④ 但亨利·M.莱文(Henry M. Levin)认为测试结果与高质量人才供应及富有竞争力的经济之间的联系并非如人们所想象的那么紧密。片面地考虑测试结果所忽略的是批判思维、人际沟通、自我反思等高阶能力,反而会严重影响一个社会的创新能力,从而阻碍经济发展而非促进经济发展。⑤

对于教育强国的理解,更为显著的分歧还在于基础教育强国和高等教育强国的一致性问题。例如,美国基础教育虽然在PISA测试中表现平庸,但美国却拥有世界公认的一流高等教育,是典型的高等教育强国。这就出现了一个悖论:美国是基础教育弱国,但同时是高等教育强国。

美国著名教育家戴安娜·拉维奇(Diane Ravitch)认为,美国基础教育并不像国际测试显示的那样弱;⑥华裔教育家赵勇认为,美国基础教育与世界不同,美国是在教授

---

① Anderson K. Being an Educational Superpower is about more than International Rankings[EB/OL](2017-08-28). [2018-01-28]. https://www.brookings.edu/blog/education-plus-development/2017/08/28/watch-being-an-education-superpower-is-about-more-than-international-rankings/.
② Robertson S L. World-class Higher Education (for Whom?)[J]. Prospects,2012,42(3):237-345.
③ Shin J C, Kehm B M. Institutionalization of World-Class University in Global Competition [M]. New York:Springer, 2014.
④ Bousselaire S. Education Superpower and What We Can Learn form Them [EB/OL]. (2017-11-02). [2018-01-22]. https://borgenproject.org/education-superpowers/.
⑤ Levin H M. More Than Just Test Scores [J]. Prospects,2012,42(3):269-284.
⑥ Ravitch D. Reign of Error:The Hoax of the Privatization Movement and the Danger to America's Public Schools [M]. Newyork:knopf, 2013.

如何思考等高阶能力，而不是像有些国家那样只教授知识等低阶能力。① 因此，美国的基础教育同美国的高等教育有着深层的一致性，也就是关注批判性思维和问题解决以及创新等高阶能力，这是国际教育强国的基本共识。

凯特·安德森认为，成为教育强国远远不止于在国际测试中表现优异。PISA 只是测量阅读、数学和科学这样的传统学科，仅掌握这些学科在 21 世纪并不能获得成功，要成为教育强国，必须教授学生掌握广泛的技能，并为此做出有效的制度和实践安排。②

尽管 BBC 报道根据 PISA 测试成绩将加拿大视为教育强国，但凯特·安德森指出，仅仅凭借 PISA 测试结果这一个指标还不足以将加拿大归为教育强国。她认为教育强国的学习者除了在认知技能方面表现突出外，还应当具备批判性思维和问题解决技能、合作技能、交流技能、创新能力、全球素养、职业与科学技术技能等一系列广泛的技能。③ 因此，从培养高阶能力这个角度来看，在基础教育和高等教育两个方面，美国都是一个典型的教育强国。

因此，在当今全球知识社会时代，所谓教育强国，就是那些以面向所有学生培养 21 世纪的高阶能力为目标，并为之做出有效的制度和实践安排的国家。

（二）中国的战略因应

1840 年，中国在鸦片战争中败于西洋，1894 年，中国在甲午战争中败于东洋，清政府深刻认识到中国正经历"数千年未有之大变局"，必须"师夷长技以制夷"。自此以后，走现代化道路，建立强大的现代国家，一直是中华民族的根本使命，是自 1840 年以来的不同时代旋律的通奏低音。这个通奏低音决定了中国教育的基本维度：教育要面向现代化，教育要面向世界，要建设现代教育强国。

经过 100 多年的史诗般的努力，中国与世界的关系表现出了从消极被动到积极主动的转折，从"面向世界"到"进入世界"的转折。今天，我们的现代化大业以及相应的教育现代化大业越来越不可避免地与全球趋势、全球教育改革趋势联系起来，难以分开；中华民族的伟大复兴、国家利益以及个体发展，都与全球总体趋势息息相关。中国

---

① Zhao Y. Who's Afraid of the Big Bad Dragon? Why China Has the Best (and Worst) Education System in the World [M]. San Francisco: Jossey Bass, 2014.
② Anderson K. Being an Educational Superpower is about more than International Rankings[EB/OL]. (2017-08-28). [2018-01-28]. https://www.brookings.edu/blog/education-plus-development/2017/08/28/watch-being-an-education-superpower-is-about-more-than-international-rankings/.
③ Anderson K. Being an Educational Superpower is about more than International Rankings[EB/OL]. (2017-08-28). [2018-01-28]. https://www.brookings.edu/blog/education-plus-development/2017/08/28/watch-being-an-education-superpower-is-about-more-than-international-rankings/.

教育需要进一步提升其国际化水平,进一步做强自己,培养具有全球竞争力的中国人,以实现中华民族的伟大复兴。一句话,中国教育强国的建立,必须是面向所有学生培养21世纪能力,并为此采取有效的制度和实践安排。

这就要求我们培养21世纪能力,建设现代教育强国。化用一下韩非子的话:古代角力于道德,近代角力于功利,当今之世角力于21世纪的高阶能力。但是,我国到目前为止的教育变革中,还没有充分认识到、更没有回应新世纪以来国际教育变革的新趋势及教育强国的新界定。

随着中国国际影响力的提升,国外一些机构和学者将研究目光转向中国,对中国建设教育强国的问题进行思考。阿特巴赫曾指出中国在借鉴国外高等教育强国建设经验的同时,"最为重要的是应尊重自己的高等教育文化和环境,不能简单地照搬欧美的做法。"[1] 2010年美国广播公司曾在一档名为《中国教育能跟上超级大国的发展步伐吗?》的节目中分析了中国教育与国家发展的各种不协调现象,尤其在激烈的教育竞争背景下,中国的教育质量、公平及创新人才培养的困境。[2] 之后,有学者撰文《大学有助于中国提升技能竞争力吗?》,揭示了中国当前高技能劳动力供需脱节的严峻现实。[3] 黄福涛在习近平总书记提出建设教育强国的背景下回顾了中国改革开放之后的教育发展历程,指出中国目前的教育状态离教育强国还有差距,中国要建设教育强国必须重塑其教育哲学,尤其需要强调创新人才的培养。[4]

创新人才的培养已经成为教育服务于党和国家战略大局的根本着力点。2016年中共中央办公厅、国务院办公厅发布了《关于做好新时期教育对外开放的若干意见》,提出要通过加大留学工作行动计划实施力度,加快培养拔尖创新人才、非通用语种人才、国际组织人才、国别和区域研究人才、来华杰出人才等五类人才。习近平总书记在中央政治局第三十五次集体学习时的重要讲话指出,着力增强规则制定能力、议程设置能力、舆论宣传能力、统筹协调能力,加强全球治理人才队伍建设,厚植人才优势,筑牢本领根基,才能勇做全球治理变革的弄潮儿和引领者。[5]

---

[1] 陈廷柱,姜川. 阿特巴赫教授谈中国建设高等教育强国[J]. 大学教育科学,2009(2):5—8.
[2] Hopper J. Is China Education System Keeping up with Grow Superpower? [EB/OL]. (2010-11-16). [2017-12-24]. http://abcnews.go.com/WN/China/chinas-education-system-helping-hurting-superpowers-growing-economy/story?id=12152255.
[3] Hristov D, Minocha S. Are Universities Helping China Compete on Skills? [EB/OL]. (2017-08-01). [2017-12-25]. http://www.universityworldnews.com/article.php?story=20170801064540606%20.
[4] Huang F. Building the World-class Research Universities: A Case Study of China [J]. Higher Education, 2015, 70(2): 203-215.
[5] 新华社. 让中国力量推动全球治理体系变革——学习习近平总书记在中央政治局第三十五次集体学习时的重要讲话 [EB/OL]. (2016-09-28). [2017-12-26]. http://www.xinhuanet.com/politics/2016-09/28/c_1119642701.htm.

套用阿玛蒂亚·森(Amartya Sen)的话,中国过去采取的战略是"通过发展而自由",而现在则需要转向"通过自由而发展"。国务院发展研究中心与世界银行在其《2030年的中国:建设现代、和谐、有创造力的社会》中指出,中国过去的战略是成功的,但如果我们不进行战略调整,我们就会落入中等收入陷阱。"转变发展方式非常急迫,因为随着一个经济体接近技术前沿,直接获取和应用国外技术的潜力逐步耗尽……。尽早启动这样的转变有助于从进口新技术向发明和创造新技术的平稳过渡。"①也就是说,随着中国社会富裕程度增加,并登上价值链上的更高阶层,对劳动力的技能水平的要求也将发生变化。

但是,世界银行的这份报告没有认识到中国发展阶段或现代化水平的复杂性。我们的国情一方面表现出已经处于知识社会的全球化时代所必然拥有的共同特点,同时,我们还带有实现工业现代化的第一次现代化的阶段性特征(见图导言-4)。因此,中国不仅需要21世纪能力,同时也需要发展制造业、推进工业现代化所需要的STEM(Science、Technology、Engineering、Mathematics,缩写STEM,即科学、技术、工程、数学)及外语能力。

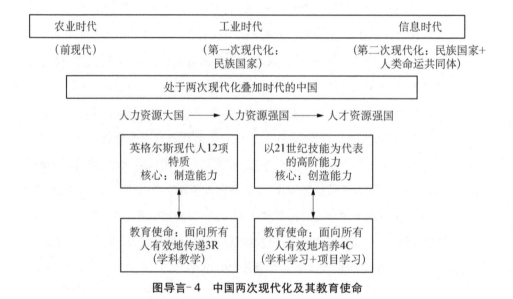

图导言-4 中国两次现代化及其教育使命

因此,我们的21世纪能力框架应该与美国的21世纪技能框架有所不同,既要顺应全球共同趋势,也要兼顾我国的具体国情,以培养具有全球竞争力的中国人。所谓具有全球竞争力的中国人,就其素养和劳动技能而言,第一,有中国文化认同和国家认同;第

---

① 世界银行和国务院发展研究中心联合课题组.2030年的中国:建设现代、和谐、有创造力的社会[M].北京:中国财政经济出版社,2013:19.

二,拥有应对全球挑战的21世纪能力。这两点也是与知识经济时代的国际教育趋势相一致。具体而言,具有全球竞争力的中国人的能力包括四个维度(见图导言-5)。①

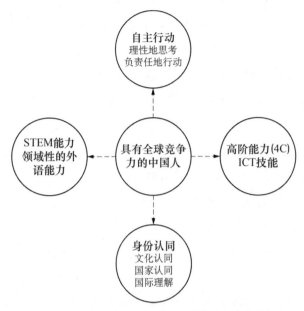

图导言-5 "具有全球竞争力的中国人"的人才能力框架图

图的左边圆圈是指STEM能力+外语能力,是一种硬能力,对应于第一次的工业现代化;图的右边圆圈里的4C是指高阶的软能力,包括批判性思维和问题解决能力、交流能力、合作能力、创造力和创新能力,对应于第二次知识社会的现代化。图的上面圆圈是自主行动;下面圆圈是身份认同,包括文化认同、国家认同和国际理解,以培养一种反思性忠诚于自己,并反思性地对待其他文化的世界主义精神。这个模式体现了21世纪中国人的人才形象:既有身份认同之根,又有国际理解和跨文化能力;既具有STEM、外语的硬能力,又具有4C的软能力,确保个体能够自我规划和负责任地行动,展现全球竞争力。② 这个"中"字型框架,"身份认同"主要涉及中国文化传统;"自主行动"主要体现了五四新文化运动的精神;左右两边则指向全球共通趋势。这是一个联通古代、近代和当代的21世纪能力框架。

当世界发生变化时,我们就要进行发展战略调整;当我们进行发展战略调整时,就

---

① 彭正梅,郑太年,邓志伟.培养具有全球竞争力的中国人:基础教育人才培养模式的国际比较[J].全球教育展望,2016,45(8):75.
② 彭正梅,郑太年,邓志伟.培养具有全球竞争力的中国人:基础教育人才培养模式的国际比较[J].全球教育展望,2016,45(8):75.

必然要进行人才战略调整。培养具有全球竞争力的中国人,关乎中国的战略布局,顺乎世界潮流,必然并且应该成为新时期教育国际化的战略选择和基本目标。

教育是一个需要深谋远虑的事业,需要我们增强忧患意识。我们要牢记,我国虽然已是世界第二大经济体,但我们的GDP主要靠劳动密集型产业来拉动,而且,我们的教育体制还不擅长培养适应知识经济和全球竞争所需要的高阶能力者。但知识经济的全球化为我国经济竞争和教育改革传递了一个明确的信息,即要在这个持续变化的环境中有效地竞争,我们必须不断地升级自己的能力。如果我们不及早谋划,看不到我们曾经的优势在新的国际形势和国际教育的发展趋势中正在丧失,那么"中等发达的陷阱"就在不远的未来等着我们,而且相对于拉美国家,我们的情况会更加糟糕,因为我们所面对的国际环境可能更加不友好。

相反,如果有了明确的21世纪能力教育战略,那么,加上我们至今为止所积累的经济实力和发展能力,加上我们社会中儒家传统的固有学习精神,我们不仅可以实现中华民族复兴的伟大梦想,同时还会扭转目前这个带有消极性的全球化趋势,从而造福整个人类社会。

但是,就像本书所指出的那样,21世纪能力教育改革要求一种旨在发展和保障人的自由和尊严的新的教育哲学和社会哲学。就教育哲学而言,21世纪能力教育哲学要求把人的高阶能力置于学校教育以及人才培养的核心。这必然遭受来自我们传统中"教育即道德"、"教育即知识"以及"教学即直接教学"的阻碍和质疑,因此,需要在教育方面做出断然的、有效的制度及实践安排。例如,(1)教育面向真实世界,有规划地联系和研究真实世界的问题;(2)刻意关注和培养21世纪能力,鼓励合作探究,跨学科探究;(3)任何教学和学习主题,即使是直接教学,都要体现4C维度;(4)改革评价方式,限制评价频度。不断地评价学生,会损害学生自主发展空间,导致为考而教、为考而学;(5)把STEM教育与4C联系起来,建立区域性的STEM学习中心;(6)鼓励学生掌控自己的学习过程。教师要鼓励学生自己决定、至少参与决定学习什么、如何学习、学习速度、任务完成节点以及如何评价自己的学习。教师如果做太多的决定,学生就会变成一个富有依赖性的学习者。给予优秀学生更多的自主学习和发展空间;(7)鼓励技术支持教学和学习;(8)实质性提升教育国际化水平,增加教育的国际维度;(9)加强用英语教学的比例,大幅提升优秀学生的外语水平。

另一方面,21世纪能力不是学生发展素养,而是成人在21世纪全球知识社会获得成功、过上美好生活所需要的能力装备,因此,不可能只在教育中得到培养、保持和发展,它需要社会的使用空间,并体现在整个社会中;培养21世纪能力也是为了服务于党和国家的战略大局,它需要在社会实践中加以运用和发展。这里的重要一点在于,我们的社会和制度安排要容忍和鼓励而不是压制和扼杀批判、合作、交流和创新精神。我们的国家治理和社会治理应努力造成有法律保障和约束的百家争鸣的生动活泼的社会局面,敢于面对和包容具有批判精神和创新精神的个体,给予其自我决定的空间,而不是指责自己的国民是"大国巨婴"。例如,(1)信任和保障社会创新和市场创新,信任和保障人的自主性和创新能力,为此做出制度安排;(2)给予民间学习、批判和创新空间,鼓励社会及企业参与教育和学习革新;(3)鼓励民众参与社会问题的讨论、辩论和发表,培育和保障更多的公共舆论空间;(4)促进成人自主行动,自我负责,宽容对待多元的观点和生活方式;(5)促进国民的全球参与、交流与合作;(6)鼓励发展大陆地区1—2个英语城市,试验国际化大都市发展新思路。

康德指出,人的禀赋,特别是人的独特的高阶智力的运用,必然会得到实现。这是大自然的隐秘计划。21世纪能力会帮助人唤醒和提升到人的本真性的高贵和尊严,提升我们社会的人道水平和全球竞争力。但大自然使人类的全部秉赋得以发展所采用的手段就是人类在社会中的对抗性。[1] 这种"非社会性的对抗",实际上也就是马克思主义所说的"矛盾",才是事物发展的根本动力,同时,也是个体高阶能力得以磨练和发展的关键。没有矛盾的和谐,并不利于我们社会及个体的智力发展。一群侏儒是建设不了伟大国家的。牢记这一点,这既关乎人的自由和尊严,更关乎我们的事业以及事业的正义。

(彭正梅　邓　莉　周小勇)

---

[1] 康德.康德论教育[M].李其龙,彭正梅,译.北京:人民教育出版社,2017:61—77.

# 第一部分　国际教育 2030

第一章　构建人类命运共同体——面向 2030 的全球公民教育

一、2030 教育愿景：包容与公平的全民优质教育

2000年9月，在联合国千年首脑会议上，世界各国领导人就消除贫穷、饥饿、疾病、文盲、环境恶化和对妇女的歧视，商定了一套有时限的目标和指标：即消灭极端贫穷和饥饿；普及小学教育；促进男女平等并赋予妇女权利；降低儿童死亡率；改善产妇保健；与艾滋病毒/艾滋病、疟疾和其他疾病作斗争；确保环境的可持续能力；全球合作促进发展。这些目标和指标被置于全球议程的核心，统称为千年发展目标（MDGs）。[①] 千年发展目标中的第二项目标是到 2015 年所有国家的儿童都能接受完整的小学教育、第三项目标是在教育领域实现男女平等（这些目标又体现为全民教育的 6 个目标）。[②] 千年发展目标在过去的 15 年里推动全球教育取得了长足的进步，具体表现为自 2000 年确定全民教育框架以来，各国在实现各项目标方面取得了进展。全球范围内接受学前教育的儿童数量大幅增长；2015 年发展中地区的小学净入学率达到 91％，比 2000 年的 83％有所提高；初中的入学率从 1999 年的 75％提升到了 2012 年的 85％。此外，成人文盲比例也略有下降、男女接受教育的性别平等取得了一定程度的进步。而且，师生比例降低、教师教育标准的制定和实施以及运用测量手段对学习结果进行评估也表明教育的质量有所提高。[③] 尽管有以上成就，但全球教育面临的挑战依旧严峻。依然有大量儿童没有得到幼儿保育和教育、距离普及初等教育的目标还存在较大差距、成人识字率的改善进展缓慢、许多国家在教育方面依然存在性别差异、全球还约有 2.5 亿儿童没有学到基础知识等问题存在。[④] 世界各个地区和国家的进展很不均衡，仍然有巨大的差距。对全球数以百万计的最弱势人群来说，发展目标仍未实现——在消除饥饿、取得全面性别平等、改善医疗服务和基础教育上，我们要完成最后的攻坚。世界必须走上可持续发展道路，可持续发展目标为此设立的期限是 2030 年。

---

① UN. United Nations Millemmium Development Goals [EB/OL]. [2016 - 11 - 14]. http://www.un.org/millenniumgoals/.
② UNESCO. Dakar Framework for Action, Education for All: Meeting Our Collective Commitments [R]. Paris: UNESCO, 2000.
③ EFA-GMR. Education for All 2000 - 2015: Achievements and Challenges [R]. Paris: UNESCO, 2015.
④ EFA-GMR. Education for All 2000 - 2015: Achievements and Challenges [R]. Paris: UNESCO, 2015.

2015年9月25日,世界领导人齐聚联合国纽约总部召开可持续发展峰会,会议正式通过了9月初由193个会员国共同达成的成果性文件,即《变革我们的世界:2030年可持续发展议程》(以下简称"2030议程")。① 这一纲领性文件将推动世界在今后15年内实现3个史无前例的非凡创举:

1. 我们要创建一个没有贫穷、饥饿、疾病、匮乏并适于万物生长的世界,一个没有恐惧与暴力的世界,一个人人都识字的世界,一个人人平等享有优质大中小学教育、卫生保健和社会保护因而身心和社会福祉都有保障的世界,一个重申我们对享有安全饮用水和环境卫生的人权的承诺和卫生状况得到改善的世界,一个有充足、安全、价格低廉和营养丰富的食物的世界,一个安全、复原力强和可持续的人类生存环境的世界和一个每个人都可以获得价廉、可靠和可持续能源的世界。

2. 我们要创建一个普遍尊重人权和人的尊严、法治、公正、平等和不歧视,尊重种族、民族和文化多样性,实行机会均等以充分发挥人的潜能和促进共同繁荣的世界,一个注重对儿童投资和让每个儿童在没有暴力和剥削的环境中成长的世界,一个每个妇女和女童都充分享有性别平等和一切阻碍她们享有权能的法律、社会和经济障碍都被清除的世界,一个公正、公平、容忍、开放、有社会包容性、最弱势群体的需求得到满足的世界。

3. 我们要创建一个每个国家都实现持久、包容和可持续的经济增长和每个人都有体面工作的世界,一个以可持续的方式进行生产消费和使用从空气到土地,从河流、湖泊和地下蓄水层到海洋的各种自然资源的世界,一个可持续发展,包括持久的包容性经济增长、社会发展、环境保护和消除贫穷与饥饿,离不开民主、善治和法治及有利的国家和国际环境的世界,一个技术研发和应用顾及对气候的影响、维护生物多样性和有复原力的世界,一个人类与大自然和谐共处,野生生物和其他生物物种得到保护的世界。

以上对2030年世界的愿景将通过17项可持续发展目标和169项具体目标达成。基于教育是促进可持续发展的关键因素这一共识,"2030议程"将教育单独设为一个可持续发展目标(当然也在其他目标中包含了教育因素),这便是17个可持续发展目标中的第4个目标:提供包容和公平的优质教育,让全民终身享有学习机会。

可持续发展目标4(即教育目标)下设7个具体目标和3项具体措施,与2000年提出的全民教育的6个具体目标相比无论在深度和广度上都更进了一步,其中最为突出

---

① UN. Transforming our World: The 2030 Agenda for Sustainable Development [R]. UN, 2015.

的一点是增加了全球公民教育的议题,设为第 7 个具体目标:确保到 2030 年所有学习者都掌握必要的知识和技能来促进可持续发展,其途径包括但不仅限于通过教育形成可持续发展及可持续的生活方式、促进人权发展、促进性别平等、促进和平与非暴力文化、提升全球公民意识以及认识到文化多样性和文化对可持续发展的贡献。①

将全球公民教育纳入 2030 教育目标是在全球化背景下对教育目的重新反思的结果。"我们正在步入一个新的历史阶段,各个社会之间相互联系和相互依存,各种复杂性、不确定性和张力达到了前所未有的程度",②当我们在此背景下重新审视教育目的时,应当密切关注可持续的人类发展和社会发展。由此,"个人和社会(应当)在当地及全球层面采取负责任的行为,争取实现人人共享的更美好的未来,让社会正义和环境管理指导社会经济发展"。③

二、全球公民教育:多元话语间的张力

全球公民教育是近年来国际教育领域的一个时髦词汇,并日益成为国际社会的显性话语。需要指出的是,关于何为全球公民教育,目前尚无统一的定义。学术界普遍认同全球公民教育是一个富有争议的概念,不同的个人和机构对全球公民教育有着不同的理解,在实践上也呈现出多元化特征。道尔(Dower)认为全球公民教育包含了三个要素:人们应该如何行动的规范性主张、有关世界现状的存在主义主张以及有关未来的理想主义主张;④勒奈特·舒尔茨(Lynette Shultz)概述了全球公民教育的三个进路:强调全球市场竞争和人力资本的新自由主义的进路、关注全球发展差异背后的权力结构的激进主义进路以及社会变革与全球正义的变革导向进路。⑤ 分析超国家组织、民族国家和非政府组织有关全球公民的话语和实践可以发现,尽管全球公民教育日益成为显性话语,对其理解及采取的行动却不相同。⑥⑦ 以下是国际社会公认的两种主流的全球公民教育观。

第一种路径以新自由主义为理论基础。在新自由主义者看来,全球经济一体化、

---

① UNESCO. Education 2030: Incheon Declaration and framework for action [R]. Paris: UNESCO, 2015.
② 联合国教科文组织. 反思教育:向"全球共同利益"的理念转变?[M]. 联合国教科文组织总部中文科,译. 北京:教育科学出版社,2017: 15.
③ 联合国教科文组织. 反思教育:向"全球共同利益"的理念转变?[M]. 联合国教科文组织总部中文科,译. 北京:教育科学出版社,2017: 20.
④ Dower N. An Introduction to Global Citizenship [M]. Edinburgh, UK: Edinburgh University Press, 2003.
⑤ Shultz L. Educating for Global Citizenship: Conflicting Agendas and Understandings [J]. Alberta Journal of Educational Research, 2007,53(3): 248-258.
⑥ Roman L G. Education and the Contested Meanings of 'Global Citizenship' [J]. Journal of Educational Change, 2003,4: 269-293.
⑦ 周小勇. 多元话语与实践:西方全球公民教育述评[J]. 比较教育研究,2016(9): 27—33.

科技的进步、全球性的健康和安全问题以及日趋普遍的跨国交流和移民潮,决定了如今的学生不可避免地生活在一个日益全球化的时代。① 为了让学生今后能自如地面对全球化带来的一系列挑战,教育的目标就不应当宽泛地表述为宽容与尊重,而应当是具体的目标,如与其他国家/文化的人进行交流、共同生活及工作所必须的知识和技能。教育的功能不仅体现在文化传承上,更体现在对应现实的需求方面,因而必要的知识和技能是不可或缺的。教育不是静态的、被动的,而应当主动应对变化的世界所带来的新的个人需求。在全球化时代,个人的需求超越了国家的界限,表现为全球化态势。全球公民资格被看作是一种可获得的社会、文化资本(social and cultural capital),②从而在日益全球化的领域——如劳动力或教育市场——取得优势地位,比如担任跨国公司经理人、国际非政府组织雇员、大学教师等职位。他们或前往其他国家短期居住,或访问(接待)不同国家的友人,或参与国际性会议,有着超越国界的朋友圈,阅读有着国际影响力的书刊报纸,熟练掌握英语或其他国际常用语。新自由主义全球公民的社会文化资本的获得取决于一些知识、技能及情感态度,可以通过教育来帮助学习者获得这些能力,即全球公民教育。以经济合作与发展组织(以下简称经合组织)为例,该组织认为应当衡量成员国15岁青少年作为全球公民的素养和能力,并宣布将在2018年将全球能力(global competence)纳入国际学生评估项目(PISA)的评估内容。③ 但分析经合组织的文本可以发现,该组织所声称的全球公民是以能力为导向的,它强调公民在全球范围内自由竞争的能力,如是否掌握外语、是否有国外留学或工作经验、跨文化交际能力等等。④ 无论是在发达国家,还是在发展中国家,能力导向的全球公民教育都日益成为主流的教育形态。当然,在有些国家(如加拿大),能力导向的全球公民教育是显性话语,而在另外一些国家(如中国、韩国等)却是隐性话语,通常表现为强调外语教育、跨文化交际教育或者国际理解教育等。

第二种路径以新共和主义公民观为理论基础,更偏向于将全球公民教育看作培养公民的责任意识而非仅仅注重公民的权利,因此也被称为意识导向的全球公民教育。总体而言,意识导向的全球公民教育认为全球公民教育意味着我们需要教育学习者尊重世界上所有人的尊严和个人权利,致力于全民社会和经济正义;尊重我们后代的生

---

① 彭正梅,郑太年,邓志伟. 培养具有全球竞争力的中国人:基础教育人才培养模式的国际比较[J]. 全球教育展望,2016,45(8):67—79.
② Weenink D. Cosmopolitanism as a Form of Capital: Parents Preparing their Children for a Globalizing World [J]. Sociology, 2008,42(6): 1089 - 1106.
③ Schleicher A. Pisa Tests to Include 'Global Skills' and Cultural Awareness [EB/OL]. (2016 - 05 - 27). [2017 - 04 - 20]. http://www.bbc.com/news/business-36343602.
④ Reimers F M. Assessing Global Education: An Opportunity for the OECD[J]. OECD strategy paper, 2013.

存权,承担代际责任;尊重并关爱生物多样性,保护并修复地球的生态系统;尊重文化的多样性,在全球范围内致力于创建一种宽容、非暴力和和平的文化。① 它强调了教育在当今这个联系日益紧密的全球化时代的功能:教育可以帮助儿童和年轻人自信地迎接这个越来越相互依存的世界所带来的新的挑战,② 这需要面向未来的学习者承担起对全球社区的责任。

需要指出的是,在任何情况下,全球公民都不意味着一种法律身份,它指的是一种对全球社群和人类共同体的归属感,身处其中的每个成员都休戚与共、体验一种集体身份感,并在全球层面承担共同责任。换句话说,全球公民身份与其说是一种正式的身份,还不如说是一种精神或隐喻。③

意识导向的全球公民教育总体目标是赋予学习者在地方层面和全球层面参与和采取行动、积极面对全球性的问题与挑战,为创建一个更加公正、和平、宽容、包容、安全和可持续发展的世界积极贡献自己的力量。具体而言,全球公民教育的目标有三个概念维度,分别对应认知、社会情感和行为三个学习领域的结果(参见表1-1),这三个维度之间彼此关联。就学习者特质而言,全球公民教育期待学习者在认知方面具备明智的知识和审辩的思维;在社会情感方面具备较强的社会纽带并尊重多样性;在行为方面具备强烈的责任感并积极行动。④

表1-1 意识导向的全球公民教育核心概念维度

维度	内涵
认知维度	获得有关全球、地区、国家和地方问题以及不同国家与人民之间相互联系和相互依存的知识、理解和批判性思维能力。
社会情感维度	具有对整个人类的归属感,能够分享各自的价值观并分担责任,具有同理心,休戚与共,尊重差异和多样化。
行为维度	在地方、国家和全球层面为促进更加和平和可持续发展的世界采取有效和负责任的行为。

(来源:联合国教科文组织官网)

这两种观念所主导的全球公民教育之间的张力一直存在,由于新自由主义在过去的几十年间大行其道,以能力为导向的全球公民教育被西方国家奉为圭臬,将全球公民教育视为提升国家竞争力和保持全球优势的社会文化资本。基于新自由主义的市

---

① Pigozzi M J. A UNESCO View of Global Citizenship Education [J]. Educational Review, 2006, 58: 1-4.
② UNESCO. Education for 'Global Citizenship': A framework for discussion [R]. Paris: UNESCO, 2013.
③ UNESCO. Global Citizenship Education: An Emerging Perspective [R]. Paris: UNESCO, 2013.
④ UNESCO. Global Citizenship Education: Topics and learning objectives [R]. Paris: UNESCO, 2015.

场配置理念也促使众多发展中国家不得不参与到争夺这种全球文化资本的竞赛当中来。然而，随着国际社会对新自由主义式的市场竞争带来的非负面效果增加，如对贫富差距、环境问题、跨文化冲突以及恐怖主义盛行等众多问题有了越来越清醒的认识，人们开始意识到新自由主义式的全球公民教育有其不可避免的弊端，有识之士开始转向并倡导责任意识导向的全球公民教育，并得到国际社会越来越广泛的理解与支持。

三、全球公民教育是维护全球共同利益的重要手段

在当今这个世界，各国相互联系、相互依存的程度空前加深，人类生活在同一个地球村里，生活在历史和现实交汇的同一个时空里，越来越成为你中有我、我中有你的命运共同体。这意味着我们必须在全球共同利益的大前提下根据公平、可行、可持续的人类和社会发展新观念来重新审视教育的目的。这一可持续的愿景必须考虑到人类发展的社会、环境和经济层面以及所有这些因素与教育的相互影响，全球公民教育正是维护人类命运共同体和全球共同利益的重要手段。

正因为如此，从 2012 年联合国秘书长潘基文提出全球教育第一倡议以来，以联合国教科文组织为代表的国际社会一直不遗余力地在世界范围内推进全球公民教育进展，除了前文提及的全球性的问题外，创建一个可持续发展的世界也需要在基本的读写和计算技能之外进行全球公民教育。正如联合国教科文组织总干事伊琳娜·博科娃（Irina Bokova）所言："这是一个动荡的时代，……不同社会之间的联系比以往任何时候都更加密切，但不宽容现象和冲突依然层出不穷。新的权力中心正在形成，不平等正在走向深层，地球正承受着压力。虽然可持续和包容性发展的机会广阔，但是挑战也是严峻和复杂的。世界在变化，教育也必须变化。社会无处不在经历着深刻变革，这种形势呼吁新的教育形式，培养当今及今后社会和经济所需要的能力。这意味着超越识字和算术，以学习环境和新的学习方法为重点，以促进正义、社会公平和全球团结。教育必须教导人们学会如何在承受压力的地球上生活；教育必须重视文化素养，立足于尊重和尊严平等，有助于将可持续发展的社会、经济和环境方面结为一体。"①

有鉴于此，"2030 议程"远远超越了千年发展目标。除了保留消贫、保健、教育和粮食安全和营养等发展优先事项外，它还提出了各种广泛的经济、社会和环境目标。它还承诺建立更加和平、更加包容的可持续发展的社会，可持续发展教育（education

---

① UNESCO. Rethinking Education: Toward a Global Common good? [R]. Paris: UNESCO, 2015.

for sustainable development)和全球公民教育是实现可持续发展和维护全球共同利益的重要手段,可持续发展(包括人、环境和社会的发展)是全球公民教育的内在目标,二者之间在本质上是相通的。"2030 议程"开篇就提出,该"议程是为人类、地球与繁荣制订的行动计划。它还旨在加强世界和平与自由",其总体目标如下:①

- 人(People):我们决心消除一切形式和表现的贫困与饥饿,让所有人平等和有尊严地在一个健康的环境中充分发挥自己的潜能。
- 地球(Planet):我们决心阻止地球的退化,包括以可持续的方式进行消费和生产,管理地球的自然资源,在气候变化问题上立即采取行动,使地球能够满足今世后代的需求。
- 繁荣(Prosperity):我们决心让所有的人都过上繁荣和充实的生活,在与自然和谐相处的同时实现经济、社会和技术进步。
- 和平(Peace):我们决心推动创建没有恐惧与暴力的和平、公正和包容的社会。没有和平,就没有可持续发展;没有可持续发展,就没有和平。
- 伙伴关系(Partnership):我们决心动用必要的手段来执行这一议程,本着加强全球团结的精神,在所有国家、所有利益攸关方和全体人民参与的情况下,恢复全球可持续发展伙伴关系的活力,尤其注重满足最贫困最脆弱群体的需求。

全球公民教育关注人的发展、强调积极应对全球性问题、与自然及世界和平相处、尊重自然和文化的多样性,与"2030 议程"的 5 个总体目标几乎完全吻合,不难理解为何国际社会致力于推动将全球公民教育纳入可持续发展议程。

四、民族国家的呼应:全球场域与地方话语

正如千年发展目标被众多民族国家所接受,并依据千年发展目标制定了国别化方案一样,各民族国家也纷纷制定或者即将制定国别化方案,将可持续发展目标整合到国家发展战略之中。同样,民族国家对教育"2030 议程"中的各个目标也做出了相应的呼应,认同全球公民教育是达成可持续发展目标的重要手段。例如,德国的教育与文化事务部长联席会议于 2015 年 6 月通过了《为了可持续发展的教育课程框架》,这份由教育与文化事务部长联席会议和德国联邦经济合作与发展部联合制定的课程框架整合了"2030 议程"可持续发展目标,并将全球公民教育作为重要的课程理念。该框架认为价值导向和个人担当是可持续发展教育和全球公民教育的核心目标,作为同

---

① UN. Transforming our World: The 2030 Agenda for Sustainable Development[R]. UN, 2015.

一个世界(one world)的全球公民,为应对发展危机、侵害人权、恐怖主义、生态灾害和其他全球性的挑战,不仅应当秉持理解和宽容的态度,而且应当在思维和行动中秉持休戚与共的理念,坚守共同的核心价值观。①

在加拿大,由于加拿大政府并未出台"2030议程"的国别化方案,一份由国内研究机构和国际组织联合发布的名为《加拿大2030:可持续发展议程》报告,②对加拿大各领域的战略文件进行了梳理,并将这些文件中提出的目标与"2030议程"提出的可持续发展相比对,以此来检测"2030议程"的可持续发展目标在加拿大的接受和实施进程,报告指出教育是加拿大政府的优先关注事项。报告将来自加拿大国内各领域战略文件的教育目标分为国际目标(国际社会普遍追求的最低限度的教育目标,如确保所有儿童都接受高质量的早期教育和基础教育)、国别目标(超越国际社会普遍追求的最低限度的目标,如促使更多的年轻人拥有问题解决和批判性思维能力)以及跨领域目标(在多个领域的战略文件中出现的目标,如为所有人创建一个可持续、健康和有活力的环境)。报告将全球公民教育看作是跨领域目标并描述了全球公民教育的涵义及监测指标。报告援引阿尔伯塔省教育厅的官方网站的观点,认为教育应当"促进文化对话、外语学习、接触和讨论国际议题、培养开明和负责任的全球公民并积极参与解决国际问题",③监测指标为在加拿大国内外致力于可持续发展的加拿大公民的比例以及将全球公民教育融入中小学课程的辖区数。

韩国政府也十分注重培养学生有关全球公民教育的知识、技能、价值观和态度,致力于创建可持续发展的世界。根据韩国教育部刚刚发布的一份报告,韩国政府已经为培养全球化时代的全球公民准备好了合适的教育系统,④致力于培养为全人类的繁荣和多样性而奉献的全球公民,这主要通过社会课程和伦理课程来实现。此外,韩国政府也为此开发了必要的教育材料并任命合格的专家对教师进行培训。韩国政府还计划联合韩国教育发展研究院、韩国课程与评价研究院等教育智库机构一起开发全球公民教育的测量指标,⑤用以衡量韩国在今后若干年内在全球公民教育方面的进展。所有这些举措都旨在让教育在社会系统中发挥更大的作用,创建一个更为民主、有担当

---

① Schreiber J, Siger H. Curriculum Framework: Education for Sustainable Development [EB/OL]. http://www.globaleslernen.de/sites/default/files/files/link-elements/curriculum_framework_edu.
② The Norman Paterson School of International Affairs. Canada 2030: An Agenda for Sustainable Development [R]. Ottawa: NPSIA, 2015.
③ Alberta E. About International Education [EB/OL]. [2016-12-07]. https://archive.education.alberta.ca/teachers/inted/.
④ MOE SK. Education in Korea [R]. Korea: MOE SK, 2016.
⑤ UNESCO. Education for All 2015 National Review Report: Republic of Korea [R]. Paris: UNESCO, 2015.

和可持续发展的社会,培养积极的全球公民。

非洲国家也对全球公民教育作出了积极的回应,非洲联盟 2015 年发布的《非洲大陆教育战略》提出了 2016—2025 年非洲教育蓝图,①全球公民教育是非洲地区十个教育优先事项之一。该战略将指引非洲各民族国家未来十年的教育规划,并与"2030 议程"相对接。尽管全球公民教育并不一定会成为这些国家教育规划中明确使用的概念,有些国家已经开始将全球公民教育的理念融合到本国的教育规划当中。例如,肯尼亚 2030 愿景规划中将和平教育、可持续发展教育作为重要的目标列入其中。② 此外,肯尼亚也是联合国"人人学会尊重他人"③项目的实施国之一。这些教育目标和项目虽然没有直接冠以全球公民教育的名称,但其内涵与全球公民教育如出一辙。

2016 年是《教育 2030 行动框架》正式实施的第一年,可以预见,将会有更多的国家加入到响应联合国可持续发展议程以及《教育 2030 行动框架》的行列中来,落实可持续发展议程的国别化方案,以何种方式让教育在可持续发展进程中发挥作用将是民族国家必须考虑的重要议题。

五、中国当如何回应

中国政府历来积极与联合国及联合国教科文组织合作,支持联合国教科文组织提出的各项教育议程。2013 年,国家主席习近平在全球教育第一倡议(Global Education First Initiative, GEFI)启动一周年的视频致辞中代表中国政府和人民对潘基文秘书长提出的全球教育第一倡议表示了坚定的支持,并表示中国将继续响应联合国的倡议。④ 千年发展目标提出以来,中国积极参与联合国教科文组织教育领域的国际会议,与各国代表交流做法,分享经验,共谋发展。经过努力,中国各级各类教育取得重大进展,全民教育目标基本实现,教育事业总体发展水平进入世界中上行列。2015 年 11 月,中共中央发布了《关于制定国民经济和社会发展第十三个五年规划的建议》,明确提出要主动参与 2030 发展议程。2015 年 12 月 18 日,为落实 2030 教育议程,中国联合国教科文组织全国委员会与联合国儿童基金会、联合国教科文组织共同主办了 2030 年教育发展议程国际研讨会,磋商中国参与 2030 教育发展议程的具体措施。

与此同时,国务院在 2016 年 9 月发布的《中国落实 2030 年可持续发展议程国别

---

① AU. Continental Education Strategy for Africa [R]. Africa: AU, 2015.
② Kenya R P. Kenya Vision 2030[EB/OL]. https://wenku.baidu.com/view/ffeofiqbfdoa79563cle 7246.html.
③ 2012 年,联合国教科文组织与巴西政府联合启动了"人人学会尊重他人"(Teaching Respect for All)项目,旨在通过加强相互宽容和培养对所有人(不分肤色、性别、种族、民族与宗教)的尊重,来促进反对歧视和暴力的教育措施的推行。
④ 习近平主席在联合国"教育第一"全球倡议行动一周年纪念活动上表视频致辞[N]. 人民日报,2013-09-27(03).

方案》(以下简称《国别方案》)中对全球公民教育有所表述,①但并未针对可持续发展教育和全球公民教育提出具体的落实措施。《教育 2030 行动框架》目标 4.7 中的可持续发展所需的技能,如可持续发展教育、全球公民教育等,在《国别方案》中的落实措施付诸阙如,这势必会影响中国达到 2030 发展议程所设定的目标的效果。

表 1-2 《教育 2030 行动框架》目标 4.7 与中国《国别方案》落实措施的比较

《教育 2030 行动框架》目标 4.7	中国《国别方案》落实措施
到 2030 年,确保所有进行学习的人都掌握可持续发展所需的知识和技能,具体做法包括开展可持续发展、可持续生活方式、人权和性别平等方面的教育、弘扬和平和非暴力文化、提升全球公民意识,以及肯定文化多样性和文化对可持续发展的贡献。	深化教育改革,提高教育质量,加强学校体育和艺术教育,把增强学生社会责任感、创新精神、实践能力作为重点任务贯彻到国民教育全过程。性别平等原则和理念在各级各类学校教育教学过程中得到充分体现。

(来源:《中国落实 2030 年可持续发展议程国别方案》)

  这里首先涉及对可持续发展教育的理解问题。可持续发展教育的概念源自世界环境与发展委员会 1987 年发布的报告《我们共同的未来》,②报告指出可持续发展是资源利用、经济投资、技术发展和制度变化的和谐统一,从而提升当前及未来的发展潜力以满足人类的需求,教育是实现可持续发展的重要途径。联合国在报告《为了可持续发展的教育十年计划》中概述了可持续发展教育的行动议题:③消除贫困、争取性别平等、促进健康、环境保护、农村发展、文化多样性、世界和平、人类安全以及可持续的城市化等。2009 年,联合国教科文组织将可持续发展教育定义为:可持续发展教育是建立在可持续性的理想与原则基础上的一种学习或教学过程,体现在教育的各个层面及各个方面。④ 其主要特征为:

  它是一个转化和反省的过程,致力于将可持续发展的价值观融入到教育系统、个人职业生涯和日常生活之中;

  它是一种用知识和技能为人们赋权增能的途径,从而帮助人们解决全球社会现在及将来所面临的各种全球性问题;

  它是一种寻求经济及社会正义、尊重所有生命的整体性方法(a holistic approach);

  它是提高基础教育的质量、重新定义现有教育议程和提高可持续性发展意识的

---

① 中华人民共和国国务院.中国落实 2030 年可持续发展议程国别方案[R].2016.
② WCED. Our Common Future [R]. WCED, 1978.
③ UNESCO. Framework for the UN DESD International Implementation Scheme [R]. Paris: UNESCO, 2006.
④ UNESCO. Review of Contexts and Structures for Education for Sustainable Development [R]. Paris: UNESCO, 2009.

方法。

上述定义表明,可持续发展教育的外延在不断扩大,它不仅指自然的(环境的)可持续性,也指经济的可持续性、社会的可持续性和人类的可持续性。① 对教育而言,可持续发展目标应该成为中国"教育2030"表达和行动的基本"语境"和"场域"。② 以此来看,《国别方案》中的落实措施尽管提到了增强学生的责任感,但对可持续发展教育的描述显然远远不够,而全球公民教育作为可持续发展教育的一种重要形式,理应得到应有的重视。

其次,21世纪以来,全球化在多个维度上呈现出"双向"趋势。一方面,由西方国家向东方国家、发达国家向发展中国家单向的"全球化",演变成为东西方国家之间的双向全球化。人类正在经历有史以来最大规模、最深刻和最全面的全球化进程,全球联系不断扩大、加深、加速。③ 另一方面,从文化或具体到教育文化上而言,全球化呈现出罗伯逊(R. Roberson)早前所指称的"特殊主义的普遍化"(universalization of particularism)和"普世主义的特殊化"(particularization of universalism)的双向过程。④ 在此背景下,世界各国寻求共同的教育目标,教育呈现融合的趋势,体现在东西方教育思想融合、国家间的教育体系融合、正规教育与非正规教育融合、教与学之间相互融合、开放教育与封闭教育融合等方面。一个典型的例证是:英国政府于2016年夏季宣布,将投资逾4 000万英镑用于培训及配套措施,将约8 000所小学(相当于英国小学总数的一半)的数学教学模式转向强调基本技能的上海模式。⑤ 落实到全球公民教育上而言,如何培养适应21世纪的有中国情怀和世界视野的中国公民,是面对新的全球化形势所需考虑的核心问题,这关系到中国如何才能更为娴熟地与世界打交道,不仅要了解世界,也要让世界了解中国。

当然,这里也涉及到如何构建全球公民教育的中国话语的问题。全球公民教育作为一个舶来品,与民主一样,其源头与话语构建来自于西方发达国家,这无需讳言,但这并不代表全球公民教育只属于西方发达国家。事实上,全球公民教育的内涵与社会主义核心价值观在很大程度上是相通的:富强、民主、文明、和谐作为国家层面的价值目标,与全球公民教育关注贫困、可持续发展与和平相一致;自由、平等、公正、法治作

---

① Kopnina H, Meijers F. Education for sustainable development (ESD): Exploring theoretical and practical challenges [J]. International Journal of Sustainability in Higher Education, 2014,15: 188—207.
② 杨九诠. "中国教育现代化2030"的内涵[N]. 中国教育报,2016-10-13.
③ 高书国. 2030年中国教育战略展望[EB/OL]. [2016-11-29]. http://sanwen8.cn/p/346w17r.html.
④ Robertson R. Globalization: Social Theory and Global Culture [M]. London: Sage, 1992.
⑤ Harding E. Half of Primary Schools Set to Teach Maths Chinese-style [N]. Daily Mail, 2016-07-12.

为社会层面的价值取向与全球公民教育关注平等、积极参与社会治理相一致;爱国、敬业、诚信、友善作为公民个人层面的价值准则与全球公民教育强调整个人类的归属感、能够分享各自的价值观并分担责任、具有同理心、休戚与共、尊重差异和多样化相一致。社会主义核心价值观和全球公民教育的内涵有如此贴切的相通之处,说明无论是东方还是西方,人同此心,心同此理,中国迫切需要用被世界普遍接受的话语来表述社会主义核心价值观,从而更好地与世界其他文化沟通;也更迫切需要培养能与世界上所有其他文化熟练沟通的全球公民。改革开放四十多年来,我们在"了解世界"方面做得非常出色,但随着中国在国际舞台上扮演越来越重要的角色,如何"让世界了解我们"显得更为重要。在中国,全球公民教育不仅意味着"全球话语的中国化",也应当包括"中国话语的全球化"。

六、结语

与全民教育相比,《教育 2030 行动框架》除了继续关注读写、计算技能外,首次将全球公民教育纳入其目标体系。这意味着在如今这个全球化的时代,国际社会越来越关注知识和技能之外的价值、态度和沟通技能的培养,也越来越关注教育在理解和解决社会、政治、文化以及全球性问题上的价值。对于各民族国家而言,若想在真正意义上落实《教育 2030 行动框架》,则应当检视本国课程以纳入全球公民教育目标。当然,这并不意味着照搬西方全球公民教育的模式和做法。分析和梳理全球公民教育话语,选择与本国国情和传统一致或相近的目标,借助本国的教育话语,设计相应的课程,是将全球公民教育国别化的理智选择。与此同时,也需要充分考虑本国的具体情境,挖掘本国的传统智慧,将本土的核心价值观中与全球公民教育话语相通的部分运用国际通行话语进行阐述,从而达到本土与全球相融相通,增进理解。对中国这样一个正在崛起的大国而言,本土话语的国际化沟通尤其重要,它关系着中国能否和平崛起,在不被误解和妖魔化的前提下实现中华民族的伟大复兴。例如,正如前文所述,全球公民教育与社会主义核心价值观教育在很多方面存在相同或相近的理念,从某种程度上而言,用全球公民教育的话语来阐述社会主义核心价值观教育,更容易让国际社会理解中国的社会主义核心价值观,理解中国的社会主义公民教育;从更宏观的角度而言,也让国际社会更加理解和接受中国,这对树立中国负责任的大国形象意义重大,因此势在必行。

最后还需要说明的是,尽管全球公民教育可以被看作是一门课程,但全球公民教育更多情况下被看作是一种新的教育范式。全球公民教育注重培养学习者的真实问题意识，它立足于当地情境，通过参与式的策略和方法理解和谋求解决全球层面的问题。① 从这一点上来说，全球公民教育促进人的转化，具有典型的变革教育学（transformative pedagogy）的特征：

鼓励学习者审辩地分析真实生活中的问题，以创新的方式提出可能的解决方案；

支持学习者审辩地考虑主流话语中的假设、世界观和权力关系并关注那些被边缘化、被忽视的人和群体；

尊重差异和多样性；

它聚焦行动，关注行动的结果；

要求学习者所在的社会群体的广泛参与。②

以此来观照中国目前的教育，全球公民教育不仅有政策上的战略必要性，也有教育学上的意蕴，它不仅敦促我们重新思考教育的目的，也促使我们重新审视我们的教育方法，将"人"置于教育的中心。

（周小勇）

---

① Europe CO. Global Education Guidelines: Concepts and Methodologies on Global Education for Educators and Policy Makers [R]. Europe CO, 2012.
② UNESCO. Global Citizenship Education: Preparing Learners for the Challenges of the Twenty-first Century [R]. Paris: UNESCO, 2014.

第二章　用教育 4.0 推进工业 4.0：德国教育 2030 战略考察

为了更好地应对未来社会的发展需要和抢占未来发展先机，德国将科学的未来预测视为国家制定发展战略的重要前提与根基。2007 年起，德国联邦教育与研究部（以下简称联邦教育部）成立了未来预测办公室。2012 至 2014 年间，该办公室实施的第二期预测以 2030 年为时间节点，对未来经济社会的发展动向作出了详尽全面的判断，预测结果呈现为三份中期报告和一份最终报告。此外，其他部门，如联邦劳动与社会保障部，也积极结合自身的职责领域就 2030 年的未来发展趋势发布预测报告。

依据这些报告所分析的 2030 年的社会发展特征，德国制定了一些以教育 4.0 为主导的 2030 教育战略。这些系列报告和战略举措蕴含着德国对未来经济及社会发展的研判，展现了德国用教育推进工业和社会发展的战略意识。本章基于这些文本，考察德国如何用教育 2030 来应对社会 2030 的基本问题和挑战。

一、2030 年德国社会的基本特征及教育战略图景

（一）2030 年德国社会的基本特征

联邦教育部在第二轮预测中公布的三份中期报告分别是《研究及技术展望 2030》（Forschungs-und Technologieperspektiven，以下简称《技术 2030》）、《社会变化 2030》（Gesellschaftliche Veränderungen 2030）以及《未来故事 2030》（Geschichten aus der Zukunft 2030）。最终报告《理解未来、构建未来——德国 2030》（Zukunft verstehen, Zukunft gestalten-Deutschland 2030，以下简称《德国 2030》）在中期报告的基础上，全面总结了 2030 年德国经济社会发展的整体特征。联邦劳动与社会保障部着眼于 2030 年的德国劳动力市场，也相继于 2013 年和 2016 年公布了两份重要报告：《劳动力市场预测 2030》（Arbeitsmarktprognose 2030）和《劳动力市场 2030：数字时代的经济与劳动力市场》（Arbeitsmarkt 2030：Wirtschaft und Arbeitsmarkt im digitalen Zeitalter）。

从这些报告中可以看出，2030 年德国社会最大的特点就是处于数字技术的大爆炸时期。数字技术不仅会引发第四次工业革命，让德国的工业生产和经济发展进入全新的 4.0 时代，而且还会深入社会生活的各个领域，颠覆人们的生活理念和生活方式。具体说来，2030 年的德国社会将在数字技术的浪潮下主要呈现出下述三大特点，并将

在其他国内国际因素的影响下呈现出后三大重要的发展趋势。

1. 工业 4.0 时代全面到来

2030 年,德国工业将迎来全面的结构转型,进入到 4.0 时代。这意味着,工业生产将会告别前三次重大技术革命,即机械化、流水线生产和自动化,迈进以数字化和信息化为标志的第四次重大转型。数字化使得工业生产能够实现非连续性的技术革新,推翻传统的生产模式和商业模式,并开辟出新的市场和领域。在工业 4.0 时代,智能的信息物理系统(CPS)将会取代如今的自动化流水线生产,成为核心的技术元素。借助这一系统,人、机器和物体相互连接,进行直接的、实时的和自主的沟通,从而形成动态的、实时感知的和自我管理的价值创造网络。这一网络能够灵活地依据相应标准,不断地优化生产过程,如成本管理、资源配置及利用。① 此外,由于信息物理系统将产品价值创造链中的所有端点——从供应商、企业,到服务商和用户——都连接起来,因此生产过程得以充分地考虑用户的个性化需求。生产和服务变得智能化,且彼此之间的界限逐渐消融。用户甚至可以自己动手制造产品,个人制造 2.0 成为可能。②

2. 行业结构转变加快

数字技术变革的巨大冲击加快了德国行业结构的转变进程。首先,IT 行业、企业管理以及市场营销等领域将在数字技术的带动下蓬勃发展,同时,机械制造、汽车生产等领域也将伴随工业的转型升级显示出巨大的发展潜力。到 2030 年,这些领域一共可以新增 58 万个就业岗位。与之相对,传统行业,例如金属锻造、纺织服装以及食品生产等领域,由于引入数字化的生产和服务体系,将会大大降低对劳动力的需求。预计到 2030 年,将会有 27 个行业共计损失 31 万个就业岗位。③ 行业结构的变化导致对劳动者素质和职业技能要求的转变。拥有信息技术和工程技术教育背景的专业人才将会受到青睐。此外,劳动者必须普遍具备良好的数字应用能力和终身学习能力,才能迅速应对各行各业不断出现的技术更新及发展。

3. 生活学习智能化和个性化

到 2030 年,人们的生活和学习将会在数字信息技术的广泛应用下变得更加智能

---

① Prognos. Lage und Zukunft der deutschen Industrie(Perspektive 2030)[EB/OL].[2016-01-29]. https://www.bmwi.de/Redaktion/DE/Publikationen/Studien/lage-und-zukunft-der-deutschen-industrie-perspektive-30.pdf?__blob=publicationFile&v=12.
② Zweck A, et al. Gesellschaftliche Veränderung 2030[EB/OL].[2015-05-01]. http://www.vditz.de/fileadmin/media/VDI_Band_100_C1.pdf.
③ Volger-Ludwig K, et al. Arbeitsmarkt 2030:Wirtschaft und Arbeitsmarkt im digitalen Zeitalter—Prognose 2016[EB/OL].[2016-07-15]. http://www.economix.org/assets/content/ERC%20Arbeitsmarkt%202030%20-%20Prognose%202016%20-%20Langfassung.pdf.

和个性化。首先,随着智能计算机越来越多地替代人完成决定和工作,人们将拥有越来越多的自由来安排自己的工作时间和工作方式。其次,居家生活、交通出行以及医疗卫生等各个方面都将因为人工智能发生翻天覆地的变化。家庭机器人和无人驾驶汽车将会变成生活的常态,应用软件将会更加全面地读取人的健康数据,从而提高疾病的防治几率。最后,传统的教育教学模式也会受到巨大的冲击。学生无需和教师直接接触就能自己完成学习,借助教育数据挖掘和学习分析,计算机可以更好地把控和管理学习的过程,并且能够根据学生的学习进度安排合适的学习内容,从而在真正意义上开展个性化的教学。

4. 适龄劳动人口减少

人口萎缩加上老龄化导致德国适龄劳动人口减少。与 2010 年相比,2030 年德国 15 至 74 岁的适龄劳动人口将会减少 470 万,劳动力市场可支配的就业人口将减少 290 万。在 2030 年的就业人口中,15 至 24 岁人群较 2010 年减少 98 万,24 岁至 55 岁人群减少 480 万,而 55 至 74 岁的老年人群将会增多近 300 万。在此基础上,劳动力市场还将面临日益严峻的专业人才紧缺的问题。到 2030 年,德国在专业人才上的缺口将会达到三百万,尤其分布在技术行业、医疗卫生行业及教育和社会服务行业。① 虽然移民和难民人口的增加可以在短时间内弥补劳动力的不足,但从长远来看并不能扭转德国劳动力数量整体下滑的趋势,也不能解决专业人才结构性紧缺的问题。

5. 未来社会的多元性增强

随着全球化和欧洲一体化的不断深入,德国社会的多元性将会不断增强。这种多元性首先体现在人口结构上。2030 年,德国 25 岁以下的年轻人中将会有超过 1/3 的人拥有移民背景。② 此外,中东地区的战争难民不断涌入德国境内,从而形成"一个新的伊斯兰文化"。③ 人口结构的多样性导致文化和价值观的多元性,年轻人对有着异质民族性和文化性的群体持包容态度,"社会价值观的改变共同促成了全球共通的价值模式的推广,且这种推广在 2030 年之前一直处于不断扩大的过程"。④ 此外,家庭结构也呈现出多元化的发展趋势,传统的父母+子女的家庭模式受到其他复杂、不稳定

---

① Bundesministerium für Arbeit und Soziales. Arbeitsmarktprognose 2030 [EB/OL]. [2013 - 07 - 01]. http://www.bmas. de/SharedDocs/Downloads/DE/PDF-Publik ationen/a756-arbeitsmarktprognose-2030. pdf? _ blob = publicationFile.
② Bundesverband der deutschen Arbeitgeber. Bildung 2030 im Blick [EB/OL]. [2017 - 03 - 01]. https://www.arbeitgeber. de/www/arbeitgeber. nsf/res/7401F6BB45BCB17DC12580E500552B16/MYMfile/Bildung_2030. pdf.
③ Zweck A, et al. Gesellschaftliche Veränderung 2030 [EB/OL]. [2015 - 05 - 01]. http://www. vditz. de/fileadmin/media/VDI_Band_100_C1. pdf.
④ Zweck A, et al. Gesellschaftliche Veränderung 2030 [EB/OL]. [2015 - 05 - 01]. http://www. vditz. de/fileadmin/media/VDI_Band_100_C1. pdf.

的新型生活形式的冲击,德国未来社会呈现出缤纷的家庭生活图景。

6. 女性就业比率提升

德国女性未来的就业比率将会不断提升。2030年,女性就业人数比2010年多出近50万,就业比率也提升4个百分点达到81.5％。出于人口老龄化的原因,年长女性就业比率的提升幅度高于年轻女性。2030年,60至64岁女性的就业比率较2010年上涨13个百分点,其上涨幅度比30至40岁女性高出9个百分点。① 造成女性高就业率的原因一方面在于,女性解放意识增强和受教育水平提高,选择就业来实现自我的人生价值。另一个更重要的原因是,德国经济市场需要更多的女性就业者来弥补劳动力的严重匮乏,特别是具有技术工程专业背景的女性。除了就业比例的提升,女性在社会事务中的参与度也会不断增强。女性争取到更多个体上的和经济上的自由空间,她们将会在政治、教育、农业、城市发展等多项领域成为根本的积极变化的引发者和推动者。

(二) 2030教育战略图景:所有人+ 一切内容

2015年发布的《未来故事2030》基于《技术2030》和《社会变化2030》之上,以故事的方式畅想了未来世界在技术发展与社会变化影响下的形态,教育是其中一块重要的领域。其所预见的教育是,在数字技术的支持下,所有人都能享受到适合自己的教育,并且每个人都能获得一切想要获得的教育内容,也就是"所有人＋一切内容"的教育图景。

"所有人的教育"首先是指,任何想要学习的人,无论其年龄、民族、语言、身体和智力情况如何,都可以在数字媒体和网络平台的帮助下,获得自己期许的学习内容和学习结果。"自我教育将会成为未来教育的一大重要支柱。"②学校对数字媒体的使用会成为常态,课堂教学被转化为网络资源,供感兴趣的用户调取。借助翻译软件,学习者也可无障碍地分享和利用国外资源。知识变得可以在全球范围内共享。由于学习内容的网络化和数字化,教师得以更好地协调集体教学和个别辅导之间的关系。移民背景的学生和需要特殊教育的残障儿童可以更好地融入班级群体之中,全纳教育在真正意义上得到实现。

---

① Bundesministerium für Arbeit und Soziales. Arbeitsmarktprognose 2030 [EB/OL]. [2013 - 07 - 01]. http://www. bmas. de/SharedDocs/Downloads/DE/PDF-Publik ationen/a756-arbeitsmarktprognose-2030. pdf? _ blob = publicationFile.
② Zweck A, et al. Geschichten aus der Zukunft 2030 [EB/OL]. [2015 - 05 - 01]. https://www.bmbf.de/files/VDI_Band_102_C1.pdf.

其次,"所有人的教育"也是指每个人的教育,是高度弹性和个性化的。在学校教育中,学习者可以结合自己的兴趣选择自己喜爱的学习课程,根据自己的能力和实际情况制定自己的学习进度和时间安排。通过大数据的分析,学习者的学习特点和规律被认识到,针对个体学习者的教学方法和激励措施被开发出来。职业教育也将是模块式的。培训者首先完成基础的职业培训课程。然后,依据培训者的特质,再结合其本身的意愿和企业的需求,企业为培训者规划出合适的职业生涯路线,并进而从多样的培训课程中挑选出相应的模块来实施培训。模块式的职业教育高度切合了培训者个性化的特质和发展需求,也为企业培养和输送了更加契合其发展需要的专业人才。①

"一切内容的教育"指的是,教育资源由于利用现代化的数字信息技术面向所有人开放,学习者可以跨越国界、地区和专业领域,获取自己感兴趣的任意资源。"2030年,开课人数和授课语言之类的门槛及障碍将被去除,可供学习者选择的教育及进修可能性是巨大的。"②此外,教育资源这一概念的外延也得到了扩展。不再局限于专业性的教育从业者或教育机构开发出来的教育内容或教育产品,而是涵盖所有承载着教育信息的资源。这是因为,自媒体时代的到来让人人都可能成为教育资源的提供者,所涉领域也包含了人们能够想象到的各个方面。教育会在未来社会变得异彩纷呈。

上述六大特征显示出德国社会在2030年将会面临的巨大危机,即人口结构与工业经济4.0的发展要求之间存在的深刻矛盾。这一矛盾主要表现为年轻劳动力以及专业性人才,尤其是数字信息技术人才的严重匮乏。如果这一矛盾不能得到有效解决,工业4.0就将缺失发展的源动力,而解决矛盾的根本途径就是教育。正如《未来故事2030》里所预见的那样,未来的教育应该超越人的年龄、性别和民族等因素限制,让所有人都能享受到自己期望的、适合自己的教育。这样,年长者、女性和外来移民才能成为高素质的就业者,填补德国劳动力市场的巨大需求。要实现这一目标,必须首先在教育领域深入广泛地运用数字信息技术。然而,数字技术不仅应该成为未来教育发展的有力工具,更应成为教育的培养目标。因为2030年的劳动力市场不仅需要高素质的数字技术人才,更需要掌握较好的数字应用能力的普通劳动者。换句话说,要发展工业4.0,就必须首先以数字技术为缰绳,发展教育4.0。

---

① Zweck A, et al. Geschichten aus der Zukunft 2030 [EB/OL]. [2015-05-01]. https://www.bmbf.de/files/VDI_Band_102_C1.pdf.
② Zweck A, et al. Geschichten aus der Zukunft 2030 [EB/OL]. [2015-05-01]. https://www.bmbf.de/files/VDI_Band_102_C1.pdf.

二、用教育4.0推进工业4.0

为了推进工业4.0的发展,实现"所有人+一切内容"的2030教育战略图景,2016年夏季,联邦教育部与联邦职业教育研究所(BIBB)共同发起了职业教育4.0的倡议计划。倡议中特别指出,工业和经济4.0不仅需要职业教育4.0,更需要普通教育4.0。[①] 同年10月,联邦教育部颁布了《数字型知识社会的教育战略》(Bildungsoffensive für die digitale Wissensgesellschaft,以下简称"教育部战略"),12月,德国文教部长联席会(以下简称部长联席会)正式出台了《数字世界中的教育》(Bildung in der digitalen Welt,以下简称"部长联席会战略")。"教育部战略"和"部长联席会战略"共同成为全面促进德国数字教育,即教育4.0方针实施的行动框架。前者作为宏观战略涉及5大重点行动领域,各领域的战略目标统称为"数字教育世界2030",后者作为微观战略主要从学校层面给出了数字教育的行动指南。

(一)宏观层面的数字教育战略措施——教育部战略

"数字教育世界2030"的总体目标是,通过加强数字能力的培养和深化以数字媒体为工具的学习,最大化地挖掘数字教育在所有教育领域的潜力。[②] 具体分为5大行动领域,分别是缔造高质量的数字化教育培训、配备高性能的数字化教育设施、建立顺应数字化的法律框架、谋求教育组织机构的数字化以及利用数字技术深化教育国际化。

1. 缔造高质量的数字化教育培训

通过数字化的教育培训,未来的所有学习者都应当具备使用数字媒体的能力,并且能够自主和负责任地参与到数字世界中。要实现这一目标,所有教师必须首先具备数字能力,能够在教育教学需要之时合理使用数字媒体,并且具备传授数字能力的能力。每一位学习者都需有保障地享有利用数字学习媒介的权利与机会。教师利用数字化的学习平台,搜集关于学习者学习效果的信息,制定出个性化的学习指导方案。数字化的开放教学资源和内容应不断更新,由专业的评鉴机构对其质量进行评定和监督,并赋予其相应的质量认证。此外,网络学习获取的结业证书应该与实体学校授予的证书一样,受到社会同等的认可。

---

① Bundesinstitut für Berufsbildung. Wirtschaft 4.0 braucht Bildung 4.0 [EB/OL]. [2016-11-16]. https://www.bibb.de/dokumente/pdf/stabpr_medienkompetenz.pdf.

② Bundesministerium für Bildung und Forschung. Bildungsoffensive für die digitale Wissensgesellschaft [EB/OL]. [2016-10-01]. https://www.bmbf.de/files/Bildungsoffensive_fuer_die_digitale_Wissensgesellschaft.pdf.

2. 配备高性能的数字化教育设施

到 2030 年,德国所有的教育机构都应当配备高性能的、无使用障碍的数字化设施,且拥有统一的操作界面。这一目标具体指的是,所有教育机构都可借助宽带连接享用千兆级网络,并借助数字媒体实现学习资源的兼容共享。教育机构能够在必要时使用中央 IT 基础设施,并在那里获得运营和维护的相关资源。所有教育机构都配备有专门的 IT 技术人才,负责为 IT 服务商制定适切的设计说明书,并对其提供的 IT 服务予以质量监督。教育机构应保障每一位学生利用数字媒体进行学习的权利,比如允许学生携带自己的设备,或组建数字设备租借中心。①

3. 建立顺应数字化的法律框架

未来的法律框架应全面考虑数据保护和知识产权的问题,更好地规范和约束数字教育产品的生产及使用。这就要求,所有教育领域应建立起统一透明的法规体系,确保学习过程中产生的数据和研究者自主开发的教育产品不会被未经授权的他者窃取。此外,法规制定应尽量简洁明了,具有实际可操作性,并且应当建立起规范的法规学习秩序,确保教师、学生及教育产品的制造者充分了解这些规定,在合法的范围内从事活动。②

4. 谋求教育组织机构的数字化

教育数字化的落实建立在教育组织机构的数字化之上。这种发展不仅包括教育组织机构自身运营和管理的数字化,而且还包括教育组织机构之间沟通和协作的数字化。为此,所有教育机构都要制定出合乎自身发展的数字战略计划,并积极筹措相应的资源落实这一计划。所有机构的领导者都应具备落实数字教育必备的组织、技术和管理能力。所有教师都应将数字化的教学模式融入专业课程之中。教育教学、人力资源管理和教育政策制定的过程都应该利用数字技术使自己变得更加高效。政府应搭建有效的数字中枢平台,在各级各类教育组织和机构之间构建起良好的合作网络。

5. 利用数字技术深化教育国际化

教育应当抓住数字化的机遇进一步深化自身的国际化。一方面,德国可以通过制造好的数字教育产品提升自己在国际教育市场中的吸引力。教育产品生产者应放眼国际教育市场,紧跟市场动态,提供针对目标人群的、质量有保障的教育产品。要让教

---

① Bundesministerium für Bildung und Forschung. Bildungsoffensive für die digitale Wissensgesellschaft [EB/OL]. [2016-10-01]. https://www.bmbf.de/files/Bildungsoffensive_fuer_die_digitale_Wissensgesellschaft.pdf.

② Bundesministerium für Bildung und Forschung. Bildungsoffensive für die digitale Wissensgesellschaft [EB/OL]. [2016-10-01]. https://www.bmbf.de/files/Bildungsoffensive_fuer_die_digitale_Wissensgesellschaft.pdf.

育也享有"德国制造"的优良品质和品牌效应。① 高等院校可以利用优质数字教育资源吸引国外留学生,并在录取之前通过网络平台为他们提供相应的咨询与服务。另一方面,德国学校也应利用数字化的交流平台加强与国外机构的合作,增加本国学生赴国外学习锻炼的机会,并通过数字化的教学管理系统,为学生出国学习提供便捷。

(二) 微观层面的数字教育战略——部长联席会战略

与联邦教育部从国家的宏观层面规划出数字教育的行动领域不同,部长联席会主要从学校的微观视角出发,为教育数字化定制出一套系统的战略方案。其关注的主要方面有学生数字能力培养、师资培育与进修、教育媒介和开放资源以及教育管理和校园建设等。

1. 培养学生的数字能力

普通学校的核心教学任务是,"让学生为当今和未来的社会做好准备,使他们有能力主动和负责任地参与未来的文化、社会、政治、职业和经济生活"。② 因此,学校教学必须把数字能力作为除读写算之外的第四大必备技能,将其纳入国家核心课程的能力标准③、各联邦州的教学大纲以及学校的课堂教学之中。同样,职业教育和高等教育也应依据自身人才培养的特色发展学生的数字能力,并将数字能力的培养作为科学研究的对象。

部长联席会将数字能力划分为六大层面:第一,搜寻、加工和保存信息的能力;第二,沟通和合作的能力;第三,生产和呈现信息的能力;第四,保护信息和安全行动的能力;第五,问题解决和行动的能力;第六,分析和反思的能力。④ 培养数字能力,即自主应用和反思信息及通讯技术的能力,不是通过一门单独的课程就能完成的。每一门学科都提供了一条迈向数字世界生存能力的特殊路径。教育者应以学科课程为载体,将数字能力的培养和课程内容、教学设计有机结合起来。学习者通过数字化的学习环境为自己制定适合的学习目标和学习策略,获得自主应用数字媒体进行学习的能力,为

---

① Bundesministerium für Bildung und Forschung. Bildungsoffensive für die digitale Wissensgesellschaft [EB/OL]. [2016-10-01]. https://www.bmbf.de/files/Bildungsoffensive_fuer_die_digitale_Wissensgesellschaft.pdf.
② Kulturministerkonferenz. Bildung in der digitalen Welt [EB/OL]. [2016-12-08]. https://www.kmk.org/fileadmin/Dateien/pdf/PresseUndAktuelles/2016/Bildung_digitale_Welt_Webversion.pdf.
③ 德国文教部长联席会于 2003 年、2004 年和 2012 年相继颁布了核心课程的国家能力标准,分别为小学(4 年级)、中学(9 年级和 10 年级)以及大学入学阶段(高中毕业)而设,涉及德语、第一外语(英语或法语)、数学和自然科学课程。数字能力在这些能力标准中已经有所体现。
④ Kulturministerkonferenz. Bildung in der digitalen Welt [EB/OL]. [2016-12-08]. https://www.kmk.org/fileadmin/Dateien/pdf/PresseUndAktuelles/2016/Bildung_digitale_Welt_Webversion.pdf.

日后的终身学习奠定坚实的基础。

2. 培养师资的数字能力

数字能力培养应成为师资培育及教师进修中重要的组成部分，并逐渐走向标准化。未来的每一位教师都应该在各自的专业教学领域内成为"媒体专家"。教师应该掌握的基本的数字能力有：

● 能够认识媒体及数字化在学生生活世界中的重要意义，并在此基础上从课程教学设计的角度作出思考，设计出有意义的数字教育方案；

● 能够基于学生个体不断变化的学习情况和与数字世界的沟通方式，恰当地运用数字媒体和工具，促进个性化和合作式的教学；

● 能够依据合适的质量标准，从丰富的教育产品及开放教育资源中选取相应的教学材料支持教学；

● 能够及时了解数字教育研究的新动向，积极提高自己的数字化教学能力；

● 能够借助自己在知识产权、数据安全和保护方面的知识，在法律框架内安全地构建教学，并能够引导学生自主处理个人数据信息及意识到自我行为的后果。①

3. 监管教育媒介和开放教育资源（OER）

数字时代下的教育媒介不再仅仅是依据教学法和教育对象年龄层次而开发的学习媒介，而且是包含一切承载着教育信息的、可以服务于教育教学的、实体与虚体相结合的载体和工具。由于媒介的生产、传播和使用的非线性关系，教育媒介的生产和加工也从专业制造者扩大到了一切传播和使用者，包括学生和教师。开放教育资源的概念由此应运而生。鉴于教育媒介和开放教育资源的来源不一，水平参差不齐，部长联席会计划从质量管理、技术支持和法律保障三大方面对其实施监督管理。

在质量管理方面，各州应根据现行的教育要求和拓宽的技术利用可能性，对原有的教育媒介质量标准和教学材料准入方法进行修订和补充。此外，应成立专门机构负责开放教育资源的评审和管理。在技术支持方面，联邦应加强教育媒介基础设施建设，确保各州网络平台与教育服务商的门户网站针对数字教育资源享有统一规范的技术接口，维护教育资源市场的良性竞争。② 在法律保障方面，各州应联合起来制定数字化教育资源的使用指南，并以教育培训的方式向教师和学生传授这方面的法律知识，确保数字教育资源的生产和使用不违反数据保护和知识产权方面的法律规定。

---

① Kulturministerkonferenz. Bildung in der digitalen Welt [EB/OL]. [2016-12-08]. https://www.kmk.org/fileadmin/Dateien/pdf/PresseUndAktuelles/2016/Bildung_digitale_Welt_Webversion.pdf.
② Kulturministerkonferenz. Bildung in der digitalen Welt [EB/OL]. [2016-12-08]. https://www.kmk.org/fileadmin/Dateien/pdf/PresseUndAktuelles/2016/Bildung_digitale_Welt_Webversion.pdf.

4. 建立数字化管理和数字化校园

政府通过建立数字化的教育管理体系，促进教育行政管理更加高效、便捷。各级各类教育管理部门改进电子政务平台，打通民众监督和谏言的渠道，促进教育管理更加透明。

建设数字化校园，实现学校行政、师生和教务管理的数字化。打造数字化的教学平台，使学生可以在网上完成选课、评课、提交作业和考试，并可与教师积极互动。目前，德国各州已经在这方面作出很大努力，相关的 IT 技术产品和服务也较为成熟，但是各种管理平台和软件之间缺乏兼容性。联邦政府的战略目标是，提升管理平台和软件之间的兼容性，在全国范围内推广高效实用的管理平台和软件，并加强各州在教育管理数字化方面的经验交流。[①]

在"教育部战略"和"部长联席会战略"的基础上，联邦和地方各级部门纷纷推出了自己的教育数字化战略。比如，联邦经济与能源部（BMWE）于 2016 年 11 月公布了自己对教育数字化的发展建议——《数字教育——打开变化中世界的钥匙》。在这之中，企业被赋予了重大的责任和义务。企业不仅需要加强和职业学校的合作，还应该在普通教育领域发挥更大的作用。除了帮助学校提供数字化发展所需的资金和设备，更重要的是，企业应主动向学校展示自己的人才需求和工作环境，让教育更有的放矢地配合经济发展的需要。[②] 巴伐利亚劳动与社会保障部则认识到学前教育在数字能力培养上的重要性，初步开发出一套学前教育的 4.0 方案。这些具有自身特色和重点的发展规划连同"教育部战略"和"部长联席会战略"，共同构成了德国教育 4.0 的战略部署。

三、结语

德国政府发布的 2030 预测报告从技术创新、社会变化以及人口结构和劳动力市场等多个维度，追踪分析了德国在国内国际因素影响下的发展态势。在所有的影响因子中，数字技术被认为是决定未来社会发展的命脉。而教育作为推动工业 4.0 和经济 4.0 发展的根本动力，必须紧握这一命脉，实现自身的数字化。在此背景下，德国政府顺应时代要求推行了以教育 4.0 为主导的 2030 教育战略。战略覆盖教育的各个领域

[①] Kulturministerkonferenz. Bildung in der digitalen Welt [EB/OL]. [2016-12-08]. https://www.kmk.org/fileadmin/Dateien/pdf/PresseUndAktuelles/2016/Bildung_digitale_Welt_Webversion.pdf.

[②] Bundesministerium für Wirtschaft und Energie. Digitale Bildung. Der Schlüssel zu einer Welt im Wandel [EB/OL]. [2016-11-01]. https://www.bmwi.de/Redaktion/DE/Publikationen/Digitale-Welt/digitale-bildung-der-schluessel-zu-einer-welt-im-wandel.pdf?__blob=publicationFile&v=8.

和层面，不仅把数字技术作为教育发展的工具，更把数字能力培养作为教育发展的目标。总的来说，教育4.0就是数字网络世界中满足工业4.0需求的教育。

工业4.0对未来劳动者提出了三种能力需求，即数字能力、超学科能力和终身学习能力。数字能力指能够认知数字信息和运用数字工具，能够在法律框架内制造、处理和反思数据，进而解决工作中的问题和任务。超学科能力除了指智能工作环境下应当具备的宽泛的硬性技能，还包括协调能力、管理能力、合作能力等软性能力。终身学习能力保障劳动者能够适应未来不断变化的工作需要。鉴于这三种基本能力，教育4.0必须建立在三大支柱之上，即数字能力教育、信息科学教育以及媒体教育。数字能力教育应与各专业领域和学科的知识内容相结合，跨学科地培养人对数字信息及工具的运用能力。信息科学教育为人们适应未来的技术更新打下理论基础。媒体教育主要教人如何利用媒体、辨别媒体信息并对其加以反思。三大支柱共同作用，才能培养出高素质的数字化人才。

更进一步看，推进教育4.0至少应以四大行动领域作为必要的战略举措。首先，各级各类教育机构应普遍开设信息科学的必修课程，国家也应制定相应的课程标准为学校教学提供依据。其次，学科课程应普遍融入数字能力教育，除了教会学生如何使用数字工具，还应在教学内容中融入计算机思维和数字理解能力。第三，信息科学教育和数字能力培养也应成为师资教育培训的重要组成部分。最后，加强数字化教育基础设施的建设，促进教育机构和教育管理的数字化。纵观德国2030数字教育战略，这四大行动领域正是其中最重要的战略举措。

此外，发展教育4.0将会面临以下四大主要挑战：第一，教学过程不能随便数字化。哪些学习内容、哪些学习形态可以被数字化以使学习效果得到改善，这需要充分的实证研究加以证明。第二，教育资源的质量不能没有监管。哪些数字教育产品合乎质量要求，哪些教育资源可以面向学生开放，这些需要依据规范的质量标准才能决定，并需要专门的技术人才对教育资源市场进行维护。第三，教育数据和知识产权不能没有法律保护。哪些教育数据可以被拿来分析利用，哪些教育资源可以被拿来共享开发，这些需要专门的法律法规加以限定。第四，教育公平不能得不到保障。有偿教育资源和免费教育资源之间的界限应该如何界定，中央和地方在建设数字教育基础设施上的权责应该如何划分，这些也都需要作出专门的考量。只有坚持应对这些挑战，教育才能顺利地朝向数字化的方向发展。

然而，需要指出的是，数字化绝不应该成为未来教育发展的全部。教育在任何情况下都不应只看到经济发展的人才需求，继而简单地将人视为推动经济发展的工具。

数字能力不是人发展的全部目的,不能一味强调数字能力而忽视其他能力的养成,例如阅读能力和社会交往能力,更不能只注重能力的培养而忽视知识内容的传授和人文精神的润养。数字技术也不能取代教师指导学生完成学习。滥用或者不恰当地利用数字技术甚至可能会给教育教学带来严重的负面影响。因此,在迈向教育4.0的过程中,应当理智地看待数字化对于教育的作用和意义,切忌对其盲目夸大和迷恋,从而将未来学校变成受数字技术控制的学习工厂。

(顾 娟 彭正梅)

第三章　迈向 2030 年的课程变革：以美国和芬兰为例

21世纪以来，针对时代的变化，全世界前所未有地在探索和推动新的教育目标和课程的变革。下一批适龄学生如何能够在 2030 年左右完成学业，成功应对社会现实的挑战，这是各国教育学者和课程专家必须要回答的一个具体问题。指向 2030 年和未来的社会，迫使我们重新思考以学科内容知识为中心的教育体制和课程设置。在国际上，作为全球最大经济体的美国和被视为教育水平世界第一的芬兰，率先对面向 2030 年的课程进行了探讨和实践，其教育政策和课程目标尤为关注未来，尤其是芬兰发动并实施了面向 2030 年和未来的国家核心课程改革。但在我国，针对面向 2030 年的课程探讨还不多，课程实施也相对较少考虑未来的需求。

"什么知识最有价值"这个问题，在经济与社会迅速变化、新技术迅猛发展的 21 世纪重新得到重视。三个最重要的国际趋势正在影响新一轮的课程变革：21 世纪技能运动、ICT 在教育中作用、学习的新环境。[①] 第一个趋势是国际课程变革的核心，后两个趋势为 21 世纪技能的培养提供支持。实施 21 世纪技能不只是变革知识社会所要求的教育内容和目标，而且也是重新定义什么应该被视为课程内容的核心。[②] 备受世界瞩目的美国和芬兰教育，对面向 2030 年的课程变革都做了探讨和实践，并分别与 OECD 和欧盟面向 2030 年的教育和学习项目进行合作与联动，从中可看出某种共同的国际趋势和关注焦点，即主要以 21 世纪技能为核心。这种以技能或能力为导向的课程变革，对于侧重知识学习的中国课程传统来说，具有重要的参考意义。

一、面向 2030 年的美国课程变革

课程改革一直是美国教育改革的核心。19 世纪斯宾塞的"什么知识最有价值"这一问题引发了贯穿整个美国学校历史的争论，主要是传统主义阵营和进步主义阵营之间的哲学论争，这在美国被称为"课程战争"。整个 20 世纪，进步主义者和传统主义者之间的课程战争的焦点不同：20 世纪的头 20 年，实践性的学习 vs. 基于书本的学习；

---

① Niemi H, Multisilta J, Lipponen L, Vivitsou M. Finnish Innovations and Technologies in Schools: A Guide owards New Ecosystems of Learning [M]. Rotterdam: Sense Publishers, 2014: 25.
② Bellanca J, Brandt R. 21st Century Skills: Rethinking How Students Learn [C]. Bloomington: Solution Tree Press, 2010: 52.

30年代,项目式学习、体验式学习 vs. 传统知识学习;40年代,旨在培养个人适应社会的课程 vs. 旨在教授知识和技能的课程;60、70年代,以学生为中心、开放式课堂和探究性学习 vs 教师主导的课堂和基本技能学习;90年代,超越标准 vs. 标准化。① 其中90年代的课程战争最为激烈,自此以后的争论一直影响美国学校课程的内容及广度。尽管到21世纪头十年的中期,课程战争逐渐冷却,但新技术和《共同核心州立标准》(Common Core State Standards)又再度引起美国课程战争的热度升温。

如今,美国学界针对面向2030年的课程变革,达成了较为广泛的共识,即变革课程以培养学生适应21世纪的技能或能力。美国相关的研究机构从现实弊端出发,描绘了课程改革的愿景;基于科技变革的背景对课程内容和学习方式进行了优化,并且提出了全面而联系的课程结构;以21世纪技能为核心的课程变革在美国20个州的合作计划和95所示范学校和学区中得到了实践。

(一) 美国课程 2030 的初步探讨

作为一个极具危机感的国家,美国从2008年开始便展开了有关应对2030年的教育教学、教师和课程改革等的探讨。2008年,美国非营利机构教学质量中心(Center for Teaching Quality)成立"教师问题解决2030小组"(Teacher Solutions 2030 Team),通过对美国教学历史、当下现实和未来趋势的分析,对面向2030年的教学改革提出了建议,于2010年形成了研究报告《教学2030:我们必须为学生和公立学校做些什么?——现在与未来》(Teaching 2030: What We Must Do for Our Students and Our Public Schools—Now and in the Future,简称《教学2030》),其中对课程变革的趋势提出了设想。

《教学2030》提出,传统的3R(Reading、wRiting、aRithmetic,即读写算)课程和"新三艺"课程(数学、科学、外语)已经远远不能满足2030年的社会生存与发展要求,近30年美国标准化测试与相关的问责制下最为重视的课程内容即3R,是亟待改革的对象。21世纪的学习者需要学习的内容远远超过了3R课程,需要掌握以4C(critical thinking and problem solving、communication、collaboration、creativity and innovation,即批判性思维和问题解决技能、沟通技能、合作技能以及创造力和创新技能,简称4C)为核心的21世纪技能。②

---

① Finn Jr C E, Sousa R. What Lies Ahead for America's Children and Their Schools [M]. California: Hoover Institution Press, 2014: 93.
② 邓莉,彭正梅. 面向未来的教学蓝图——美国《教学2030》述评[J]. 开放教育研究,2017,23(1): 37—45.

同样是在 2010 年,美国著名智库胡佛研究所(Hoover Institution)也曾面向 2030 年的社会现实,就美国的教育问题展开过一次大规模的讨论。这次讨论涵盖了有关 2030 年教育实际的设想、课程与教学、标准与测试、治理与财政、私有制与学校选择等方面的具体问题,最终出版了《美国教育 2030》(American Education in 2030)。研究者对于课程变革的探讨从教科书入手,首先谈到了认知技术对于未来课程所可能产生的影响,指出当前课程普遍缺乏连贯性的缺陷,并指出脱离书面课程是当前课程发展的基本属性。[1] 此次讨论认为,课程内容在逻辑和经验层面上的连贯性、学生学习的个性化和灵活性、指向高阶能力将会成为今后课程变革的趋势。

《教学 2030》标志着美国学界探讨 2030 年课程变革问题的开端,《美国教育 2030》对课程 2030 进行了初步探讨,而美国教育研究机构"课程重构中心"(Center for Curriculum Redesign,简称 CCR)对美国面向 2030 年的课程变革进行了更为针对性、细致性的探讨。

(二) 从四个维度重构面向 2030 年的美国课程

联合国教科文组织《教育 2030 行动框架》的颁布使得 2015 年成为全球教育变革的关键一年,这是世界各国教育界为应对 2030 年的挑战而着手开始准备或加快推进变革的一年,同时,联合国教科文组织也专门针对课程问题发布了《处于争论和教育改革中的课程问题——为 21 世纪的课程议题作准备》的报告。同年,美国 CCR 发布白皮书《为了 21 世纪的教育重构课程》(Redesigning the Curriculum for a 21st Century Education),并发布聚焦课程重构的报告《四个维度的教育:学习者迈向成功的必备能力》(Four-Dimensional Education: The Competencies Learners Need to Succeed)。在这关键的一年,基于对未来的预测和全球趋势的研究,CCR 提出的课程重构计划从课程改革的层面,为面向 2030 年和未来的教育变革作出了更为细致的规划。

当前,世界上大部分的教育改革注重思考教育方式,但很少关注如何创新课程来适应 21 世纪的学生和社会:21 世纪的教育与这个社会有相关性吗?面对一个飞速变化的社会,我们能够教育出具有多方面能力和强大适应能力的学生吗?CCR 指出,在不久的将来,科学技术的指数性发展将会造成生产方式的巨变。在这种情况下,教育就像在工业革命时期那样将落后于发展。正因如此,人类正在以比以往任何时候都严肃的态度开始寻找未来的出路。在 19 世纪末期,美国基于当时的社会和人力资本的

---

[1] Finn Jr C E. American Education in 2030[M]. Palo Alto, CA: 2010 Board of Trustees of the Leland Stanford Junior University, 2010: 7.

需求,进行了重大的课程改革,但到了科技迅速变革创新的 21 世纪,沿用的仍然是 19 世纪的课程。CCR 明确指出,当前的美国课程反映的是 19 世纪末期世界的需求,而不是当今世界更不是未来世界的需求。① 21 世纪的需求大大不同于一个世纪以前。当今学校的目标和内容需要为学生应对今日世界和明日世界而做准备。难以预测的社会环境要求转变范式,教育目标不再只是传授信息,而是教会学生如何在变幻莫测的世界中生存和发展。因此,需要重新设计课程。

CCR 的白皮书和报告旨在回答这样一些问题:21 世纪的学生需要学习什么?学习什么样的课程内容能帮助学生应对不确定的未来?在谷歌能回答学生所有问题的时代,我们应该教授学生什么?CCR 的成立者兼主席查尔斯·费德(Charles Fadel)指出,21 世纪的课程必需摒弃二分法,需要既关注 STEM,也关注人文和艺术;同时注重健康的心理和身体;扩展教育的定义,不仅包括知识(学术的和基于能力的),也包含技能、品格和元认知;既注重过程也注重结果;同时关注个人的需求和社会的目标;包含全球和地方的视角;包含文化多样性,也尊重地方风俗;发展技术技能。② 虽然世界各国一直在试图优化课程,但是始终没有全面地从教育的各个维度进行深度的重构,这些维度包括:知识、技能、品格(character)和元学习(metalearning)。在 CCR 看来,针对 2030 年的挑战,这四个维度组成了教育的全部,通过交互联系的方式构成了课程变革的基本框架(图 3-1)。

1. 知识:更多地与真实世界相关

知识学习是必要基础。学生所学的知识应包含传统学科:如数学、科学、语言、社会科学、艺术等;现代学科:如计算机科学(编码、机器人学和人工智能等)、生物工程、高级制作(如 3D 打印)、创业学和商业、个人金融、健康学、媒体等;以及主题:如全球素养、信息素养、系统思维、设计思维、环境素养、电子素养等,主题整合了传统和现代学科知识。传统学科依然非常重要,而且必须在一些现代学科中加以强化。但在新的课程体系中,需要进行必要的删减调整来优化学科结构,比如在数学学科中,加入更多的统计和概率论知识,减少几何学的内容;而且在深度上也要有所加强,以便为学生在其他三个维度上的发展奠定基础。对于很多现代性学科而言,跨学科是一种极为有效的联系机制,同样也是学生在其他三个维度中获得发展的必要条件。此外,跨学科也

---

① Griffiths S. 4 Dimensional Flipping: Setting the Stage for Learning Vital 21st Century Skills [EB/OL]. [2017-06-09]. http://flippedlearning.org/learning_culture/4-dimensional-flipping-setting-stage-for-21st-century-skills/.
② Fadel C. Deeper Learning: Beyond 21st Century Skills [C]. Bloomington: Solution Tree Press, 2015: 181-182.

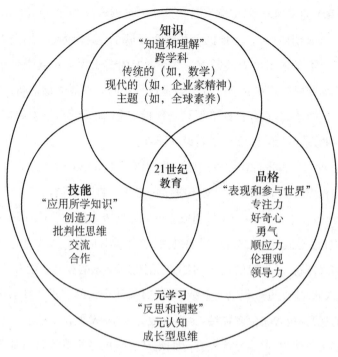

图 3-1 美国课程框架重构[1]

表现出对于未来真实世界更大的相关性。

学生缺乏学习动机甚至厌学的现象,反映出教育体系没有成功地将书本知识和真实世界相互联系起来。知识与真实世界相关能满足学生学习状态的需要,有利于在现实生活中实现知识迁移,对于经济和社会的发展也有着重要作用。因此,课程设置必须反思所教授内容的重要性和实用性,同时要在理论概念和生活实际当中做出平衡。这也是全球学习战略 2030 的主要关注点之一。[2]

2. 技能:着重发展以 4C 为核心的 21 世纪技能

技能是实现教育成就的必需。如果只是被动学习知识,没有技能的参与,那么学习只会停留在表层,即知识是被记忆而不是被理解,不容易重复使用,因而不容易迁移到新情境中。高阶技能对于深度的知识学习具有重要作用,也使得学生能够通过操作表现反映出他们的理解程度。然而,如今的课程过分强调知识内容,使得学生难以通过教学过程获得能力。4C 技能是帮助学生深度理解知识的关键,也是帮助学生将知

---

[1] Fadel C, Bialik M, Trilling B. Four-dimensional Education: The Competencies Learners Need to Succeed [R]. Boston: Center for Curriculum Redesign, 2015: 43.
[2] 邓莉,彭正梅. 全球学习战略 2030 与中国教育的回应[J]. 开放教育研究,2017,23(3):18—28.

识迁移到新情境中必不可少的因素。但技能离不开知识,脱离知识来教授技能并不合理,例如,如果我们不了解任何知识,我们就不可能进行批判性思维。知识和技能需要在一个良性循环中共同发展,这样,学生习得的知识会成为创造力的来源,成为批判性思考和交流的主题内容,也才能推动合作学习。

同时,CCR 也指出在课程中体现技能这一维度的艰难。虽然,当前在世界范围内,对于何为技能以及教学方式如何影响技能的习得这两个问题,已经在最大程度上得到了统一,然而如何将技能的传授转化为课程仍然存在着两个重要的障碍:第一,每学年大量规定的知识性内容压缩了技能学习的时间;第二,如何通过有效的教学和深度的学习体验将知识和技能进行结合,教师缺乏相关支持。显然,这两个障碍是在对课程进行改进时必须要克服的。

3. 品格:价值观和信念帮助学习者作决策

知识和技能并不能完全为学习者迎接未来的挑战做好充足准备。品格教育的目的有三:为终身学习奠定基础;为在家庭、社区和职场中建立成功的关系提供支持;发展可持续参与全球化世界的个人价值观和品质。然而,品格的学习似乎更多地发生在校外情境中,这使得品格教育的实施变得较为困难。为了应对挑战性日益增强的世界,以及从公共生活和公民社会当中获益,品格教育必须考虑以下几个方面:

(1)教育过程中无法回避的一项内容——教师是行为的模范;(2)通过历史进行教育;(3)普遍的公共支持;(4)法律保障;(5)品格要求的文化标准以及媒体的影响;(6)社会和个人的挑战——暴力、离婚等;(7)全球化挑战——因贪婪造成的气候恶化、经济不稳定、自私和因缺乏宽容心而造成的宗教冲突和极端政治。还有科学技术产生的新的伦理挑战,如核武器的使用、基因改造等。[①]

4. 元学习:元认知和成长型思维

元学习是应对持续变化的最佳工具,包含元认知和成长型思维(Growth Mindset)。元认知指的是学习者对学习目标、策略和结果的反思,对于自己学习和认知能力的认识,通常被称作"学会学习"(learning to learn),即学生要学会自我指导、自我激励和反思,学习如何基于目标调整学习和行为,这也是 21 世纪重要的技能,对于激活知识的迁移、造就专业性以及建立终身学习的习惯来说都是必须的。成长型思维不同于固定型思维(Fixed Mindset),这种思维方式相信通过努力能发展自己的能力,在挫折面前更能坚持,更加以学习目标而不是绩效目标为导向,因而倾向于采用元认

---

① Fadel C. Redesigning the Curriculum for a 21st Century Education [R]. Boston: Center for Curriculum Redesign, 2015: 3.

知策略,并取得更高的学业成就。元学习为教育的其他三个维度提供支持并使之完善。

CCR 认为,在过去很长的一段时期内,课程决策通常是由学科知识专家来完成的,比如,数学专家决定数学课程的内容,而较少与真实的世界发生关联。因此,CCR 参与课程重构的一个重要意义在于,它是基于学习科学、未来学家和经济学家的观点、全球标准以及雇主和社会的需求,并对此进行分析和综合而研制的。CCR 聚焦"学生应当为 21 世纪学些什么"这样一个根本性的问题,将个人的全面发展看作是课程变革目标的重中之重,强调适应能力和多方面能力,且旨在将其所提出的建议和课程框架推广到全世界。

从 CCR 所提出的四维度框架中,我们可以看到,提高知识的实用性(与真实生活相关)、培养学生的能力和公民品质,并能通过元认知的方式调控自己的学习状态是课程变革的目标。课程和教学强调知识和技能的实用性,以及学生学习的自主性,才能使得学生更好地迎接未来的社会挑战。查尔斯·费德指出,要使学生走向成功,需要将只基于知识的教育转变为包含 4C 技能和品格的教育,这些技能和品格是在 21 世纪获得成功的关键。[1] 按照大卫·帕金斯(David Perkins)的说法,我们身处的世界正在变得越来越复杂,为了培养学生生活所必需的关键能力,学校要确定课程的核心要素,在传统学科以外,课程要有六个"超越":超越内容(beyond content),添加 21 世纪技能、能力等;超越地方(beyond local),包含全球视角、问题和研究;超越话题(beyond topics),将话题转换为达成广泛理解的工具;超越传统学科(beyond the traditional disciplines),更新和扩展这些学科;超越分裂的学科(beyond discrete disciplines),包含跨学科主题和问题;超越单纯的学术关注(beyond academic engagement),培养个人的意义感、义务感和激情。[2] CCR 的四维度框架显然也体现了这六个超越。

美国 2002 年成立的"21 世纪学习合作组织"(Partnership for 21st Century Learning,原名为 Partnership for 21st Century Skills,简称 P21)与 CCR 具有一致的战略愿景、教育理念、相似的课程目标以及部分共同的研究成员,同样关注 21 世纪技能、融合 3R 和 4C、跨学科课程、21 世纪主题等。P21 联合美国教育部、顶尖企业和社会团体组织,将 21 世纪技能整合进美国中小学课程教学中。在 CCR 所提出的课程重构计划中,也重点探讨了如何针对 21 世纪技能进行课程变革。到目前为止,美国已有 20

---

[1] Fadel C, Earp J. Global Education: 21st Century Skills [EB/OL]. [2017-06-05]. https://www.teachermagazine.com.au/article/global-education-21st-century-skills.
[2] Rubin C M, Perkins D. The Global Search for Education: What's Really Worth Learning? [EB/OL]. [2017-06-15]. http://www.huffingtonpost.com/c-m-rubin/the-global-search-for-edu_b_8838740.html.

个州与 P21 合作,旨在培养 21 世纪技能、融合 3R 和 4C 的"21 世纪学习"示范学校和学区达到了 95 所,①通过变革课程与教学、标准与评价、教师专业发展和学习环境来推进指向 21 世纪技能的课程实施。实质上,目前在美国大多数州实施的《共同核心州立标准》,除了强调对知识的掌握,也强调 21 世纪技能的获得,比如 4C 技能和研究技能等,这些技能甚至比知识更为重要。②

(三) 美国 CCR 与 OECD"教育 2030"的合作

CCR 的框架对 2015 年至 2030 年的联合国可持续发展目标中的"优质教育"目标作出了回应,受到了联合国教科文组织和 OECD 的高度认同。OECD 的"未来的教育与技能:教育 2030"(Future of Education and Skills: Education 2030)项目与 CCR 展开合作,并以 CCR 的研究作为基础研制了面向 2030 年的学习框架(Learning Framework 2030)。③

图 3-2　OECD 面向 2030 年的学习框架设想图④

OECD 所研制的面向 2030 年的学习框架,旨在回答面向 2030 年的学生应该学什么,即学习什么样的知识、技能、态度和价值观。该框架首先支持课程的设计,其次支持数据、测量、评价和有效干预措施。该框架为所有学习阶段包括早期学习、高等教育和生活中的学习提供建议,但其首要的关注点是学校课程,并拟把以下四个议题整合

---

① Partnership for 21st Century Learning. What does 21st Century Learning Look Like? [EB/OL]. [2017 - 07 - 20]. http://www. p21. org/exemplar-program-case-studies.
② Achieve. Understanding the Skills in the Common Core State Standards [R]. USA: Achieve, Inc, 2012: 2.
③ Fadel C, Bialik M, Trilling B. Four-dimensional Education: The Competencies Learners Need to Succeed [R]. Boston: Center for Curriculum Redesign, 2015: 2.
④ OECD. Global Competency for an Inclusive World [R]. Paris: OECD Publishing, 2017: 2.

进框架中：(1)加速发展与变革传统学科课程，设计适应21世纪的知识和理解；(2)重新思考塑造人类行为的技能、态度和价值观；(3)每一个学习者应该掌握反思自己学习的能力；(4)每一个学习者应该努力获得一套关键能力，例如自主行动的能力。① 为了参与世界，能力是指能够调动知识、技能、态度和价值观，以及反思学习的过程，其中态度和价值观主要包含尊重、信任、责任、自信、成长型思维等。该框架还提出测量方法以改进框架及其实施，测量结果会不断提炼框架，在不同层面上界定政策干预。② 而OECD于2017年已研制的全球能力(Global Competence)框架也与面向2030年的学习框架相适应，旨在支持各国重新思考课程改革，确定哪些能力为学生的未来发展所必需，并将其作为优先考虑重点。全球能力框架提出，课程需要综合全面、跨学科，并对科学和技术知识的爆炸式增长作出回应，PISA2018将学生的全球能力纳入了评价体系。③

二、面向2030年的芬兰课程变革

芬兰教育因为PISA测试的成功而备受世界瞩目。中国教育多年来学习的对象即美国教育也在积极学习芬兰教育。在美国，面向2030年的课程变革是学术界的探讨和地方的实践，还没有形成全国性的改革浪潮，但芬兰推动和实施面向2030年的课程改革，是国家性的战略行为。2012年芬兰政府发布的《预测2030》(Foresight 2030)报告提出了雄心勃勃的教育目标：到2030年，芬兰将拥有全球最好的教育系统。同年，芬兰国家教育委员会发起了学前和基础教育课程草案的研制工作，新的国家核心课程的设计于2014年末完成，以国家核心课程为基础的地方课程设计在2016年8月之前完成，并自此开始在全国实施新的课程改革。为了设计此次新课程以及监测新课程的实施，芬兰国家教育委员会从2009年就开始使用"学习的未来2030晴雨表"(The Future of Learning 2030 Barometer，以下简称"2030晴雨表")来支持核心课程的改革。

(一) "2030晴雨表"支持芬兰国家核心课程改革

芬兰大约每隔十年就会在国家教育委员会的指导下进行课程改革。芬兰国家教育委员会指出，学校所处的世界复杂而相互联系、变革迅速且不稳定，也越来越数字化。因此，教育系统需要进行全面的自我分析。比如，教育是否能帮助我们面对未来

---

① OECD. Global Competency for an Inclusive World [R]. Paris: OECD Publishing, 2017: 2.
② OECD. Global Competency for an Inclusive World [R]. Paris: OECD Publishing, 2017: 2.
③ OECD. Global Competency for an Inclusive World [R]. Paris: OECD Publishing, 2017: 1.

的挑战？教育要塑造什么样的未来？教育是否为学生发展良好的自我意识、社会责任感并适应技术作好了准备？教育是否培养了学生高质量的能力以便他们能够在生活、职场和社会中实现自己的潜能？[①] 基于对这些问题的思考，"2030 晴雨表"收集了多方观点。在整个指向 2030 年的课程设计中，"2030 晴雨表"囊括了专家对未来发展的不同观点和理解，主要探讨和关注以下内容：学校的价值观和目标；校外的社会和环境；知识、技能和学习；教学、学校文化和社区。

芬兰的合作和信任文化在课程改革中占据重要作用。与其他国家相比，芬兰有一个相对开放与合作的系统来设计新的课程。超过 300 位不同领域的专家共同设计了国家核心课程，同时包括数百位社会组织和企业研究人员和代表倾听了专家小组讨论，数千人通过数字网络参与了课程设计过程，包括市政官员、教师和家长。芬兰"学习的未来 2030"（The Future of Learning 2030）项目将课程设计团体组织起来参与习明纳和会议，要求他们表达对未来教育的期望、担忧和梦想，也反映学校和社会之间的联系和相关性，同时反思学习的本质。"2030 晴雨表"所收集到的三大主要论点是：

（1）到 2030 年，对于基础教育时间表的分配，教学大纲将在以学科为基础和行动取向（现象、项目和主题）之间取得平衡。到 2030 年，主题式的教与学将探讨各自主题中的现象，其所占时间比重将与传统的学科教学相当。[②] "2030 晴雨表"的大部分专家认为，学校既需要基于现象的教学（phenomenon-based teaching，如更多跨学科项目），也需要基于学科的教学（subject-based teaching），而且后者为前者作准备，二者不是相互排斥的，而是相互补充的。在不同的教育阶段和教育内容中，二者的比重和时间分配要根据需求和可行性作出调整。但尽管如此，专家们仍青睐基于现象或项目的学习和课程，因其更利于学生习得横向的、高阶的技能，这是当前和未来的社会和职场所需要的技能。传统的学校和教学旨在获取知识，而变革的世界需要关注能力。"如果我们想要公民在多变的社会和未来世界取得成功，就必须以此为导向，'分解'为学科的学习并不能满足今天职场生活的复杂性。"[③]

（2）学生评价主要指向元学习技能和基本的学习技能，其焦点应从标准化表现结果转化为支持个人个性发展和对关键能力的掌握，支持过程性的纵向评价，而不是横

---

① Airaksinen T, Halinen I, Linturi H. Futuribles of Learning 2030-Delphi Supports the Reform of the Core Curricula in Finland [J]. European Journal of Futures Research, 2017, 5(1): 1-14.
② Airaksinen T, Halinen I, Linturi H. Futuribles of Learning 2030-Delphi Supports the Reform of the Core Curricula in Finland [J]. European Journal of Futures Research, 2017, 5(1): 1-14.
③ Airaksinen T, Halinen I, Linturi H. Futuribles of Learning 2030-Delphi Supports the Reform of the Core Curricula in Finland [J]. European Journal of Futures Research, 2017, 5(1): 1-14.

向的总结性评价。元技能指的是学习的内部管理和指导,学生掌握元技能,成为自主的、自我指导的学习者。填鸭式学习和记忆无意义内容并不能应对今日的挑战。但专家们也指出,"在与亚洲学生竞争的国际测试中,传统的严格的评分制度仍是必要的,但基于学生的实力或优势进行反馈却至关重要。在保留评分制度的同时,在整个学年中,教师在教学中可包含大量反馈"。① 同时,在评价过程中要利用技术和同伴评价,加强电脑辅助提供的反馈。

(3) 2030 年的职场生活将几乎全部基于团队合作,很多社会创新是基于合作学习,随着全球依赖性的增强,在日益复杂的社会和高风险的环境下,合作学习也是必须的。最复杂的社会问题例如社会或经济关系的两极化,要求不同观点之间的对话与交流,现成的知识并不能直接导向问题解决。学校教育的任务之一是教授学生小组合作技能。合作在学习和工作中都有可能在更短的时间内达成结果,利用不同学生的天赋和能力来达成共同的目标。但个人发展是合作学习的前提,因此检验个人的学习过程也是合作学习过程的必要部分。

(二) 芬兰国家核心课程改革的主要内容与挑战

"2030 晴雨表"吸取过去的课程改革经验、适应当前的挑战并关注未来变革的可能性,其目标在于识别不同的发展路径,来帮助做出有关核心课程的最有效决策。在"2030 晴雨表"的支持下,新课程面向 2030 年,基于分析儿童和青年在不远的将来在学习生活、日常生活和职场生活中所需要的能力而进行设计。

面向未来的芬兰国家核心课程主要关注的是教育目标和教学因素。新课程重新界定教育目标:从分裂的学科转向能力。传统上芬兰的课程设计主要是基于学科的方法,但随着知识的爆炸性增长、技术的重要作用以及社会变革对新技能的需求,面向未来的课程改革必须考虑新技能,能力和技能是课程目标的核心。将能力和技能置于课程目标的中心,这本身也是课程发展的核心。② "当代课程的挑战需要与不断变化的知识的概念和学习的概念相适应。因此必须重构课程,为 21 世纪学习者的学习过程提供支持,其途径主要是更好地实施跨学科方法和在课程中教授高阶技能。"③

---

① Airaksinen T, Halinen I, Linturi H. Futuribles of Learning 2030-Delphi Supports the Reform of the Core Curricula in Finland [J]. European Journal of Futures Research, 2017, 5(1): 1 - 14.
② Niemi H, Toom A, Kallioniemi A. Miracle of Education: The Principles and Practices of Teaching and Learning in Finnish Schools [C]. Rotterdam: Sense Publishers, 2012: 90.
③ Niemi H, Toom A, Kallioniemi A. Miracle of Education: The Principles and Practices of Teaching and Learning in Finnish Schools [C]. Rotterdam: Sense Publishers, 2012: 85.

21世纪技能运动重新界定了芬兰教育的目标,重新组织学习,以满足芬兰学生参与21世纪知识社会的需求。① 芬兰的新课程改革重点强调21世纪技能,新课程基于21世纪技能划分为7个能力领域(图3-3)。这些能力构成了知识、技能、态度和价值观。新课程强调每个学科都要促进横向能力(不与特定的领域直接联系,但与很多领域相关)的发展,明确了不同年级单元具体的能力目标、教学内容、教学方法和评价方法。

图3-3 芬兰新课程的七大横向能力②

新课程聚焦七大领域:(1)拓展课堂外的学习,并使用技术进行学习。比如走进自然、参观博物馆、企业等,在学习环境中更多认可游戏和虚拟环境。(2)变更课程时数和学科内容。例如,在更低的年级开始教授社会研究和语言。更新各学科的内容,以反映当今社会和未来社会对知识和技能的需求。(3)在所有学科中培养横向能力。(4)学习编程,在所有学科中发展ICT技能。例如,编程已经整合进数学学科中。且编程的学习将在更低年级中教授。(5)每学年至少学习一个跨学科学习模块。每所学校每学年必须至少教授一个清晰界定和设计的主题、项目或课程,综合不同的学科内容,

---

① Niemi H, Multisilta J, Lipponen L, Vivitsou M. Finnish Innovations and Technologies in Schools: A Guide owards New Ecosystems of Learning [M]. Rotterdam: Sense Publishers, 2014: 25.
② Vitikka E. Curriculum Reform and Development in Finland [EB/OL]. [2017-07-15]. http://www.curriculum.ut.ee/sites/default/files/ht/12.111.15_curriculum_reform_in_finland_vitikka.pdf.

从不同的学科视角精选主题。在更低年级开始开设选修课。(6)评价方法多样化。多样的评价方法要指导和促进学习。每个学生的学业进步必须反馈给学生本人及其监护人。(7)学生的监护人要熟悉学校课程,参与学校活动的规划和发展,以有效支持学生的学习。加强家校合作。① 其中7个横向能力和跨学科学习模块是最为重要的两个关注点。

芬兰国家教育委员会使用"2030晴雨表"来建构社会和教育系统之间的理解,为未来创建愿景。"2030晴雨表"提供了完全新式的参与、知识分享和愿景合作设计的机会。这样的工具第一次系统性地应用在课程改革过程中,以产出一个全国性的指南来加强对教育系统、学校文化和教学过程的反思,以及应对未来的挑战。芬兰国家教育委员会通过定期举行的会议和研讨,收集反馈,这一过程被证明很成功且富有成效,芬兰媒体对这次课程改革也主要持积极态度。

芬兰教育研究者认为,当前芬兰教育系统(在PISA测试和成人技能调查中)的成功,是15—30年前所做的选择和决策的结果。② 这一时间段也是"2030晴雨表"所指向的时间跨度,今天的决策会影响未来十年,因而超越今天的问题和冲突至关重要。

当然,"2030晴雨表"不仅关注未来变革的可能性,而且也能识别塑造当前学校和课程有价值的、恒久性的因素。在设计国家核心课程的过程中,综合考虑了过去、现在和未来,旨在吸取过去经验、适应当前挑战并且构想未来愿景。"学习的未来2030"项目尤其反映了未来的挑战和可能性,将新的核心课程可能会关注的近期和未来的不同主题纳入其中,学校的教和学也在重新组织以适应新的课程。2016年8月开始实施新课程之后,"2030晴雨表"从课程的准备过渡到监测课程的实施,但目标仍然是2030年。③ 在课程改革过程中,"2030晴雨表"持续更新问卷,调研收集各方观点,每年将对所收集到的数据进行分析,从而对课程实施进行监测。

在"2030晴雨表"与核心课程改革的互动中,当前和未来,芬兰新课程改革要克服的主要挑战有四方面。(1)教师和学生的角色转变:教师对教学的指导和支持,学生主动、积极参与学习;(2)跨越社会和学校之间的界限:积极合作,利用社会的专业知识和其他资源;(3)跨越学校内部的界限:加强合作,运用跨学科方法,把学校发展为

---

① Finnish National Board of Education. The New Curricula in a Nutshell [EB/OL]. [2017-07-06]. http://www.oph.fi/english/curricula_and_qualifications/basic_education/curricula_2014.
② Airaksinen T, Halinen I, Linturi H. Futuribles of Learning 2030-Delphi Supports the Reform of the Core Curricula in Finland [J]. European Journal of Futures Research, 2017, 5(1): 1-14.
③ Airaksinen T, Halinen I, Linturi H. Futuribles of Learning 2030-Delphi Supports the Reform of the Core Curricula in Finland [J]. European Journal of Futures Research, 2017, 5(1): 1-14.

学习社区;(4)在教和学中聚焦横向能力。①

(三) 芬兰课程 2030 与欧盟"学习 2030"的联动

芬兰作为欧盟成员国,也与欧盟政策导向发生联动。在欧盟"学习的未来 2030"的项目下,欧盟联合研究中心于 2011 年发布了面向 2030 年的报告《学习的未来:为变革作准备》,对未来 10—20 年的教育与学习变革进行了预测,描绘了未来学习的蓝图。对于面向 2030 年的课程内容变革的建议,该报告强调问题解决、灵活性、创造力和反思等技能和态度将比知识更为重要;评价程序将集中于技能和态度而不是知识。② 这些新技能,即 21 世纪技能,符合当前知识社会和未来社会的需求。

21 世纪技能或能力已经影响了芬兰以及其他很多国家的基础教育课程设计和实施。近年来,芬兰的课程不仅由国家文化塑造,而且也越来越多地被全球性讨论和全球性比较所塑造。③ 从芬兰新的国家核心课程改革中,我们可以看到,芬兰新课程也尤为关注未来,基于未来的需求作出今天的决策,在各门学科中聚焦 21 世纪技能的培养。这些高阶的、复杂的技能才能驱动创造力和创新,让人在快速变化的职场和社会中顺利应对复杂性和不确定性,并取得成功。除了芬兰,欧盟的其他一些成员国也已经采取措施将这些技能纳入课程中。为了达成对这些技能或能力的共同理解,欧盟已经开发了针对数字能力(digital competences)和企业家精神的相关框架。

早在 2006 年,欧盟就研制了终身学习的关键能力框架,2011 年,欧盟联合研究中心组织专家对该框架提出了改进建议,指出面向 2030 年的关键能力框架应重点强调 4C 技能,强调灵活性、开放性和自我管理,自信、独立和社会意识,并强调利用技术进行学习。④ 2017 年,欧盟开始正式组织利益相关者、政策制定者、研究者和实践者重新修订 2006 年发布的关键能力框架,此次修订基于全球趋势和未来取向,目标在于使欧盟成员国达成对应对未来挑战所需要具备的关键能力的共同理解,进一步将这些能力引入课程之中,且此次修订将为更好地发展和评价这些技能或能力提供支持,其中对创业创新思维加以特别关注,也包括鼓励实践性的创业经验。⑤

---

① Airaksinen T, Halinen I, Linturi H. Futuribles of Learning 2030-Delphi Supports the Reform of the Core Curricula in Finland [J]. European Journal of Futures Research, 2017, 5(1):1-14.
② 邓莉,彭正梅. 全球学习战略 2030 与中国教育的回应[J]. 开放教育研究,2017,23(3):18—28.
③ Niemi H, Toom A, Kallioniemi A. Miracle of Education: The Principles and Practices of Teaching and Learning in Finnish Schools [C]. Rotterdam: Sense Publishers, 2012: 93.
④ 邓莉,彭正梅. 全球学习战略 2030 与中国教育的回应[J]. 开放教育研究,2017,23(3):18—28.
⑤ European Commission. Review of the 2006 Framework of Key Competences for Lifelong Learning [R]. Brussels: European Union, 2017: 5.

三、思考与启示

在面向 2030 年的课程变革中,美国课程重构中心与 OECD"教育 2030"项目合作,芬兰国家核心课程改革与欧盟"学习 2030"项目联动,可以说,欧美各国都在推动以 21 世纪技能为核心的课程变革,来迎接未来的挑战。2030 年的教育是落实 21 世纪技能的教育。以 21 世纪技能为核心的教育改革也是新加坡、日本、韩国等东方国家的广泛共识。国际课程 2030 的实施有着共同的关注焦点,主要以技能和能力为核心。对于历来注重知识传授的中国教育来说,超越基础知识、走向高阶技能也应是我们面向 2030 年和未来的课程改革的方向。

PISA 测试显示,上海学生在高阶技能如批判性思维、问题解决和互动性解决问题方面的能力存在着不足,在问题解决的计划性和彻底性方面与欧美学生存在差距,在真实性学习体验方面也比较贫乏。[1] 而且,PISA 的数据还表明,上海学生用计算机解决问题的整体能力,以及其中对问题解决过程的监控和反思能力都不强。[2] 可见,我们的知识学习非常牢固,但在 21 世纪技能这样的高阶技能培养上存在一定的欠缺。我们的教育侧重知识,课程内容与社会经济的需求之间存在一定程度的脱节,相对于快速变化的世界,我们的课程变革速度较慢。但对于 21 世纪来说,单纯地掌握知识已经不能满足今天和未来的需求和挑战。

有关知识和技能的课程争论持续了一个世纪。到了 21 世纪,知识并不是变得不重要,实质上它是技能发展的基础,教师也无法脱离知识内容去教授一项技能。但知识只是发展技能的基础,技能应用能给学生提供机会,以相关的和有意义的方式扩展和延伸内容知识。如果不具备知识迁移和知识应用的技能,那么知识是不够有用的。实际上,随着学业技能、技术技能和生活/就业技能之间的界限日益模糊,与以前相比,职场对知识和技能的要求更多、更高。同时由于技术的自动化使得很多常规性工作被替代,新职业要求发展人的高阶技能。再加上信息技术的支持,学生可以从网上随时随地获取知识信息,知识的获取渠道和途径变得很容易。作为高阶能力的 21 世纪技能,恰恰更需要学校课程的教授和教师的引导。

以 21 世纪技能为核心的课程变革是世界各国面向 2030 年和未来的改革方向。但世界教育目标和课程内容并不是简单地从 3R 走向 4C,而是在 4C 的理念之下,重新改造 3R,形成一种新的课程领导范式。美国现在旨在培养 21 世纪技能的"21 世纪学

---

[1] 王洁. PISA2012 问题解决模块测试及上海学生表现评析[J]. 上海教育科研,2015(2):11—15.
[2] 陆璟. 基于 PISA 数据评价上海学生的 21 世纪能力[J]. 考试与评价,2015(2):5—10.

习示范学校"也没有完全超越知识内容,而是融合 3R 和 4C;《共同核心州立标准》也是结合知识与技能,并强调知识是技能发展的基础。芬兰的国家核心课程改革虽然是为了回应 21 世纪学习的变革趋势和 21 世纪技能的培养需求,但也并不遗忘学科内容知识。① 对于中国教育来说,我们不能放弃在知识培养方面的优势,但另一方面我们要超越知识,重视高阶技能的培养。基于国际经验以及我国当前和未来的需求,我国面向 2030 年的课程变革应有以下几个关注点。

1. 重塑课程理念和课程思维

实施面向 2030 年的课程变革,首先应转变课程理念和课程思维。我国的课程强调知识和教材,但课程不是教材不是知识,面向 2030 年的课程比这宽泛得多。技能和能力应成为课程目标的核心,尤其是凸显多维度、跨领域和高阶的实践性技能和思维技能。2016 年 9 月发布的《中国学生发展核心素养》报告所强调的六大素养与欧美国家的 21 世纪技能或能力框架相比,显得有些笼统、宽泛,包容庞杂,不够聚焦。参照国际经验,中国教育目标应有适合自己的"21 世纪技能"或关键能力,聚焦核心的高阶技能,凸显关键的能力培养。②

2. 在各门学科中整合 21 世纪技能

在各门学科中要结合知识与技能,融合 3R 和 4C,明确核心学科和 21 世纪技能之间的联系。需要对 21 世纪技能进行可操作性的界定,来确定在不同年级和不同学科中,学生应该掌握什么样的知识、技能和态度。强调 21 世纪技能的学科教学或跨学科教学,并不是遗忘或丢弃知识,而是注重知识的实用性,在知识学习的基础上,重视高阶技能的培养,从而使学生善于在现实中解决问题、进行创新实践,以应对多变的、复杂的职场和生活世界。

3. 引入跨学科探究主题

引入反映当代社会问题的跨学科主题,且要在不同学科之间和学科内部加以强调。设置 STEM 综合课程,加大工程、技术课程的比重。为了规划和实施跨学科课程,也必须加强不同学科之间的合作。比如,在科学课中,学生习得的研究方法也可以应用在其他学科中。应用计算机学习知识和技能、利用编程来制作和设计等能力是高阶的 21 世纪技能,这也是我们的学生所欠缺的,因此也需要加大计算机应用课程的比重,以更有效地支持其他学科的学习。

---

① Krokfors L, Kangas M, Kopisto K, Rikabi-Sukkari L, Salo L, Vesterinen Olli. Learning. Creatively. Together. Educational Change Report 2016[R]. Helsinki: University of Helsinki, Faculty of Behavioural Sciences, 2016: 8.
② 邓莉,彭正梅. 全球学习战略 2030 与中国教育的回应[J]. 开放教育研究,2017,23(3): 18—28.

4. 评价内容指向高阶技能

在学科中整合21世纪技能,评价内容要相应地发生变革,来支持学生对高阶技能的掌握。评价不仅要针对学科内容的认知性掌握,而且要强调4C等高阶技能的掌握和实际应用。为了便于测量和评价,应将大的技能领域细分为多个子技能,详细阐述每个子技能要达成的标准。为此,需要清晰界定21世纪技能及其应对策略,来支持和管理其实施和评价,明确阐述21世纪技能在不同教育阶段的重要性,以及对其进行评价的重要性。[1]

5. 结合直接教学与探究性教学

加强21世纪技能的教学,意味着教学方式和学习方式需要发生变革。21世纪技能与探究性学习存在内在一致性,因为探究是驱动复杂思维和高阶思维的关键。[2] 因此,我们在直接教学之外,需要增加探究性学习机会,使学生有更多机会开展合作学习与真实性学习,来进行探究与问题解决。真实性学习意味着更多的"做中学",更有利于学生习得批判性思维、问题解决、科学观察、研究方法、合作、展示技巧、公开演讲等技能。

6. 发挥教师的关键作用

在课程实施中,教师最为关键,但我们的教师还只习惯于教教材、教知识。因此,我们不仅需要转变教师的课程理念和思维,也需要培养教师学会教"高阶技能"。因此,教师培训项目要发展教师使用不同教学方法的能力,以及发展教师使用ICT工具来创造适应21世纪学习者的学习环境的能力。在学校教学中,课程的实施并不总是不言自明的。教师需要接受清晰的指导,如何基于课程目标规划和实施教学。课程也应该是有意义的、相关的和清晰的整体,支持教师的工作,为学生和教师发展自己的教学法提供空间。同时,为了培养学生的跨学科技能,需要加强不同学科教师之间的合作。

7. 加大社会力量的参与

课程变革不应是学校孤岛式的努力,多方利益相关者(政策制定者、企业、教育学院、研究者、家长等)需要参与进来,尤其是要加大与企业之间的交流与合作。企业领导者应参与课程设计和实施,同时,企业可以给学生提供进行真实性学习的工厂基地或职业场所,来加强学习与职场生活的联系。另外,课程变革应超越学校,走向现实世

---

[1] Voogt J, Roblin N P. A Comparative Analysis of International Frameworks for 21st Century Competences: Implications for National Curriculum Policies [J]. Journal Curriculum Studies, 2010, 44(3): 299-321.
[2] 邓莉. 如何在教学上落实21世纪技能:探究性学习及其反思和启示[J]. 教育发展研究, 2017(8): 77—84.

界和虚拟世界。认可和鼓励非正式的教育情境,比如,提供企业学习、场馆学习、在线学习等非正式学习机会,来支持21世纪技能的习得。

8. 有效利用技术

在课程实施的各个环节,都要有效利用技术,综合使用 ICT 来强化学生的学习。ICT 技能应该加入到其他 21 世纪技能和核心学科的学习中,不仅应作为课程内容来教授,且 ICT 要作为技术手段支持各门学科和跨学科的学习和评价。比如,利用编程技术运用数学知识来进行产品设计,利用计算机设置更真实、丰富的问题情境,利用计算机测试记录学生的思维过程,以有效地测试和评价学生实际应用学科知识进行创造性问题解决的能力等。

(邓 莉 彭正梅)

第四章　面向未来的教学蓝图——美国《教学 2030》述评

2010 年,美国非营利机构教学质量中心总裁巴涅特·贝里(Barnett Berry)与"2030 教师解决方案小组"共同研制了报告《教学 2030:我们必须为学生和公立学校做些什么?——现在与未来》(简称《教学 2030》),旨在回答一个紧迫问题:如何变革教学以充分满足从现在到 2030 年美国公立学校学生的需求?该报告基于美国教学的历史和现实,使用教学质量中心研发的教师领导网络虚拟工具,基于研究者、改革者、人口学家和未来学家的研究,预测 2030 年的教学,同时提出六个政策杠杆引领教学变革,为美国学生和教学职业构想更加明媚的未来。

一、制定背景

(一)现实需求: 21 世纪的学习者要求变革教学

技术的快速发展使得人们不再需要识记大量知识或信息,但技术也带来挑战,人们需要更努力地思考,具备更强的批判性思维和分析能力。21 世纪的学习者需要学习的内容远远超过了 20 世纪标准化测试和学校问责体系所要求的读写算(简称 3R),需要掌握以批判性思维和问题解决、沟通技能、合作技能以及创造力和创新技能(简称 4C)为核心的技能。在 21 世纪的扁平化世界中,学习者需要以一种前所未有的方式掌握知识与技能。

21 世纪的学习者也被称为"i 世代"(iGeneration)的人,他们出生于 10—15 年前,成长于移动技术和虚拟现实游戏中。[①] 他们的学习内容和方式不仅不同于其父母和教师,也不同于稍年长于他们的"网络世代"(Net Generation)的人。技术变革的爆炸性发展使得 i 世代的儿童受新信息技术的影响,具有不同的特质。这给教师和学校带来了挑战。如何面对 i 世代的学生?应扮演怎样的角色?如何完成教育使命?这些都是迫切需要应对的问题。

(二)重新构想未来: 2030 年的教与学

21 世纪初虚拟工具和网络的出现,开辟了新的学习地带,学生可以在任何时间和

---

① Berry B, Moore R. Teaching for the Future: Creating the Teaching Profession that 21st-Century Students Deserve [EB/OL]. http://www.advanc-ed.org/source/teaching-future-creating-teaching-profession-21st-century-students-deserve-0, 2011.

地点学习。到 2030 年,互动性的媒体环境和沉浸式的学习游戏会进一步提高学生的认知技能。技术发展带来的智能教学,将提供混合式、定制化的内容和情境,这些将对教学提出新的要求。根据《教学 2030》的预测,到 2030 年,教学是一项复杂的工作,教师是一个混合型职业,他们会成为教师企业家(teacherpreneurs),具备创造力、教学变革能力和领导力,一部分时间用于教学,一部分时间担当学生的指导专家、教师教育者、社会组织者、学习设计师、政策研究者以及教师网络中的虚拟导师等。[①] 他们被视为 21 世纪的知识工作者。教育的核心利益相关者之间新的信任将重塑教与学,教育问责制更加关注教师的团队教学。"教师质量"不再只是对孤立教室中教师教学有效性的衡量,政策制定者、管理者和教师将停用标准化测试成绩评价教师教学的有效性,而运用新的数据和统计工具,产生新的评价方式。

二、主要内容

(一) 未来教育的四大新兴现实

全球通信、经济和人口结构的调整以及技术创新的快速发展正在重塑教育的未来。《教学 2030》基于四个新兴现实(emergent realities)提出愿景,它们正影响公立教育和学生的学习机会。

1. 学生和教师共享变化的学习生态

(1) 重新思考学习环境

《教师 2030》指出,21 世纪已经过去近 20 年,但大部分美国学校的功能仍像 20 世纪的工厂。20 世纪的教育模式强调死记硬背的技能,而现今的劳动力市场已不再依赖常规性工作,计算机取代了很多 20 世纪的工作任务。美国儿童未来的工作大部分将是概念化的、有特定场景的、创造性的,需要以 4C 技能为核心的 21 世纪技能。[②] 在技术驱动的世界,教师不再是知识的唯一持有者。教师掌握所有资源,学生作为知识容器的学习模式已经过时了。i 世代的学生对过时的教学方法不再保持耐心,他们渴望并需要更多的个人互动、自我发现。有教师将这些学生称为"谷歌学习者"(Googled learners),并质疑道:"如果学生知道在校外比在校内学得更快、更容易,他们还会保持耐心吗? 到 2030 年,学生的耐心将变得不可容忍,除非我们现在开始做出改变。学生

---

① Berry B, the Teacher Solutions 2030 Team. Teaching 2030: What we must do for our students and our public schools—Now and in the future [M]. Columbia: Teachers College, Columbia University, 2011: 17.
② Berry B, Moore R. Teaching for the future: Creating the Teaching Profession that 21st-Century Students Deserve [EB/OL]. http://www.advanc-ed.org/source/teaching-future-creating-teaching-profession-21st-century-students-deserve-0, 2011.

需要更加互动、个性化和回应性的学习环境。"①这也要求教师和学习环境培养学生的21世纪技能,以成为全球知识经济体中强有力的竞争者。

到 2030 年,新技术——如新兴的 3D 网络环境、增强现实游戏和移动"智能"设备——将超越地域和时间限制,重塑学习环境,扩大学习机会。数字化工具将为即时的信息交流和自我表达提供更多选择。多用户虚拟环境允许教师与访问虚拟环境的学生合作,与当地和全球的人随时交流,教师通过"替身"展示自己,在模拟真实世界的情境中示范问题解决,教师还能与政策制定者和公众分享更多有关学生学习的数据,从而提升问责制的实施效果。同时,"脑研究证明杜威的'做中学'是对的",②在不久的将来,脑研究和技术的结合将使教学更加智能化和定制化。

(2) 变革评价与问责

《教学 2030》指出,旨在弥合学业差距、注重学生学习成果的美国国家改革议程《不让一个孩子掉队法案》是失败的,其问责体系降低了课堂教学的认知需求,减少了用于探索和反思的时间。③ 为了在过时的标准化测试中取得高分,很多学校限制了教学的内容与技能。但《教学 2030》的意旨不是要消除问责制,而是指出问责体系不能过于关注传统的标准化测试,否则学校培养的学生是为 20 世纪中期的美国公司工作,而不是为 21 世纪的全球市场培养竞争性人才。21 世纪的工作对知识的需求发生了变化,评价体系必须关注以高阶技能为核心的 21 世纪技能。④

在新的学习生态中,学习的本质与特定内容的联系减少了,更多的是关于对知识体系的理解——学习如何访问、探究、评价信息,以及深度思考信息——全都置于问题解决和创造性情境中。很多学者发现,那些针对学生对知识内容深层理解的低风险测试往往能够改善教学秩序,提升学生学业成就。因而,评价应当使学生展现如何组织信息解决问题,列框架、研究、分析和整合数据,以及将学习应用于新的情境中。大概念(big idea)——思考和推理能力中的深层次概念理解——要求制定测量学生进步的新框架,教师必须参与制定 21 世纪的问责工具,因为教学质量评估是基于教师帮助每位学生成长和学习的能力,未来的学生评价也应显示如何有效地为每位学生作出正确

---

① Berry B, the Teacher Solutions 2030 Team. Teaching 2030: What we must do for our students and our public schools—Now and in the future [M]. Columbia: Teachers College, Columbia University, 2011: 21.
② Arizona K12 Center, Center for Teaching Quality, Northern Arizona University. Journey to 2030—Our Vision for the Future of Teaching and Learning [R]. Arizona K12 Center, 2012: 4.
③ Berry B, the Teacher Solutions 2030 Team. Teaching 2030: What we must do for our students and our public schools—Now and in the future [M]. Columbia: Teachers College, Columbia University, 2011: 88.
④ Silva R. Measuring skills for the 21st century, 2010 [EB/OL]. http://www.educationsector.org/research/research_show.htm? doc_id=716323.

的学习决策。因此,学校教师团队应当合作研发评价方法。《教学 2030》预测,到 2030 年,传统评价方法将成为历史。①

(3) 2030 年的教师图像

市场力量的转移及互动媒体与通信技术的不断发展将继续强化"注意力经济",刺激教学职业重新定义自身。在注意力经济中,个性化更有价值。到 2030 年,个性化学习将更多样化,学习内容将由市场需求决定。新的 Web 工具与注意力经济相互推动,帮助教师创造新的学习生态,提升教师的身份感、信任度,并实质上帮助学校成为鼓励高水平创造力、适应力与合作的知识组织。② 最成功的教师是那些能够以最少的时间,最有效地分配学生注意力的人;是那些基于学习理论的发展,通过不同设计收集、筛选和分配定制化、有意义学习的人。③ 学习的关键依赖于互动——师生之间、生生之间以及教师之间。在 2030 年的学习环境中,学生将定期与社区成员、学科专家、其他语言环境的同伴进行互动交流,同时教师与其他地方的教师、研究者和专家在教学内容、课程、教学法方面也将开展类似互动。《教学 2030》指出,2030 年的教师需要更多而不是更少的教学法方面的培训。④ 未来的技术将对教师提出新的需求,使其教学原则适应新的教学方法和策略,更好地满足那些把技术作为自然的学习手段的学生的需求。但无论技术如何进步,教育者都必须重点关注教学法,围绕学生的需求建构教学。

一项针对美国教师的调查发现,只有 15% 的教师参与专业性的网络社区或社交网站,不到 60% 的教师在网上与其他教师联系,40% 的教师参加过在线课程,28% 的教师写过或阅读过教学方面的博文。⑤ 未来 20 年,生于 i 世代的教师将会改变这种状态,⑥他们可以在任何时间和地点在线专业学习,同时能轻易地在网上与同事、学生和家庭成员分享想法、图像、数据、评论和分析。

2030 年的教师专业培训内容将包括如何在多用户虚拟环境中工作,帮助学生参与开放式、合作性探究,运用虚拟工作产品评价学业进步。由于更多的学生在多用户

---

① Berry B, the Teacher Solutions 2030 Team. Teaching 2030: What we must do for our students and our public schools—Now and in the future [M]. Columbia: Teachers College, Columbia University, 2011: 48.
② Berry B, the Teacher Solutions 2030 Team. Teaching 2030: What we must do for our students and our public schools—Now and in the future [M]. Columbia: Teachers College, Columbia University, 2011: 48.
③ Berry B, the Teacher Solutions 2030 Team. Teaching 2030: What we must do for our students and our public schools—Now and in the future [M]. Columbia: Teachers College, Columbia University, 2011: 62.
④ Berry B, the Teacher Solutions 2030 Team. Teaching 2030: What we must do for our students and our public schools—Now and in the future [M]. Columbia: Teachers College, Columbia University, 2011: 65.
⑤ Harris Interactive. The MetLife Survey of the American Teacher: Past, Present and Future [R]. 2009: 36.
⑥ Berry B, the Teacher Solutions 2030 Team. Teaching 2030: What we must do for our students and our public schools—Now and in the future [M]. Columbia: Teachers College, Columbia University, 2011: 45-46.

虚拟环境中有正式的学习机会,对于教师来说,更重要的是理解学生如何处理视觉、听觉、口头或触觉信息。实际上,2030年的教师需要成为学习科学专家。①

总之,在现在和未来,有效的教师必须学会如何教授谷歌学习者、与背景多样化的学生(到2030年,美国至少有40%的学生是第二语言学习者)合作,为学生参与以4C为"新基础"技能需求的全球就业市场竞争作准备,帮助学生监控自己的学习,把教学与社区需求相连接。②

2. 网络空间内外的无缝连接

现在,网络时代(Network Age)已经过渡到超联通时代(Hyper-Connected Age),超联通时代以前所未有地使用快速变化的技术为特征。新技术和生物工程的发展正在重塑人们的日常生活,给政策制定者、实践者和家长带来挑战。公立学校到底应是什么样的?学习到底是什么?这些问题需要重新思考。同时,网络学习会带来教学职业的转变,教师需要认真思考怎样应对这种转变。

(1) 虚拟世界和现实世界的融合

随着网络空间继续扩大,虚拟世界与实体世界的"墙"终将倒塌。越来越多的学生会与技术互动,但实体学校仍将存在。对未来世界的关注,不仅是关注2030年的技术如何塑造教与学,还要关注实体学校的人际关系将如何持续。未来最佳的公立教育模式是虚拟学习与面对面学习的完美结合,使学生成为健康、明智和有谋略的公民。人际密切互动的实体学校、提供高分化与个性化在线课程的混合型课堂,以及重视全球互动、古典教学或专门提供真实世界学习经验的学校将同时并存,为学生提供多元化的选择。

(2) 普及以社区为中心的学校

可以预见,技术娴熟的学生将享有畅通的网络渠道,没有这些资源的弱势学生将依赖于实体学校。以社区为中心的学校能帮助弱势学生在进入社会前,具有与优势学生相当的起始点。未来,以社区为中心的学校将得到普及,这类学校超越学校的界限,提供全面的教育与支持服务,包括提供视觉和行为艺术、体育、学业辅导、家长课堂、就业服务、当地大学咨询、当地企业实习机会、科技枢纽、儿童保健和医疗服务等。这些学校替学生与家庭创造合作无间的环境,学校和社区之间的围墙倒塌了。学校与社区合作,共同提供充沛的资源,使学生的学习大部分发生在真实情境中,不但让学生享受

---

① Berry B, the Teacher Solutions 2030 Team. Teaching 2030: What we must do for our students and our public schools—Now and in the future [M]. Columbia: Teachers College, Columbia University, 2011: 67.
② Berry B, Moore R. Teaching for the Future: Creating the Teaching Profession that 21st-Century Students Deserve [EB/OL]. http://www.advanc-ed.org/source/teaching-future-creating-teaching-profession-21st-century-students-deserve-0, 2011.

学习环境,更以空间共享的方式节省支出。

(3) 所有人皆可享有网络连接

21世纪的第一个十年里,移动平台解决方案、教育游戏软件和虚拟课程变得越来越普遍,新的互动数字媒体也在盛行。个性化的在线学习为学生提供即时反馈,并能对其提供定制化的额外帮助和辅导,学生可以自定步调学习。但连接主义不是富人的特权。到2030年,移动技术、对等网络、不断增强的可连接性和其他技术的发展会使智能网络不仅可能,而且普及。到2030年,"技术将变得很便宜,而劳力(比如教师)很贵。"①教师要肩负起促进网络连接的责任,善用虚拟环境,让学生与全世界的专家对话。

3. 21世纪的教学职业分化

在美国历史上,教学是半职业的,公众低估了其复杂性。政策制定者一方面坚持认为教师应当作更好的准备,另一方面又推行一种可选择的证书项目,参与该项目的人只需一个月或一个暑假就能获得教师资格。过去30年间,美国教学在一定程度上承受了组织混乱所带来的影响。② 如今,教师已经不再是"一种尺寸适合所有人"的职业。新的时代对教师提出了很多新的要求,教师需要根据学生的个性和特殊性提供不同的教学。

(1) 重新定义结果导向的教学职业

21世纪的教学艰巨复杂,教学任务不可能局限在某类教师身上。21世纪的教师是一种多重身份混合的职业,有不同类型的教师存在,包括精熟教师(master teachers)、专业教师(Professional teachers)、驻校教师(resident teachers)、学徒教师(apprentice teachers)、辅助教师(adjunct teachers)、个性化教学专家(individualized instruction specialists)、虚拟教师(virtual teachers)、社区领导者(community leaders)等。③ 在不同的学校,各类教师组合搭配,合作无间,以最大化地利用教师人力资源。到2030年,学校将以学生的需求为依据,为教师寻求更灵活的职业路径,给教师提供领导和创新的机会。教师也将扮演不同的角色,包括学习指导者、个人教育顾问、社区智库规划员、教育巡查员、社会人力平台开发员、学习历程指导者、测评设计师等。同

---

① Moe T, Chubb J. An interview with Terry Moe and John Chubb, authors of Liberating Learning: Technology, Politics and the Future of American Education [EB/OL]. http://www.liberatinglearning.org/?page_id=20.
② Berry B, Moore R. Teaching for the Future: Creating the Teaching Profession that 21st-Century Students Deserve [EB/OL]. http://www.advanc-ed.org/source/teaching-future-creating-teaching-profession-21st-century-students-deserve-0, 2011.
③ Berry B, the Teacher Solutions 2030 Team. Teaching 2030: What we must do for our students and our public schools—Now and in the future [M]. Columbia: Teachers College, Columbia University, 2011: 94.

时,教师与学生保持深入的连接,即教师除课堂教学外,还要在社区和虚拟世界担任支援角色。2030年的教师职业结构,应该是格子状的"晶格"(lattice),而不是阶层性的"梯子"(ladder)。① 教师不是从头努力向上攀登,而是各司其职,发挥特长,与其他教师合作,比如创造稳定的、环环相扣的6—8人一组的教学团队,包括专家型教师、普通教师、新教师等,以合作的方式为学生及其家庭服务,支持全方位教学,改进教学绩效。

(2) 职业分化下的教师教育

到2030年,教师招聘的标准将更加严格,教师教育更加重要。未来的教师招聘和训练项目将寻找和培养具有学科内容知识(Content)、有效交流能力(Communication)与良好品格(Character)的"3C教师"。② 教师认证项目将大不同,不仅关注教师的质量,也关注市场需求。没有一个机构或部门能单独满足学生的发展需求,培养高质量的教师成为高等教育机构、学区和学校、工会组织或专业化组织、资源型机构如自然历史博物馆等的共同责任。技术可以为其提供助益,比如通过网络系统,美国的新教师可以与其他国家新教师或专家型教师切磋讨论。

新教师可以通过观察,从专家型教师身上学习如何开展高水平教学。到2030年,课堂和师徒制将会无缝连接,教师可以在线学习或在学校和社区学习。传统的师徒制即试教,只能让试教者局限于工作场域,而未延伸到其他教育情境,比如社区中。因而,新教师的培训必须在不同专家型教师的引领下,在多种场合习得技能与知识。专家型教师必须通过透明直接的方式,呈现教学决策过程,比如分数怎么教,为什么这样教,为什么学生能够或不能够学会这个概念等。专家型教师必须有能力鉴别新教师对特定教学策略的形成原因及其如何影响学生学习的理解程度,从而提供针对性的引领和指导。同时,学校将给新教师提供展示和提升领导技能的机会。

(3) 职业分化下的教师薪酬

教师薪酬过去常根据教学年限、教学时数和学生获得的学分来评定,这种单一薪酬制引起了不少人的反对。很多学校改革者认为教师薪酬应该基于绩效,但这种薪酬制度并未激发教师的创新实践并发展其教学专长。未来的薪酬体系必须建立在更为严格和综合的学生和教师表现的评价上,同时使用更加细致的方法给予教师差异化的薪酬,即不同等级的教师享有不同薪资,以便更加灵活地适应未来的变革。在未来,所有教师应当获得更高的薪酬,且基本薪酬应当是公平、充足的。教师应该有权协商其

---

① Berry B, the Teacher Solutions 2030 Team. Teaching 2030: What we must do for our students and our public schools—Now and in the future [M]. Columbia: Teachers College, Columbia University, 2011: 100 - 101.
② Berry B, the Teacher Solutions 2030 Team. Teaching 2030: What we must do for our students and our public schools—Now and in the future [M]. Columbia: Teachers College, Columbia University, 2011: 104.

基本薪酬,与大学教授一样,基于校内外的经验和过去的表现评定基本薪酬。到2030年,大部分的专家型教师不仅需要在全国范围,还要在国际范围内分享他们的知识与经验,因此收入会更高。参与过更好的教师教育训练、协助学生进步、满足社区特定需求、与同事合作提高学生表现、在高需求学校(high-needs schools)任教、具备卓越领导力、承担混合角色的教师应该获得奖励或额外薪酬;在当地、州、国家和国际范围内享有领导力的教师,比如作为地区的发言人,开发和管理社区服务项目、领导政策和研究项目的教师能获得额外薪酬。变革教师的薪酬结构将对教师的工作条件产生直接影响,从而直接影响学生的行为和表现。如果社会能够变革教师薪酬结构,为教师专业发展服务,那么就能为21世纪中期培养一大批高效教师,进而提高学生尤其是那些落后生或辍学生的学业成就。[①]

4. 教师企业家和创新的未来

过去十年间,很多美国学校变革者指出教师企业家是一种加快教学变革进程的有效方式。"教师企业家"一词由《教学2030》的共同作者之一艾莉儿·萨克斯(Ariel Sacks)提出,指教师领导者和创新者对如何教学有深度理解,清晰了解学校经营战略,以及具备将专业知识授予他人的技能和责任心。教师应该是敬业、以学生为重心、创新、具有雄心的企业家。教师企业家是教育变革的设计师、知识经纪人、系统思考者,以及引领教师职业发展的创新型、领导型教师。[②] 未来,优秀的教师企业家不仅知道如何使用和教授各种技能和知识,而且还参与社区组织、思想智库,参与到艺术家、投资家、诗人等有创造力的团体中去,同时也探索包括由地区、国家或组织支持的重要项目。

随着硬件和软件通信工具的不断发展,到2030年,教师企业家将参与全球教学市场,通过日益丰富的个性化教学经验领导同事和学生。他们在校内担任改革媒介,寻求有创意的解决方式并动用资源解决问题;在全球教育市场与人互动,发展并传播教学技能与理念。

(1) 教师企业家关注连接学习

到2030年,更多的教师会参与创造性的教育产业,与游戏厂商协同创造基于Web的个性化"教育娱乐化"产品,或者充当学者和研究者之间以及年轻学习者和年长学习者之间的知识经纪人。这些教师企业家不仅在课堂教导学生,而且借由网络,给其他

---

① Berry B, the Teacher Solutions 2030 Team. Teaching 2030: What we must do for our students and our public schools—Now and in the future [M]. Columbia: Teachers College, Columbia University, 2011: 111.
② Berry B, Moore R. Teaching for the Future: Creating the Teaching Profession that 21st-Century Students Deserve [EB/OL]. http://www.advanc-ed.org/source/teaching-future-creating-teaching-profession-21st-century-students-deserve-0, 2011.

教师提供顶级的专业发展指导。教师企业家利用网络讨论班级经营等特定主题的网上研讨会和非同步讨论,让相距遥远的教师形成相互学习、创新进取的团体,尤其是教师企业家组织的协会或服务机构允许其他教师网上观看专家型教师的课堂教学直播或往期录像,以及给这些教师提供即时的建议、反馈和评论等非正式的虚拟学习与对话,能让原本孤立的教师,得到教师企业家或专家型教师的及时支持。未来的教师企业家不仅在自己的社区和区域创设小规模的"家庭产业",还能运用 21 世纪强大的教学技能连接教师团体,进而营造富有创意的学习系统。

(2) 教师企业家关注研究

教师企业家应该是行动研究者,关注一系列有关学生学习的证据。教师需要从测验数据中解读信息,理解数据为什么重要,如何对课堂产生积极影响,以及有能力从无用信息中找出有价值的数据,这就需要改变"测验太多、分析时间太少"的现状。教师需要花更多时间考察哪些教学对学生的学习有效或无效,也需要花更多时间与其他教师开展校内外合作,进行有意义的教学实践分析。这样的尝试、微调、再尝试以及斟酌,有利于教师提升教学成效,促进教师以创意心态,思索学校、学生和学习问题,培养教师企业家的精神和技能,实现教育创新。教师对教学事务的探究,与同事的交流,能够获得专业成长,而教师的思考、理论形成、哲学思辨和实验,也能推动学校不断进步。

(3) 教师企业家关注教学实践和政策

混合式的教师角色要求教师企业家营造灵活和创新的氛围。激情是教师企业家的重要组成部分。教师的"激情+创造力+专业知识=变革的力量"。[①] 教师企业家能够建设网络,传播教育理念和专业知识。学生作为教改伙伴,是学校改进的支柱之一。[②] 教师企业家的特点是把学生视为学习和改革的合作伙伴。学生参与变革始于教师对学习的评价能够给学生创造主人翁意识和责任感,不仅教育学生课堂内外如何自学,而且教育学生掌握教其他同伴的技能。

关注课堂中积极变化的教师,往往也关注政策的发展。教师如果能在政策制定中发出声音,那么就能更好地推动教学改革,成为教育变革和实践的孵化器。但教师参与政策的技能不是自然产生的,教师了解并分析政策的技能以及与决策者有效沟通的技能,都需要训练发展。《教学 2030》指出,教师可以利用网络虚拟社群的资源共享等方法获得这些技能,比如可以对特定政策议题展开讨论与合作。另外,教师企业家若

---

① Berry B, the Teacher Solutions 2030 Team. Teaching 2030: What we must do for our students and our public schools—Now and in the future [M]. Columbia: Teachers College, Columbia University, 2011: 115.

② Berry B, the Teacher Solutions 2030 Team. Teaching 2030: What we must do for our students and our public schools—Now and in the future [M]. Columbia: Teachers College, Columbia University, 2011: 121 - 122.

想在决策领域展现效能,必须扩大关注点,超越课堂范围思考,运用教学与学生学习相关的有力证据,陈述令人信服的故事。①

(二) 变革教学的六大政策杠杆

教学变革的实现,促成 21 世纪教学职业的专业性转向,依赖于六个环环相扣的政策杠杆的变革。

1. 给公众提供教与学的新视野

《教学 2030》指出,美国公众对教学职业的认知通常基于媒体报道,而媒体对教师和教育的报道常常是负面的。公众所了解的教学不需要知识基础,任何理性的聪明人都能走入课堂上课,这让公众对教学职业产生误解和怀疑。因而,公众参与 21 世纪的教学职业非常必要,政策制定者、社区成员、家长、商界领袖和教育者本身也需要重新了解教与学。公众需要理解教学是复杂的,理解对教师专业发展、教师薪酬进行投资是有益于学生的。网络和 Web3.0 工具能创造有利的环境,例如拍摄纪录片、开设论坛与博客等,使专家型教师能将高质量的教与学公之于众。学生学习成果的多媒体呈现能够收录更丰富的学习成就数据,让政策制定者、教育者、公众和媒体形成更深层的理解。教师、家长和学生可以使用手持式设备分享信息,形成新的公共问责制度。

2. 重新思考学校财政

在美国公立教育中,学校财政状况决定了学校的教育质量和师资稳定的程度,但教师的收入与其对社会的贡献并不相符。《教学 2030》指出,国际测评显示,在学生表现优于美国的芬兰,在教师和学生身上投入的经费高于美国,住房、医疗、社会服务和社区发展经费也很充足。② 因此,美国教育必须重新思考学校财政,首先,花更多经费在最需要协助的学生身上。贫困学生的需求多元且迫切,要缩小学业成就差距,许多学生需要额外投资,如师资、营养、医疗、课前和课后照顾等;其次,重新分配教学资源,减少行政人员经费,重新设计教师与学生的互动时间,改善并维持高标准教学;再次,教育与社区要开展合作,整合资金,尤其是要针对弱势和贫困学生整合社会、医疗与教育服务。

3. 重新定义教师教育和认证资格

美国没有教师教育资格体系,教师培训主要由大学、学区或非营利组织举办的培

---

① Berry B, the Teacher Solutions 2030 Team. Teaching 2030: What we must do for our students and our public schools—Now and in the future [M]. Columbia: Teachers College, Columbia University, 2011: 132.

② Berry B, the Teacher Solutions 2030 Team. Teaching 2030: What we must do for our students and our public schools—Now and in the future [M]. Columbia: Teachers College, Columbia University, 2011: 128.

训项目承担。《教学2030》指出,美国很多教育学院设定的入学门槛很低,教师教育课程的设计者与教育现实脱节,课程一致性偏低,且公众和政策制定者对教师教育项目缺乏了解。教师认证的纸笔测验要么简单,要么与专业无关,这样的测验不能测出教师的技能。全美只有39个州要求试教,且在取得教师资格证之前,教师需要展现什么样的成果,也没有实质的标准。这样的教师教育和认证体系只能测出教师的最基本技能,培养和认定的教师只能满足20世纪后期学校的需求。[①] 在21世纪,教师教学必须进行精细的评价,以多元的方式评价教学的有效性,确定教师的能力并决定何时能够独立教学,即根据教师的表现确定其获得教师资格证的时间,而教师的表现要通过增值评价数据、学生成果分析、教师表现影像资料以及学生学习参与程度等电子档案数据来加以评价。这样的评价也有助于决策者和教育者判断谁是未来的领导型教师。

4. 改善工作环境,使高需求学校更容易招聘教师

提升教师的工作环境,就是提升学生的学习环境。[②] 美国教育改革持续推动较高的学业标准,但大部分州政府并未平均分配教育经费,无法确保每个学区有均衡的教育经费开展高质量的课程。经济上的不平等意味着弱势社区无法在教师人才市场的竞争中取胜,难以吸引并留住优秀教师。为了确保优秀教师的公平分配,需要改变教师人才市场,改善教师工作环境。传统的教师工作环境,总是涉及班级规模、工作时长、专业发展、教学反馈等,但教师只获得资源是不够的,如何进一步运用资源提升教学,才是决定教师效能和职业生涯长短的关键。未来,教师工作环境的改善还将包括对虚拟工作环境的改善。

5. 重塑问责制

从《国家处在危机之中》到《不让一个孩子掉队法案》,这些报告和法案加强了对高风险测试和问责制的使用。但是,"蒙上问责色彩的测验,逐渐影响了教学,并减少了学生阅读真实情景的书籍数量,论文写作与实验的时间也在减少"。[③] 曾作为高风险问责制和《不让一个孩子掉队法案》的强有力的拥护者,戴安娜·拉维奇(Diane Ravitch)已改变了立场:"用标准化测试判定人的命运是有问题的,测试本身不够精

[①] Berry B, the Teacher Solutions 2030 Team. Teaching 2030: What we must do for our students and our public schools—Now and in the future [M]. Columbia: Teachers College, Columbia University, 2011: 137.

[②] Berry B, the Teacher Solutions 2030 Team. Teaching 2030: What we must do for our students and our public schools—Now and in the future [M]. Columbia: Teachers College, Columbia University, 2011: 159-160.

[③] Berry B, the Teacher Solutions 2030 Team. Teaching 2030: What we must do for our students and our public schools—Now and in the future [M]. Columbia: Teachers College, Columbia University, 2011: 164.

确"，①而且花费巨大。2030年的教学，需要截然不同的问责制。问责制将不再基于单一的成绩指标，而是纳入多重指标。问责制需要注重学生的应用能力，必须公开有关学生为何可以达到和无法达到精熟程度以及教育者下一步会做什么的信息，帮助学生改进，促进学生参与，这样政策制定者和公众能更准确地判断学校的优劣。这种问责与评价方式花费更高，但完善的问责制不需要每个学生参与每次测试。而且，可以让教师企业家和其他教师承担多重角色，开发评价方式并实施评价，同时运用技术设置模拟情境发展新的评价体系，这样可降低成本。比如，运用技术设置虚拟情境要求学生解救山上的滑雪者，学生必须找出施救的正确角度和速度，这样的教学可以推动学生学习并发展21世纪技能。新的问责制不仅需要运用2030年未来教师的潜能，还有助于培养未来的教师。

6. 将教师工会转型为专业团体

过去五十多年里，教师工会一直是美国公立教育的强大力量，但对于教师工会存在的必要性和有效性存在争议。《教学2030》指出，教师工会关心的往往是日常事务，包括薪水、医疗、更小的班级规模、充足的备课时间、少量的午餐服务等，对教学质量的关注很少。到2030年，教师工会将受到网络和新一代领导者的驱动，发展为专业团体，专业获得验证的教师才能入会；根据教师的课堂经验、领导技能和组织能力，而不是依据加入工会的时长来选任工会领袖。新兴的教师工会应与医疗界和律师界类似，致力于遴选最优秀的教师并提升其地位，而不仅仅只在形式上凸显少部分杰出教师的成就，例如不仅仅评选年度教师或国家委员会认证的教师。教师工会可以效仿律师界寻找"超级律师"的做法，寻找"超级教师"。这可以传播教师专业形象，提升教学职业的专业性地位，同时教师专业团体还可以扮演中介角色，让成功的领导型教师在学校、全国甚至国外服务，并协助领导型教师成为教师企业家。联邦政府和州政府必须不再强调狭隘的测试分数，而把主要精力放在教师创意和专业传播上，让教师企业家成为现实。因此，教师才能从低收入的保姆、工业时代的机器人，变为结果导向的专业人士，这也是2030年公立学校所需要的专业人才。②

《教学2030》呼吁行政人员、工会领袖、政策制定者、大学校长、社区领导人、家长、学生以及教师共同参与教学职业的变革，在2030年前培养60万名教师企业家（占美国400万教师的15%），并使其平均分布于全国各地，改进绩效工资制度，广泛传播教

---

① Ravitch D. The death and life of the great American school system [M]. New York: Basic Books, 2010: 152.
② Berry B, the Teacher Solutions 2030 Team. Teaching 2030: What we must do for our students and our public schools—Now and in the future [M]. Columbia: Teachers College, Columbia University, 2011: 154.

学职业的专业性；呼吁大学校长以多样的方式投资未来的教师教育，培养领导型教师；呼吁社区领导拥护领导型教师，重视当地的教育基金会，让领导型教师与公众建立联系，撇开工会、行政人员与主张改革的教师等三方之间的争论，建立强效的"三方"联盟，促进21世纪高效能教育政策的制定与实施；呼吁家长与学生充分表达高效能教师的事迹，与领导型教师和各类社区为基础的组织展开合作；呼吁教师整合实证证据，利用数字工具记录专业的教学过程，通过网络组织和传播卓越教学的信息，连结教学政策和教学法。①

三、总结与启示

《教学2030》是基于对美国未来经济变革、人口结构、技术发展、产业转型等需求而提出的教育改革方向。该报告传达出一个清晰的声音：美国要么回到"纷乱的"过去，要么搭建通往未来的桥梁。《教学2030》试图摆脱19世纪以来美国根深蒂固的学校结构，并超越20世纪似乎永无止境的改革钟摆和周期性循环的教学改革争论，搭建美国教学过去和未来之间的桥梁，致力于解决目前存在的教学问题，同时指向2030年的教学，提出六大变革教学的政策杠杆，描绘了一幅清晰的、连贯的公立教育系统图景。

作为美国最重要的教学专家之一，贝里明确指出，美国必须实施由新的教学愿景驱动的激进政策。他同时指出，这种深刻的变革需要具备政治意愿和战略技巧。美国很多教师及其倡导者对当前所处的状态感到沮丧，试图退出20世纪的教学论争，准备推动政策制定者、实践者和公众重新思考如何教育所有美国儿童满足全球经济和承担民主公民责任的需求。②"我们正处于历史的拐点上，这是结束世代延续的教育歧视和不平等的良好机会，最终履行民主共和的承诺。我相信那些引领我们走向2030年的最崇高的教师、学生和领导者会被子孙后代铭记，因为他们将实现真正的公共教育和发挥教师专业的最大潜力——而那些缺乏远见的守旧派会跟跟跄跄地退出历史的舞台。"③针对这份"富有野心"、"发人深省"和"充满希望"的报告，美国前教育部长理查德·莱礼（Richard Riley）指出，《教学2030》对教学的未来作出了新的探索，深入研

---

① Berry B, the Teacher Solutions 2030 Team. Teaching 2030: What we must do for our students and our public schools—Now and in the future [M]. Columbia: Teachers College, Columbia University, 2011: 168.
② Berry B, Moore R. Teaching for the Future: Creating the Teaching Profession that 21st-Century Students Deserve [EB/OL]. http://www.advanc-ed.org/source/teaching-future-creating-teaching-profession-21st-century-students-deserve-0, 2011.
③ Berry B, Moore R. Teaching for the Future: Creating the Teaching Profession that 21st-Century Students Deserve [EB/OL]. http://www.advanc-ed.org/source/teaching-future-creating-teaching-profession-21st-century-students-deserve-0, 2011.

究了教师当前遭遇的和未来将要面临的大量问题。美国著名教育学家琳达·达令·哈蒙德(Linda Darling-Hammond)指出,《教学 2030》是由富有激情、知识和洞见的,最了解教学的教师所作的关于教学未来的杰出报告,对教学问题及其可能性作出了界定和规划,每个关心教与学的人都应该阅读这本书。① 美国《教学 2030》的突出特点能给我国教育教学的前瞻性设计提供启示:(1)培养教师企业家。教师是影响学生学业成就最重要的因素,《教学 2030》把教学变革的焦点放在教师身上。与以往任何世代可能成为教师的人相比,i 世代成长起来的未来教师,最有可能支持进步性的教育变革。面对美国公立学校的官僚障碍和怠惰气氛,《教学 2030》提出的解决方案不是市场化和自由化,而是重在引入企业家精神,提出教师需要具有企业家般的思考与行动,提出为教师寻求分化的职业路径,即允许教师具备不同的技能和职业轨道以使各自的优势最大化。研究表明,教师之间的学习与合作是提升学生学业成就的最有力指标。② 因此,在促进教师专业发展的基础上,《教学 2030》尤其强调要加强教师专业团体建设。教师通过形成团队,共同分析学生数据,对需求不同的学生进行定制化指导,以多元的方式呈现课程,最大化地促进学生学习。同时,"教师是最大的资产,他们正准备、愿意并能够接受挑战,引领面向 2030 年的教学变革。但是,他们也需要联合所有的利益相关者:家长、管理者、社区成员、商界领袖、政策制定者。"③(2)变革评价内容。《教学 2030》旨在打造全新的公立学校系统,而办学的焦点是后互联网时代和 21 世纪经济与社会所需要的技能。美国的很多决策者和企业家曾一度热衷标准化测试,现在却越来越强调对 21 世纪技能的评价。对教师的评价,《教学 2030》指出,应该由外部评审小组评审教师是否支持学生家长与社区团体以及是否促进学生学习、品格发展与个人幸福,且应让杰出教师全程参与设计及执行考评措施。新教师应基于帮助学生取得进步的程度来评价,但专家型教师的评价要基于国际基准。(3)有效利用技术。《教学 2030》的愿景和方法很大部分依赖于技术的进步。2010 年,美国胡佛研究所发布的报告《美国教育 2030》指出,"任何没有将技术的潜在变化考虑进未来教育的预测都是极不可靠的"。④ 对技术的运用,不是沉迷于技术的美梦,而是以务实的态度审视当今和

---

① Berry B, the Teacher Solutions 2030 Team. Teaching 2030: What we must do for our students and our public schools—Now and in the future [M]. Columbia: Teachers College, Columbia University, 2011: 176.
② Jackson C K, Bruegmann E. Teaching Students and Teaching Each Other: The Importance of Peer Learning for Teachers [M]. Washington, DC: National Bureau of Economic Research, 2009.
③ Arizona K12 Center, Center for Teaching Quality, Northern Arizona University. Journey to 2030——Our Vision for the Future of Teaching and Learning [R]. Arizona K12 Center, 2012: 2.
④ Finn Jr C E. American Education in 2030[R]. Palo Alto, CA: 2010 Board of Trustees of the Leland Stanford Junior University, 2012: 4.

未来趋势,以合乎逻辑的观点放眼未来。技术的发展要求我们重新检验学校,重新思考时间、资源和学生与教师的学习。学校与教师需要认真思考如何运用技术使实体环境与虚拟环境由壁垒分明过渡到二者的完美结合,将面对面授课与在线学习有效融合,但另一方面,学生之间、学生与教师之间的良好连接,仍然是教育的核心。教学变革是教育变革的核心,应该成为我国推进教育未来发展和现代化的主要关注点之一。

(邓　莉　彭正梅)

第五章　全球学习战略 2030 与中国教育的回应

无数的事实显示,技术的进步大大地改变了人类生活的图景,以知识为基础的社会正在变得高度计算机化。"计算机化知识经济"的扩展和成熟,正在促使全球劳动力结构发生深刻变化。"到 2030 年,我们预计将进入泽它级(Zetta)运算时代,也就是说,计算机将比人脑强大一千倍。"[①]信息技术的发展正在取代人类的劳动力,后工业社会将进入自动化时代。[②] 不断发展的计算机化和自动化将是长期的趋势,但这种趋势也带来了挑战,到 2030 年,劳动力市场对人类技能的要求将发生深刻变化。

自动化要求教育和技术展开赛跑。如果教育落后于技术进步,人类就不能满足工作的需求。这就促使学校教育和学习必须发生变革。现在出生的孩子,到他们中学毕业时,将面对一个不同的世界。到 2030 年,单纯地熟知事实知识将远远不够。教育需要培养学习者能够有创造性、独立、严谨、合作地思考,全面认识自己和社会环境。如何达成这一目标？什么样的技能是最需要的？教育者和政策制定者如何为学生进入社会准备匹配的技能？世界各国、各地区或组织基于对 2030 年的社会、经济、职业和技能等的预测,提出了各自面向 2030 年的教育和学习战略,为 21 世纪的全球市场储备竞争性人才。面对劳动力市场对新技能的要求,以及全球经济竞争的挑战,中国教育如何做出回应,怎样培养具有全球竞争力的人才,是迫切需要思考和解决的问题。

一、全球学习战略 2030 考察

在 2015 年联合国教科文组织发布全球教育议程《教育 2030 行动框架》前,世界各国、各地区或组织就陆续制定了类似教育 2030(如学习 2030、教学 2030、学校 2030、课程 2030、教师 2030)的教育变革策略。这些变革策略不是凭空产生的,而是基于对 2030 年的人口、经济、政治、社会、职业和技能需求等的远景预测。其中的一个重要方面是基于对未来职业变动和劳动力技能需求的预测。比如,2010 年,英国商业创新与技能政府部门委托发布的《未来的工作形态：科技发展所带来的可能的新职业

---

① World Innovation Summit for Education. 未来已经来临[EB/OL]. http://open.163.com/special/openclass/wisebook.html,2014.
② Brynjolfsson E, McAfee A. The Second Machine Age: Work, Progress, and Prosperity in a Time of Brilliant Technologies [M]. New York: W. W. Norton, 2014: 15.

(2010—2030)》报告指出,到 2030 年,人体工程师、纳米医师等职业将变得普遍,而今天相当一部分工作将消失。[1] 根据牛津大学的预测,在未来 15 年,美国将有一半工作岗位被技术所取代。[2] 人口老龄化、全球化、经济力量转移、技术变革、全球化竞争、自然资源、移民等所带来的挑战,促使世界各国不约而同地提出了教育 2030 战略,以培养全球竞争性人才。

2010 年,美国智库胡佛研究所发布《美国教育 2030》报告,从课程与教学、标准与测试、政府管理与财政拨款、地方私有化与学校选择等方面,勾画了美国 2030 年基础教育的未来图景。同年,美国非盈利性机构教学质量中心总裁巴涅特·贝里与"2030 教师解决方案小组"共同研制了《教师 2030》、《教学 2030》和《2030 旅程:未来教与学的愿景》,着力关注教学,旨在回答一个紧迫问题:如何变革教学以满足从现在到 2030 年美国公立学校中学生的需求?《教学 2030》指出,到 2030 年,教育将受到更大的重视,教学也会被视为更为复杂的专业。[3]

《教学 2030》对 2030 年的教学展开了四大构想:一是教学生态发生变化。认知科学和技术的进步促使教师和学生能够进行沉浸式的个性化学习,教师将结合脑研究的新发现和前沿技术改善教学。教师将基于学生的学习风格和需求为学生定制个性化学习。除了读写算,学生学习将集中于以批判性思维和问题解决、沟通技能、合作技能以及创造力和创新技能为核心的 21 世纪技能,更有效地符合 21 世纪公民、职场和终身学习的需求。二是混合式学习环境(面对面 & 技术)更加无缝整合,学校成为社区中心,与网络内外无缝连接。教师、学生、家庭、本地与远程专业人员、志愿者和商界人士共同参与活动,服务于整个社区。三是教师将扮演不同的角色,包括学习情况指导者、个人教育顾问、社区智库规划员、教育巡查员、社会人力平台开发员、学习历程指导者、测评设计师等。教师将传统课堂教学与新任务相结合,教师企业家充当改革代理人。四是重新思考教师教育、教师招聘和可持续发展,与医学模式和其他专业领域的方式类似,提升教学专业化。到 2030 年,教学将是一个令人尊敬的职业,着力从优秀的研究生中选拔教师。

德国罗兰·贝格战略咨询中心 2010 年发布的《2030 趋势概略》提出了 2030 年的

---

[1] Talwar R, Hancock T. The Shape of Jobs to Come: Possible New Careers Emerging from Advances in Science and Technology (2010-2030)[R]. Fast Future Research, 2010: 21.
[2] Frey C B, Osborne M A. The Future of Employment: How Susceptible are Jobs to Computerisation? [R]. Oxford Martin Programme on the Impacts of Future Technology, 2013: 38.
[3] Berry B, the Teacher Solutions 2030 Team. Teaching 2030: What we must do for our students and our public Schools—Now and in the future [M]. Columbia: Teachers College, Columbia University, 2011: 20.

七大全球趋势：人口结构变化、全球化和未来市场、资源短缺、气候变化的挑战、充满活力的技术和创新、全球知识社会、共享全球责任。在此基础上，该报告预测，2030年学习将有三大特点：一是出现全球明星教师。虚拟课堂将促使全球的高效教师成为明星教师，这些教师使用网络和3D技术给全球学生上课。上课语言将被自动实时翻译，互动媒体把不同背景和地区的教师和学生连接起来，并催生集体性的评价和质量认证新形式。二是个性化终身学习包将加速学生的学习。虚拟学习代理人将指导学习者，并满足学习者的个性化需求，为学习者量身定制终身学习和基于需求学习的计划，并根据个人需求随时自动更新学习计划，学习经验将渗透学习社区。三是儿童在真实和虚拟世界中同时学习。儿童与世界互联，并与真实游戏和真实生活良好互动，物理现实和虚拟现实相混合的文化将成为常态，且对学习产生积极影响，数字化游戏中将包含4C技能的学习。①

2012年，芬兰政府发布《预测2030》报告，从政府管理、公民幸福、未来职业生活、教育、商业重建、资源环境等方面作了预测和规划，为芬兰的可持续发展和国家福祉作准备。该报告提出了雄心勃勃的教育目标：到2030年，芬兰将拥有全球最好的教育系统，②并设置了如何达成该目标的路线图。该报告指出，从早期教育开始，所有的教学将与职业生活紧密联系。所有年级的学生将学习交互式与媒体阅读技能、自我管理和表达技能、实际生活管理和职业生活技能，并且学习与自然科学、语言、经济与社会、文化、信息技术技能，这样才能塑造强健的基础教育，支撑起学生未来生活的学习和发展。最重要的课程是教会学生如何学习，并享受学习的乐趣。同时在线学习将为学生的学习引入国际维度。他们可以在不同的课程中做实验，有机会将正规学习与实践性学习相结合。地方企业将积极与学校合作，提升学生的职业生活技能。学习年限和毕业年龄将不再受限制，教育和工作之间的转化和过渡将变得更加灵活。职业成功要求具备灵活的思维和良好的学习技能，因为每个人的职业生涯将涉及广泛的专业和职位。③

这些面向2030年的教育战略为未来的学习作出了前瞻性的预测，重点考虑技术对学习的变革作用，以及学习与真实生活的关联性。长期以来，教育被视为培养熟练

---

① Roland Berger Strategy Consultants. Trend Compendium 2030 [EB/OL]. https://www.rolandberger.com/en/Insights/Global-Topics/Trend-Compendium.html.
② Foresight 2030. What kind of Finland do we Aspire to in 2030[EB/OL]. http://tulevaisuus.2030.fi/en/index.html, 2013.
③ Foresight 2030. What kind of Finland do we Aspire to in 2030[EB/OL]. http://tulevaisuus.2030.fi/en/index.html, 2013.

劳动力(人力资本)和扩大经济机会的关键,同时,在欧洲经济合作与发展组织成员国中,教育政策旨在缩小不断扩大的不平等差距。随着呈指数式增长的技术发展将带来更具创新性的劳动形式,世界各国的人力资本战略开始做出调整。可以预见,到2030年,今天学校所教授的技能和能力将不再如此有用。近年来,各国面向2030年的前瞻性教育战略逐渐强调21世纪技能的培养。

以下以加拿大滑铁卢全球科学计划2014年发布的《学习2030》和欧盟联合研究中心2011年发布的面向2030年的《学习的未来:为变革作准备》(下文简称《学习的未来》)报告为例,考察全球学习战略2030的系统性图景。

二、全球学习战略2030的系统性图景:以加拿大和欧盟为例

(一) 加拿大《学习2030》图景

加拿大的《学习2030》基于全球视角,从七个方面构想了未来的学习图景:(1)学习更多地关注终身学习和个人自我意识发展,而不是具体的知识和数字;(2)学生通过跨学科和合作项目进行学习;(3)学生根据需求与不同年龄、不同成就水平、不同兴趣的群体相互联系;(4)教师和其他专业人员是学习的指导者和监护人;(5)通过对学生技能和能力的质性评价,即记录学习者的全部经验,而不是单独的测量结果衡量学习过程;(6)学习框架由学习者、教师、家长和政府机构组成的利益群体共同决定;(7)学校给学生和教师授予权力,鼓励师生试验新想法并敢于失败,使师生有信心冒险。① 基于这样的未来学习样态,《学习2030》探索了课程、教学、教师、学习环境、评价、组织以及成本与经费等七个关键领域,建构了理想学习的一幅幅图景。

1. 课程强调21世纪技能

19—20世纪的学校课程关注知识内容,学生通过学习科学、数学、社会研究等学科学习事实知识。这种方式起源于一个世纪以前,政府通过建造"教育工厂"训练工业时代的劳动力,学生渴望学习,但除了教师和学校,获取知识的渠道有限。互联网的兴起极大地改变了这一图景。知识的传递不再有瓶颈。任何学科知识都能在网上轻易获取到,这意味着,作为知识传播中心的学校不再是学生的唯一需求。另一方面,学习不是获取事实和知识的线性路径,而是复杂的、动态地建构知识的过程。学习者以个体或合作形式进行探索和积累经验。因而,教育的任务并非是传递预先确定的知识。2030年的课程应该集中于帮助学习者获得一套广泛的实用性技能和思维习惯,以灵

---

① Brooks M, Holmes B. Learning 2030[R]. Waterloo Global Science Initiative, 2014: 6-7.

活应对未来生活和职业挑战。《学习2030》明确指出,要系统地设计思维、合作、学会学习、知情决策、逻辑推理以及将思维转化为行动等21世纪技能需要整合进学校课程。①

2. 探究性教学作为核心

2030年关键的学习变革在于学习过程本身。学习过程不再是获取信息的手段,而是目的,因而教与学的方法比以往更为重要。不同的教学方法有不同的优势,有些方法适合传递事实知识,有些方法更利于形成创造性思维。2030年的学习,重点不是学什么,而是如何学习。这正好与新的课程应强调学习技能而不是学习事实性知识相符。这就要求教学通过个人或小组形式以探究性项目进行学习。合作探究性项目将学习者置于真实情境中,这样的学习比传统课堂需要更多样的技能。精心选择的项目会设置开放性问题,其答案不是已知的,学习者并不知道会得出什么结论,这也能直接培养思维习惯。"为了回答驱动性问题,创造出高质量的习作,学生远远不止是要记忆信息。学生需要运用高阶思维技能,学会团队合作。他们必须学会倾听,清晰表达自己的观点,能够大量阅读材料,用多种方式写作与表达,并有效地作出展示。"②基于项目的探究性学习的最大优势,是学生必须学会应对不确定性和歧义,这也是基本的21世纪技能,但实际上,今天的课堂教得并不好。基于项目的探究性学习也会改变教师的角色,教师从信息的施予者变为指导者或引导者,同时教师也会变为学习者。

技术在探究性教学中能发挥巨大作用。学生可以利用在线资源聆听专家型教师的授课,并与全球学习者合作解决问题。游戏和在线评估能帮助教师给学生提供快速、个性化的学习反馈。技术也能全天候地监测学生的注意力,给教师提供即时反馈,比如哪些因素吸引学生的注意力等,这能让教师迅速评价并放弃无效的教学行为。技术的辅助,能够缩短反馈周期,使教师更易于比较不同的教学方法,减少失败成本并激励创新。

3. 教师承担多样化角色

理解学生个人的优势和需求,据此进行个性化指导,给每个学生提供成功所需的学习方向、动力和指导,这种兼具爱心与能力的教师在2030年的教育愿景中依然重要。到2030年,"填鸭式教学法"不会完全消失,但这样的方法教师会减少使用。他们会花更少的时间作为信息提供者的角色,而在其他角色上花更多的时间,例如学习教练、学习榜样和研究者。美国《教学2030》认为,到2030年,教师将是一个混合型职业,

---

① Brooks M, Holmes B. Learning 2030[R]. Waterloo Global Science Initiative, 2014: 17.
② Buck Institute for Education. What is Project Based Learning [EB/OL]. http://www.bie.org/about/what_is_pbl, 2016.

他们会成为教师企业家,具备创造力、教学变革能力和领导力,一部分时间用于教学,一部分时间担当学生的指导专家、教师教育者、社会组织者、学习设计师、政策研究者以及网络中的虚拟导师等。①

到 2030 年,学校教育将从学习标准化知识变革为基于项目的开放性探究,教师不再总是需要提前了解学生将要学习的内容,而是会成为学生学习的共同发现者。但在今天的标准化课堂里,这样的机会不多。通常,教师到课堂前已经知道材料内容,学生很少能看到教师发现和学习的过程。而在 2030 年的学习模式中,教师会发现他们面对的是不知晓答案的问题,甚至是他们知之甚少的学科。这种学习方法的优势在于,学生有机会看到他们的教师即经验丰富的学习者获取新知识和技能的过程。这并不是说教师的背景知识不重要,好的教师仍对某些特定领域的知识有深刻的理解和热情。学校应该鼓励教师实验新的教学方法、话题和资源。理想的教师应该相当于临床研究者,通过医学研究为患者找到更佳的治疗方案。同样,教师能够将教学、学习和认知科学的研究迁移到课堂中。可以说,2030 年的教师需要成为学习科学专家。②

因此,《学习 2030》指出,教师培训机构应该招募学业成绩优秀且具备相应技能和态度的学员。③ 加拿大和美国倾向于认可芬兰和新加坡的教育。在芬兰和新加坡,师范生的录取要求很高,不仅要成绩优异,而且要求具有高技能和高度的教学责任感。《学习 2030》同时指出,所有学校系统应该关注教师的继续教育。④ 例如,教师应该在刚入职时与老教师结对,老教师指导新教师运用课堂技能,新教师帮助老教师更新技术并开展教育研究;另一种促进教师继续发展的有效方式是利用在线网络,这样教师可以共享最佳教学实践和研究结果。

4. 网络重塑学习环境

在今天,对于学生来说,学校是个固定场所,学生在固定时间与固定的同龄群体在规定教室学习。2030 年的学校性质将发生变化,学校日程的严格性、学习和生活的清晰界限将发生变化。学习将超越学校围墙,灵活的学习群体、灵活的时间安排、灵活的学习空间将使学习者能够随时随地地利用学习机会。学生在课时之外和学校之外进行大量学习,浏览网页、观看科普节目、玩教育游戏、参加慕课。校外学习将随着教育

---

① Berry B, the Teacher Solutions 2030 Team. Teaching 2030: What we must do for our students and our public Schools—Now and in the future [M]. Columbia: Teachers College, Columbia University, 2011: 21.
② Berry B, the Teacher Solutions 2030 Team. Teaching 2030: What we must do for our students and our public Schools—Now and in the future [M]. Columbia: Teachers College, Columbia University, 2011: 46.
③ Brooks M, Holmes B. Learning 2030[R]. Waterloo Global Science Initiative, 2014.
④ Brooks M, Holmes B. Learning 2030[R]. Waterloo Global Science Initiative, 2014.

的变革变得愈发重要。学习者会花大部分时间在其感兴趣的领域,更加投入和更有学习动力,搜集信息,寻找教学资料,注册在线课程,追求校外知识。在贫困地区,校外学习机会更加重要。因为贫困地区学校缺乏经费聘用具有充分知识背景的教师,所以很多学校会选择引进虚拟教师,尤其是技术性学科教师。

5. 变革评价内容和方式

要最大化21世纪学习的有效性,学校教育的焦点应该从简单的信息传递转到按照学习者需要查找、评价和处理信息的思维习惯和技能。目前广泛使用的评价方法通常是正规考试,测量对信息的记忆能力。测试分数注重结果,而不是学习过程本身,尤其是期末考试和国家标准化测试,反馈太迟,不能促进学生进一步学习。另外,分数会刺激学校之间和学生之间的不当竞争。而且,标准化测试在测量团队合作、创造力、顺应力等软技能方面也不太有效。软技能很难量化,学生很难在高压的正规考试中展现出来。而这些软技能我们必须要教授,学校必须找到更好的方式来测量学生对这些技能的掌握程度。当学生参与实际项目而不是高度人工化的考试时,才能最有效地展示这些技能。基于项目的探究性学习可以给学生提供足够的机会来接收反馈,通过自我反思,从其同伴或者教师和外部的专家那里获得反馈,这样学生就能一直知道他们的优势在哪里,哪些方面可以提升。基于此,学生应该接受更多而不是更少的评价。这种评价体系能为深度学习打下基础。同时,教师也需要接受培训,形成性评价需要教师花费更多的时间和注意力。

6. 学校享有更大自主权

学校存在于由当地雇员、高等教育机构、社区群体、家长和看护人组成的生态系统中。学习过程的结果期望是由所有利益相关者决定的,因而学生、教师、家长必须明确学习目标。根据世界银行的报告,学校自主权和问责制是确保教育质量的关键,将核心管理责任转到学校,由学校来推进地方问责制,有助于反映当地的优先事务、价值观和需求。[①] 政府或学校委员会应该继续为学校设置目标,包括详细的对技能或能力的要求、毕业要求,并为学校推荐学科领域的课程或项目。但学校的自主权是形成本土化创新的核心。学校应该有自由实施能达成学习目标的适合本校的策略。其中,学校校长最重要的作用是学校的风险承担者,通过不断的试验来推动持续的创新。

尽管政府和学校委员会设置学习目标,但教师和其他专业人员将有权根据自己的经验和理解指导学生使用最佳方法达成学习目标。教师会舒适地融入这样一个生态

---

① World Bank. Finland: School Autonomy and Accountability [R]. SABER Country Report, 2012: 2.

系统中,理解应该传授的内容,并享受到尊敬和自由。享有自主权的教师能够提高职业满意度和参与度。

到 2030 年,对于学习如何发生以及学习什么样的内容,学生的影响力将提升,这需要显著提高学生的参与度。学习生态系统中的每一级政策制定者都应该重视学生的需求,学生的声音应该得以表达和被倾听,同时家长和看护人、社区中的当地成员的作用也将增大。学生、教师、学校和领导者之间连成的网络应该共享促进学生学习的方法论和经验。①

7. 有效使用经费

据联合国教科文组织的估算,对教育每投入一美元能带来 10 倍的回报。② 在 2030 年快速变化的世界,对教育的投入将为学生获取更高的收入打好基础。但《学习 2030》通过对哥伦比亚、墨西哥和加拿大的改革项目的调查表明,经费不是变革的阻力。如果不给教师支付合理的工资,那么就会带来问题,但一旦经费投入达到了合理水平,附加的经费就不再是主要的驱动力。③ 经济合作与发展组织的研究也表明,如何有效使用教育经费和资源比教育支出总量更重要。④

要达成 2030 年的学习目标,《学习 2030》聚焦三大变革领域:减少甚至消除高风险总结性评价;从事实性知识学习变为技能和习惯的培养、灵活的终身学习;自主、高质量的学校领导力和训练有素、自主、可信的教师是达成 2030 学习目标的核心。大规模的变革通常会受到各种因素或环境变动的影响,变革的持续性可能是最难达成的标准,因其不仅需要远见,也需要运气。然而,变革并不是不可预见的,防御变革退化的最强有力措施是在不同利益相关者中建立强大的沟通网络。因而,《学习 2030》强调,学习的变革需要政策制定者、教育者、管理者、校长、家长、学生、社区和企业等齐心协力,使得教育不再是零和游戏,而是要实现双赢,促使未来一代适应经济发展需求,并共同解决气候变化和能源生产等全球性问题。⑤

(二) 欧盟《学习的未来》图景

2010 年,荷兰应用科学研究组织、荷兰开放大学、英国媒体公司和欧盟联合研究

---

① Brooks M, Holmes B. Learning 2030[R]. Waterloo Global Science Initiative, 2014.
② UNESCO. EFA Global Monitoring Report: Youth and skills: Putting Education to Work [R]. Paris: UNESCO Publishing, 2012: 142.
③ Brooks M, Holmes B. Learning 2030[R]. Waterloo Global Science Initiative, 2014: 50.
④ OECD. What Influences Spending on Education? [R]. Paris: OECD Publishing, 2016: 1.
⑤ Brooks M, Holmes B. Learning 2030[R]. Waterloo Global Science Initiative, 2014.

中心发起联合项目"学习 2030 的未来"(The Future of Learning 2030)。该研究通过分析人口、经济、社会、技术、生态和政治因素,对未来教育的结构、发展、机遇和挑战进行了预测。基于此,2011 年,欧盟联合研究中心发布面向 2030 年报告《学习的未来》,该报告以"众筹"的方式收集了大量专家、教师和政策制定者的意见,对未来 10—20 年的教育与学习变革进行预测,描绘未来学习的蓝图。

欧盟专家、教师和政策制定者强调技术变革是未来学习的主要驱动力。基于专家意见,《学习的未来》从社会经济趋势、学习过程和策略、新技能、技术、教学法、课程等方面描绘了未来的学习地图(见图 5-1)。专家认为,教育与培训机构将成为学习社区,并与雇主合作确定技能需求,使大量学习和教学材料服务于学生的个性化需求,以学习者为中心、分权和定制化学习策略将变得很普遍;问题解决、灵活性、创造力和反思等技能和态度将比知识更为重要;科学研究将辅助教师,使学习更有效;学习将是娱乐性的,并以探究为基础;教学法和教学策略、灵活的课程、改良的评价和验证机制将普及。未来学习地图的核心实质上是学习策略和途径的变革:新能力和与之相关的评价程序将集中在技能和态度,而不是知识;学习策略在于将学习者置于学习过程的中心;通过个性化学习途径,以适应学习者的个人学习需求和目标;合作学习过程的普及将改变学习者和教师的关系;新的学习环境将融入生活与工作。

《学习的未来》还指出了欧盟面临的六大挑战:多元文化整合、早期学校学习、人才培养、学校到工作过渡、重新进入劳动力市场和再培训。该报告最后提出了应对挑战与学习变革的政策建议,明确了优先发展的三大领域。[①]

1. 初始教育和培训

学校和职业教育机构需要更有效、迅速地应对变化的工作需求和社会趋势。首先,学校教育要推进更多定制化学习轨迹,学习内容符合学生个性化的技能、兴趣和学习需求,学习路径必须开放和灵活,允许整合不同学习资源;教学策略必须回应每个学生的特定需求,同时鼓励合作与同伴学习,其中 ICT 是能使教师调和这两种相反策略的关键因素;促进语言学习和跨文化能力的培养;教师作为指导者的角色愈加重要。其次,加强学校与雇主的合作与联系,加强中学学科和大学学科的联系与合作,为天才学生选择丰富的高水平学习资料和课程;未来的教师需要持续更新技能,构建教师网络与同伴合作,促进教师专业发展。再次,扩大校外学习机会,学校应该对社会更为开放,在教学中整合真实生活经验,培养学生的 21 世纪技能。

---

① Redecker C, Leis M, et al. The Future of Learning: Preparing for Change [R]. Joint Research Centre, European Commission, 2011: 77-81.

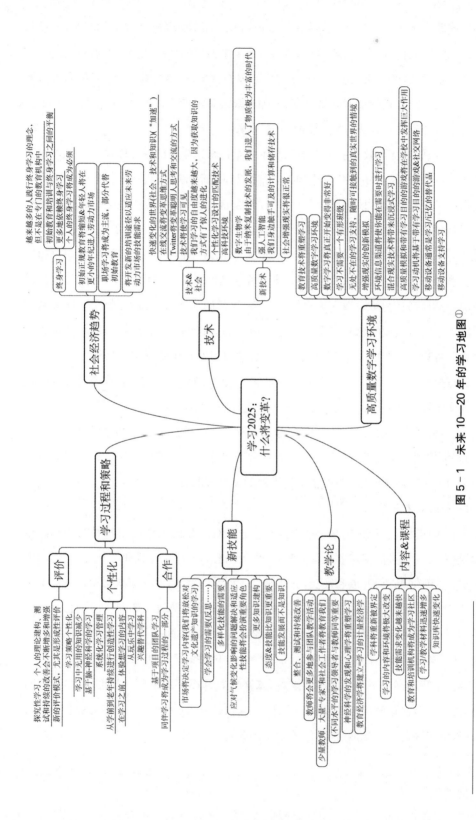

图 5-1 未来 10—20 年的学习地图①

① Redecker C, Leis M, et al. The Future of Learning: Preparing for Change [R]. Joint Research Centre, European Commission, 2011: 34.

2. 终身学习

终身学习被视为应对欧洲人口结构变化、全球化和劳动力市场活跃的重要策略。在未来,人们更有可能在其一生中频繁地变更职业,在职的时间更长,终身学习变得更为重要,所有公民从摇篮到坟墓都必须不断更新和提升技能。首先,终身学习项目必须更灵活,更符合个人培训需求、更符合特定的工作需要;为再培训项目提供具有针对性和个性化的指导和支持。其次,教育和培训机构必须与企业界保持紧密联系,使学习目标与其相适应,这需要政治性指导和更多利益相关者的参与;职业和高等教育与培训机构应该承担责任,避免技能不匹配,使课程应更好地与就业现实匹配,在教学中整合与企业界的合作项目;促进学生自我管理、反思和学会学习的技能;扩大非正规学习的技能认证,简化认证过程;促进专家和新手、年长者和年轻者等之间的非正规知识交流;为培训师提供更好的培训和认证,以保证学员的学习质量。

3. 信息技术的作用

信息技术正在变革人类学习的内容、方式、地点和时间。泛在的技术使个性化的终身学习机会变得可能。政策制定者需要确保所有公民有机会从信息技术中受益,确保弱势群体具备必要的技能参与基于技术的学习活动;教育与培训机构需要提供必要的应用信息技术的基础设施和工具;教师和培训者需要接受针对性的训练,使其教学法和技术符合学习者的利益,学习者和家长也需要接受如何最佳地利用技术的指导。

《学习的未来》描绘了未来的学习愿景,并基于现在的趋势和驱动力,指出如何发展未来的学习机会以促进社会凝聚力、社会经济包容和经济增长。总的愿景是:个性化、合作化和非正规化(非正规学习)是未来学习的中心。《学习的未来》指出,很多变革很快就能预见,但是政策制定者迫切需要对此加以思考,提出并实施应对 21 世纪数字世界和经济的学习范式的根本性转变。[①] 核心的学习范式是信息技术所塑造的终身学习和全方位学习。同时,由于技术的快速发展以及与人口结构变革、全球化和移民相关的欧洲劳动力市场的结构性变革,横向技能即 21 世纪技能将变得更为重要。这些技能将帮助公民成为终身学习者,灵活应对变化。与之相关的教学法、评价策略和课程也需要发生变革。最重要的是,传统的教育和培训机构需要在未来的学习图景中重新定位;需要试验新的学习与教学方式和策略,以提供相关的、有效的和高质量的学习经验,尤其是需要更加灵活地应对学习者的需求和变化的劳动力市场的需求;为了达到个性化、合作化和非正规化的学习目标,需要作出整体变革,且必须落实灵活

---

① Redecker C, Leis M, et al. The Future of Learning: Preparing for Change [R]. Joint Research Centre, European Commission, 2011: 81.

的、针对性的终身学习机制,支持对非正规学习获得的技能的认证。

三、全球人才争夺战中的学习变革:中国的战略回应

德国的《2030趋势概略》预测:"到2030年,全球人才争夺战将愈加激烈,核心区域和国家如西欧、美国和中国将遭遇合格雇员的严重短缺。到2030年,合格人才的全球供应数量会增加,但不能完全满足市场对这类人才的需求。而且,人才与市场不相匹配将是一个重要挑战。目前,全球31%的雇员因能力缺乏而很难与工作匹配,这在2030年还会加剧,尤其在工程和医疗保健方面会出现严重的技能差距。到2030年,劳动力市场的全球化将带来人力资本的迁移。工作和生活条件具有吸引力的国家和地区将带来'人才流入',而其他国家和地区将走向'人才外流'。在中国,人才将供不应求。"[1]中国的高端人才奇缺,且中国流失的顶尖人才数量居世界首位。[2]

随着全球知识社会的扩展,以及技术创新变得重要,全球市场对劳动力的要求不断提高。各国雇佣单位的招聘战略将不再局限于本国或本地市场,而是从全球吸引人才。为了参与全球人才竞争,应对全球化和技术进步带来的挑战,世界各国正在加快教育和学习的变革,竭力提升本国人才的全球竞争力,同时也在不断加强人才的对外延揽。在这样的全球人才争夺战中,中国要想角逐未来世界,必须做好人才储备,为人才培养做好前瞻性设计和规划。

(一) 以21世纪技能作为2030学习战略的目标

3R曾作为基础技能为大量劳动力提供了应对劳动力市场的装备,但现在和未来的学生需要一套新的基础技能。在过去半个世纪中,常规性技能的工作比例在下降,而对分析性技能、人际交往技能、问题解决技能、创造力等高阶能力的需求在提升。到2030年,人工智能会替代更多常规性工作,也会创造出很多新的工作岗位,但这些新职业或工作岗位需要高阶能力。3R依然很重要,但4C变得更重要。美国布鲁金斯学会认为,发展中国家和发达国家之间的教育成就存在"100年差距",报告指出,"在今天和未来,要想在劳动力市场中获得成功,在事实性知识和21世纪技能的学习之间保持恰当的平衡变得愈加重要"。[3]

---

[1] Roland Berger Strategy Consultants. Trend Compendium 2030 [EB/OL]. https://www.rolandberger.com/en/Insights/Global-Topics/Trend-Compendium.html.
[2] 王辉耀. 人才战争[M]. 北京:中信出版社,2009:210.
[3] Robinson J P, Winthrop R, McGivney E. Millions Learning: Scaling Up Quality Education in Developing Countries [R]. Center for Universal Education at Brookings,2016:28.

以21世纪技能或关键能力为核心的学习已成为各国教育改革的共识,各国趋向于构建技能或能力导向的培养模式。包括新加坡、美国、加拿大等在内的很多国家和地区从20世纪90年代开始就在课程、教学和评价中整合21世纪技能。PISA测试也在不断改进设计,加入了合作性问题解决技能的测量。但各国在所有课堂实践中发展全套21世纪技能也面临挑战,这样的变革需要循序渐进。

欧盟于2006年制定终身学习的关键能力框架,2011年,欧盟联合研究中心组织专家对当前的关键能力框架提出了改进建议(见图5-2),对面向2030年的关键能力的要求更加明确,更加强调利用技术进行学习,更加强调4C技能,更加强调灵活性、开放性以及自我管理、自信、独立和社会意识。时隔十年后,基于全球和未来取向,从2016年开始,欧盟正在组织利益相关者、政策制定者、研究者和实践者正式重新修订关键能力框架。①

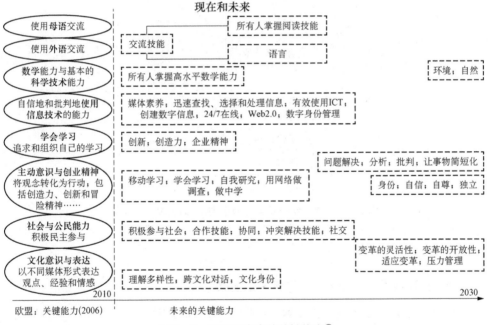

图5-2　现在和未来的关键能力②

对于我国来说,单纯地记忆知识也并不能应对今天和未来的挑战。2016年9月,

---

① European Commission. Review of the 2006 Framework of Key Competences for Lifelong Learning [R]. Brussels: European Union, 2017: 5.
② Redecker C, Leis M, et al. The Future of Learning: Preparing for Change [R]. Joint Research Centre, European Commission, 2011: 33.

《中国学生发展核心素养》报告发布。该报告旨在培养学生适应终身发展和社会发展需要的必备品格和关键能力,包含人文底蕴、科学精神、学会学习、健康生活、责任担当、实践创新等六大素养,具体细化为 18 个基本点。这一框架与欧美国家的关键能力和 21 世纪技能框架相比,显得有些笼统、宽泛,包容庞杂,不够聚焦。参照国际经验,中国教育目标应有适合自己的"21 世纪技能"或关键能力,聚焦于核心的高阶技能,凸显关键的能力培养,也就是说,要培养具有全球竞争力的中国人。这种新人才形象,既要有身份认同之根,又要有国际理解能力;既具有科技、外语的硬能力,又具有 4C 的软能力;能够自我规划和负责任地行动(见图 5-3)。

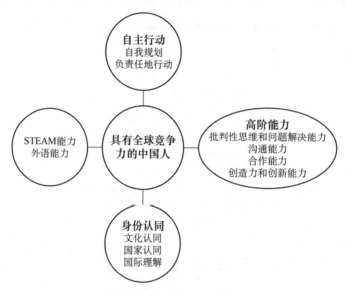

图 5-3 "具有全球竞争力的中国人"的人才能力框架

(二) 以技术作为 2030 学习战略的支撑

未来,全球知识社会将继续发展。"到 2030 年,通过网络的知识互联会显著增强。到 2020 年,将有 50 亿互联网用户。"①到 2030 年,互联网用户还将获得更加爆炸性的增长。技术已经渗透进各行各业,但是在教育领域,我们并未发挥技术的巨大潜能。美国脸书、谷歌和微软公司负责人曾联名写信给美国联邦通信委员会,建议在学校和图书馆接通高速宽带,"如果我们的学校不利用技术和互联网,那么我们的学生将不能

---

① Roland Berger Strategy Consultants. Trend Compendium 2030 [EB/OL]. https://www.rolandberger.com/en/Insights/Global-Topics/Trend-Compendium.html.

参与全球经济竞争"。《美国教育 2030》指出,"任何没有将技术的潜在变化考虑进未来教育的预测都是极不可靠的"。①

在未来,技术将重塑学习的内涵。学习不再只是课堂内师生之间的面对面授受,学习不再有固定场所和固定时间,不再只是吸取知识性信息。到 2030 年,新兴的 3D 网络环境、增强现实游戏和移动"智能"设备等新技术将超越地域和时间限制,重塑学习环境,扩大学习机会。② 技术将使面对面学习和在线学习有效结合,这样的混合学习环境将为学生提供充足的学习机会。面对技术的进步和普及,不管是主动还是被动,学校必须做出有效回应,使技术无缝整合进学习中。

如果技术变革只发生在具备经济优势的地区、学校或学生身上,那么也不是真正的变革。对我国来说,建立和改善全国范围内尤其是弱势地区和学校的基础设施,加大电子设备和宽带网络在落后地区和学校的覆盖,并确保这些设备的充分利用,是应对 2030 年学习挑战的基础。但仅仅消除数字鸿沟(digital divide),即消除能连接网络和不能连接网络的学生之间的差距,并不能彻底变革学习。为了进一步减少数字学习机会不平等,需要在消除数字鸿沟的基础上缩小数字使用鸿沟(digital use divide),即缩小使用技术手段主动学习的学生和使用电子设备(如电子工作表、网上的多项选择题测试)被动学习的学生之间的差距,确保所有学生理解如何运用技术(如媒体制作、与专家互动、全球联系、设计、同伴合作、编程、沉浸式虚拟)创造、设计、建构、探索、合作来参与创造性的、富有成效的终身学习,而不是简单地被动消费信息。③

当然,技术本身并不能改善学生的学业成就。教学方法才是根本决定学习成果的因素。④ 互联网上的信息和经验并不能直接转化为某一特定专业领域的知识、技能和心智模式。熟练掌握技术是有帮助的,但对于理解一门学科的结构是不够的,重要的是学生如何运用技术。如果学生被动消费媒体或教育媒体,那么积极的影响将是有限的。当学生主动运用技术,将技术作为一种工具来进行创造、设计、探索与合作时,将能获得深层的通常也是变革性的学习经验。

同样,技术本身也不能变革教学。当向技术寻找答案时,最后还是回到教师身上。

---

① Finn Jr C E. American Education in 2030[R]. Palo Alto, CA: 2010 Board of Trustees of the Leland Stanford Junior University, 2010: 4.
② 邓莉,彭正梅. 面向未来的教学蓝图——美国《教学 2030》述评[J]. 开放教育研究, 2017, 23(1): 38.
③ 邓莉,彭正梅. 通向 21 世纪技能的学习环境设计——美国《21 世纪学习环境路线图》述评[J]. 开放教育研究, 2016(22): 20.
④ Lettvin E, South J, Stevens K. Idea to Retire: Technology Alone can Improve Student Learning [EB/OL]. http://brookings.edu/blogs/techtank/posts/2016/03/18-technology-improving-student-learning-south-stevens-lettvin.

但到 2030 年,"技术将很便宜,而劳力(比如教师)很贵"。① 教师必须承担新的角色,肩负起促进网络连接的责任,善用虚拟环境,给学生提供新的学习体验。教师教育培训机构需要给教师提供有效使用技术变革教学实践的专业学习机会,帮助教师将技术准备过渡到专业发展中,使教师成为熟练的技术使用者、创造性合作的问题解决者、适应者、社会感知专家,帮助学生使用技术来进行发现学习、合作学习和创造学习。只有这样,我们才能见证技术产生可能的全面影响。②

可以预见,到 2030 年,在线学习将不断扩大,但学校仍然不会消失。学校并不只是传授知识和信息的场所,并不只是训练的场所,学校还是传承智慧的场所。学生可以通过在线学习获得知识和信息,但也必须将所学知识与其他领域联系起来,与历史和个人经验联系起来。教学需要鼓励学生深入研究知识信息背后的深层意义,这离不开实体学校的学习。因而,技术只是手段,而不是目的。

(三)终身学习力作为 2030 学习战略的抓手

现在是"学校教育时代",但终身学习时代已经来临。世界著名未来学家阿尔文·托夫勒(Alvin Toffler)指出,"21 世纪的文盲不是那些不能读和写的人,而是那些不会学习、不会摈弃已学和不会再次学习的人"。③ 在全球知识社会,到 2030 年,知识更新将大大加快,市场对劳动力的技能水平需求将不断提升,工作性质的演变和多样化发展也要求人持续更新技能。终身学习力是 21 世纪生存和成功的关键。

因此,培养可持续的终身性的学习能力成为教育改革的关键。学会如何学习,包括如何调控自己的学习,如何搜集与综合多种渠道的信息,如何在新情境中应用所学知识和技能,如何批判性地思考,如何创造性地回应问题与挑战等,这是一套 21 世纪教育系统和课程所必备的技能和能力。在正规学校中,学会学习的能力主要通过探究性学习来获得,学生通过探究和解决问题,获得大量机会掌控学习经验,有助于成为自我导向的主动学习者。因此,面向 2030 年的课堂学习应将自主探究作为核心,学习评价也将不再只关注学生掌握学校所教授的知识,也应该测量学生为未来的学习是否做好了准备,衡量学生继续学习的意愿和能力,以培养机敏的、创造性的、自我激励的终

---

① Moe T, Chubb J. An Interview with Terry Moe and John Chubb, Authors of Liberating Learning: Technology, Politics and the Future of American Education [EB/OL]. http://www.liberatinglearning.org/?page_id=20.
② Lettvin E, South J, Stevens K. Idea to Retire: Technology Alone can Improve Student Learning [EB/OL]. http://brookings.edu/blogs/techtank/posts/2016/03/18-technology-improving-student-learning-south-stevens-lettvin.
③ Thoman E, Jolls T. Literacy for the 21st Century: An Overview & Orientation Guide To Media Literacy Education [R]. Center for Media Literacy, 2006: 8.

身学习者。

21世纪的学习没有开始和结束时间,没有固定场所,这些无所不在的机会将使学习者实现最大的潜力,成为具有终身学习力的人,能够利用技术以单独、结对或团体的形式随时随地学习。为此,除了学校等正规学习体系,还需建立非正规学习体系及与其相配套的咨询体系,使所有学习者能够获得指导和支持。在这方面,在线课程将发挥巨大潜力,在线课程将使学习者根据个人需求自定步调学习知识和技能。但是技术只是支持学习,学习仍需要有意愿和"纪律",因而,整个社会需要营造终身学习的氛围。

(四) 以学习者中心的教学作为 2030 学习战略的关键

2030 学习战略最终要落实到每一个体的终身学习力上,这必然要求我们的学校教育要从目前主导性的教师中心的教学迈向学习者中心的教学,去培养每个学生的自主的学习能力,培养每个学生自觉地利用现代技术所提供的学习机会的学习意愿和学习能力。

学习者中心的教学要求教师要做到以下五个方面:(1)使学生投身到富有挑战性的学习任务之中。传统的教师为学生的学习做了太多的事情,教师比学生更辛苦。但是,在这种"教练在流汗"的教学模式中,学生并没有大量机会参与和练习,因而很难发展学生的高阶学习技能。(2)进行必要的直接教学。学习者要学会如何思考、解决问题、评估证据、分析论证、提出假设和验证假设。但大多数学习者并不能靠自身来学会这些学习技能。研究一再表明,在教师直接教学帮助下,这些学习技能发展得更快。(3)鼓励学习者反思自己的学习。教师要与学生谈论他们的学习,促进他们去反思自己的学习,反思自己在学习什么以及如何学习,让他们意识到自己是学习者,意识到自己需要发展哪些学习技能,意识到自己去承担自己的学习责任。(4)鼓励学生控制自己的学习过程。教师要鼓励学生自己决定、至少参与决定学习什么、如何学习、学习速度、任务完成节点以及如何评价自己的学习。教师如果做太多的决定,学生就会变成一个富有依赖性的学习者。(5)鼓励合作。社会建构主义认为,一切高阶技能的产生都源于社会互动。课堂应该成为学习者共同体,鼓励学生相互学习、砥砺、分享和质疑。个体性的学习和集体性的学习都是重要的学习经历,也都是重要的教育目标。

我们为什么要思考教育的未来？20 年前,互联网起步不久,学生从教师和课本中获取信息,很少有机会与课堂外的世界直接互动。到 2030 年,今天的技术(比如,移动电话和平板电脑)也可能会过时,就如同 20 年前的技术对于今天来说一样。教育本身是一项建设未来的事业,思考教育的未来尤为重要,如何制定我们的长期战略和短期计划,如何付诸实践,需要提前设计。未来变幻难测,但却是可以创造的。无人能够准确了解2030年会是什么样的世界,但是如果我们现在就开始建构灵活的、创新的、前瞻性的教育体系,那么我们就能给未来的学生提供最好的机会。

到2030年,美国、欧盟和中国仍将是全球主导力量。[1] 尽管根据西方国家的预测,到2030年,中国会超越美国成为全球最大的经济体,[2]成为全球经济的增长引擎,但是,中国的经济发展也将遭遇人口老龄化的巨大阻碍。到2030年,中国的65岁人口将从现在的8%增长到16%以上,而劳动适龄人口(15—65岁)的比例将从现在的72%下降到68%,尤其是年轻劳动人口将更为缺乏,15—29岁人口将从现在的30%以上下降到21%。[3] "中国能否在21世纪中叶超越美国,崛起为全球最大的经济体,同时成为全球知识、科技、创意的中心,也将取决于中国在未来30年能否通过人才培养与人才引进,在全球人才战争中成为一个吸聚大多数顶尖人才的人才强国。"美国历来把"教育失败"当成是国家危机,进而将教育政策上升为国家战略。当前,面对中国的崛起,美国深感危机,对现在和未来的教育也在做出改革和远景规划。对于中国来说,教育与学习的变革迫在眉睫,教育的现代化需要"面向世界和面向未来",需要参考当今的国际教育变革和未来趋势来加以推进,培养具有全球竞争力的中国人,[4]以克服技术创新和人口老龄化带来的挑战,支撑中国经济的持续发展。

(邓　莉　彭正梅)

---

[1] European Strategy and Policy Analysis System(ESPAS). Global Trends to 2030:Can the EU meet the challenges ahead?[R]. Luxembourg: Publications Office of the European Union, 2015:29.
[2] Talwar R, Hancock T. The Shape of Jobs to Come: Possible New Careers Emerging from Advances in Science and Technology (2010-2030)[R]. Fast Future Research, 2010:11.
[3] National Intelligence Council. Global Trends 2030: Alternative Worlds [R]. Office of Director of National Intelligence, USA, 2012: iv.
[4] 彭正梅,郑太年,邓志伟.培养具有全球竞争力的中国人:基础教育人才培养模式的国际比较[J].全球教育展望,2016,45(8):69.

第六章　非洲联盟 2063 议程框架下的教育愿景与行动计划

一、未来非洲的愿景与宏图

1963 年,非洲 33 个获得独立的国家在埃塞俄比亚首都亚的斯亚贝巴宣布成立非洲联盟组织(Organization of African Union),即现在的非洲联盟(African Union,简称 AU,下文简称非盟)。2013 年 5 月,非盟组织成立 50 周年纪念大会在其诞生地隆重举行。在这次大会上,非洲的政治领导人总结了过去取得的成就和面临的挑战,展望了未来非洲的政治、社会和经济发展目标。大会最终决定制定非洲联盟 2063 议程,[①]最终目标是要实现非盟对未来非洲的愿景:未来的非洲将是一个统一与完整、繁荣与和平的非洲,她是由非洲公民自己建设的非洲,也将成为国际舞台上的一股积极力量。

这一愿景与《非盟 50 周年神圣宣言》(OAU/AU 50th Anniversary Solemn Declaration)所蕴含的精神相一致。[②] 在 18 个月广泛征求意见和编制之后,2063 议程最终于 2015 年 1 月在埃塞俄比亚首都亚的斯亚贝巴举行的非盟第 24 届国家与政府首脑会议上获得通过。为达成非盟提出的未来非洲的愿景,2063 议程编制工作组提出了"我们所憧憬的非洲"(Africa We Want)的口号,并制定了 7 大宏图(aspirations),分别是:

1. 基于包容性增长(inclusive growth)[③]和可持续发展的、繁荣的非洲;
2. 基于泛非洲主义(Pan Africanism)和非洲复兴愿景的、完整统一的非洲;
3. 尊重人权、正义和法治的,治理优良的非洲;
4. 和平与安全的非洲;
5. 有着鲜明的文化身份、共同的传统、价值观和伦理追求的非洲;
6. 由非洲人民自己——尤其是非洲的妇女和青少年——驱动发展的非洲,关爱儿童的非洲;

[①] AU. About Agenda 2063[EB/OL]. (2013-05-23). [2016-10-14]. http://agenda2063.au.int/en/about.
[②] AU. 50th Anniversary Solemn Declaration [EB/OL]. (2013-05-23). [2016-10-15]. http://www.un.org/en/africa/osaa/pdf/au/50anniv_declaration_2013.pdf.
[③] AU. About Agenda 2063[EB/OL]. (2013-05-23). [2016-10-14]. http://agenda2063.au.int/en/about.

7. 作为强大、团结、有活力和有影响力的全球参与者与伙伴的非洲。①

这些宏图汇聚了非洲渴望繁荣富强、团结统一、建立一个由自由公民组成的具有广阔视野的联盟的美好愿望,届时非洲大陆将不再有冲突和战争,社会处于和平与安全之中。2063年的非洲还将呈现出鲜明的身份、文化和价值观,在全球事务中发挥积极的影响,为人类进步作出应有的贡献。总而言之,与现在相比,2063年的非洲将是一个完全不一样的、更好的、更有活力的非洲。

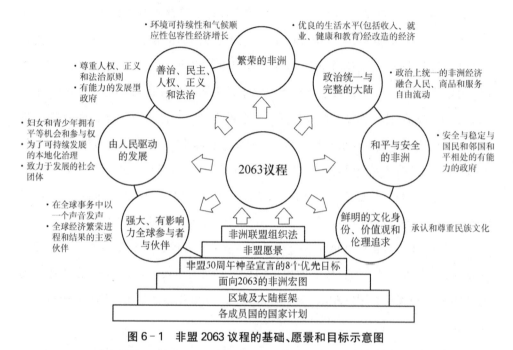

图6-1 非盟2063议程的基础、愿景和目标示意图

(来源:2063议程官方网站,https://www.nepad.org/publication/agenda-2063-framework-document)

二、未来非洲的教育愿景

2063议程为非洲描绘了一个美好的未来,这幅图景中最为核心的部分就是人,未来的非洲将由"受过良好教育的公民"组成,其教育系统变革以"建立在科学、技术和创新基础上的技能革命"为核心诉求。②

到2063年,非洲将成为世界上人口最多、年轻人口比重最大的洲,预计其年轻

---

① AU. Agenda 2063 Framework Document [EB/OL]. (2015-09-01). [2016-10-15]. http://agenda2063.au.int/en/sites/default/files/Final%20Draft%20Agenda%202063%20Framework%20-Formatted%20TOC-1.pdf.
② AU. Agenda 2063 Framework Document [EB/OL]. (2015-09-01). [2016-10-15]. http://agenda2063.au.int/en/sites/default/files/Final%20Draft%20Agenda%202063%20Framework%20-Formatted%20TOC-1.pdf.

中70%以上的人都将具备熟练技能。届时非洲大陆将成为世界上中产阶级人口比例最高的大洲，具有惊人的购买力。

非洲大陆繁荣的动力源泉在于其世界一流的人力资本，这将由高质量的教育加以保障。非洲将致力于百分之百地消除文盲，并着力发展科学、技术和工程教育。无论是基础教育还是高等教育，保障人人都享有高质量的、公正的教育将被视为法律赋予的神圣权利。

伴随着政府和私人部门将对教育加大投入、科技创新领域的不断发展与扩张，无论是早期少儿教育，还是小学、中学、技术学校和职业学校，抑或是高等教育，都将开始真正意义上的复兴。

在2063年的非洲，至少有70%的高中毕业生将会进入职业与技术学院和大学接受高等教育，大学中70%的毕业生都将修读科学、技术与创新课程，从而为非洲培养高质量的人力资源。强大的人力资源和丰富的自然资源将为创建富有竞争力的经济打下坚实的基础。

2063年的非洲将拥有完备协调的教育及职业发展体系，非洲大陆将建立一个泛非洲大学(Pan African University)和几个卓越中心，另外还将成立一个泛非洲开放大学(Pan African Virtual University)，利用技术提供大规模高等教育。数以百万计的非洲人将会得到教育和培训机会从而成为熟练的劳动力，尤其是科学、技术和创新人才，职业培训将遍布所有产业。与以往不同，这些人才将会留在非洲大陆而非移民其他洲，这将有助于非洲的社会经济发展。到2063年，以往非洲受过高等教育的优秀人才外流现象将不复再现，非洲将成为世界上最优秀人才的聚集地，马里帝国时代廷巴克图①的盛世图景将再临非洲大陆。

不仅如此，2063议程对和平教育、文化保护和发展、教育公平、青少年发展和儿童保护议题也都描绘了令人振奋的图景。

到2020时，所有的枪声都将停息。到2063年，所有因民族、宗教和文化多样性所引发的冲突、任何形式的社会排斥都将被消除。学校课程将融入和平教育，从而培养非洲儿童的和平精神，非洲大陆将用和平的手段解决一切冲突。

非洲各族的语言、风俗，对妇女、儿童和成人不构成伤害的传统文化遗产保护将得到大力支持，文化、科技和教育领域的合作将得到加强。到2063年，非洲的创意艺术、

---

① 马里帝国是西非中世纪时的一个强大伊斯兰教帝国，是北部非洲以南的广阔内陆中历史最悠久的国家，古代最重要的伊斯兰文化与财富中心之一。廷巴克图历史上是贸易和文化中心，是古代西非和北非骆驼高队的必经之地，也是伊斯兰文化向非洲传播的中心，它享有"苏丹的珍珠"、"神秘的通布图"、"荒漠中的女王"之美称，是马里历史上最悠久的一个古城。

民间文学、民族语言和文学都将极大繁荣,各国的民族文化都将得到保护和发展。

到 2063 年,非洲大陆的所有公民都将积极参与社会、经济、政治和环境发展的决策过程,所有的男人、女人和儿童都不会被抛弃。远在此之前,性别平等将成为经济与社会领域参与的准则,经济增长与发展、社会与政治话语都将变得多元化,因此来自各方的观点,无论他们的性别、政治立场、宗教、种族、地域、年龄和其他各种因素有何差异,都将加强、拓展和加深生活中方方面面的参与。

到 2063 年,所有针对妇女和女童的一切形式的暴力和歧视都将不复存在,妇女和女童将充分享有人权。这意味着所有对妇女和女童有伤害性的社会习俗(童婚、女性割礼等)、所有阻碍妇女和女童享受高质量的健康和教育的障碍都将得以消除,教育中的性别不平等也将结束。此外,妇女在社会生活的所有领域,包括经济、财产、商业、土地、政府部门、管理岗位等,都将拥有平等的权利。

非洲的青少年是实现非洲人口红利和社会经济发展的主要载体。到 2063 年,非洲的儿童和青少年将成为非洲转型的人才储备、主要革新者和发动者。届时,青少年将充分就业,充分享受教育培训机会、健康服务和文化休闲活动,这样有利于他们充分发挥自己的潜能。青少年将成为新知识经济的主要力量,对经济发展起到至关重要的作用。

到 2063 年,针对青少年的所有系统性的不平等、压迫、边缘化和歧视都将被消除,有关青少年的议题将成为所有发展议程的核心问题。非洲青少年将会在非洲大陆的政治、经济、社会与文化发展过程中充分施展他们的才华。

非洲的儿童是非洲大陆的未来,他们将得到关爱,保护他们不受一切形式的压迫和伤害,确保他们在安全、关爱和充实的环境中成长。他们将充分拥有健康、教育和休闲活动的权利。

三、行动计划

(一)《2063 年议程第一个十年实施计划》

为确保 2063 议程得以有效实施,非盟第 24 届大会进一步要求非盟委员会制定《2063 年议程第一个十年实施计划》(以下简称《十年计划》),[1]于 2015 年 6 月提交非盟政策机构大会(AU Policy Organs)审议通过。

2063 议程面向未来 50 年,由 5 个十年计划组成。第一个十年计划主要聚焦最近

---

[1] AU. Agenda 2063 First Ten Year Implementation Plan [EB/OL]. (2015-09-01). [2016-10-16]. http://agenda2063. au. int/en/sites/default/files/Agenda%202063%20Final%20revised%20First%20Ten%20Year%20Implementation%20Plan%2012%2010%2015. pdf.

十年迫切需要处理的议题,与 2063 议程的预期结果相吻合。非洲人民最迫切希望看到的改变、非盟成员国及地区经济体的中/短期发展目标、非洲大陆根据 2063 议程所制定的框架性计划中需要在近十年解决的目标都被纳入了《十年计划》。《十年计划》首先包括了一些"快速通道项目"(Fast Track Program),这是指非盟委员会认定的、能够马上给 2063 议程带来积极效应和感受的 12 个项目,其中与教育有关的项目是非洲开放大学。这个基于网络的虚拟大学能够同时为来自不同地区的规模巨大的学生和专业人员提供高质量的公开课、远程课程和信息化学习资源,旨在提高公民受高等教育和继续教育的机会,让他们随时随地(一周 7 天,每天 24 小时不间歇)都能够在世界各地获得接受高等教育的机会。

此外,《十年计划》编制组在广泛征询了各方意见后,将各成员国和区域经济体的近期目标确定为优先发展领域,这些领域包括:可持续、包容性经济发展;人力资源开发;农业/高附加值农业综合企业;工业化/制造业和自然资源高附加值产业;创造就业机会;社会保护;性别问题/妇女发展和青少年发展;优良的政府治理;基础设施建设;科学、技术与创新;和平与安全以及文化艺术体育等。

以 2063 议程为蓝图,《十年计划》制定了具体的行动纲领,分别围绕 2063 议程的 7 个宏图制定了 20 个具体目标,这些具体目标又被分解为 38 个优先领域,以便实施和评价。

例如,围绕 2063 议程的"基于包容性增长和可持续发展的、繁荣的非洲",《十年计划》制定了有关生活、教育、健康、经济、农业、海洋经济和环保等方面的具体目标,其中有关教育的目标是"培养受过良好教育的公民,推进以科学、技术和创新为基础的技能革命",这一目标对应的优先领域是科学、技术和创新推动的技能革命。具体而言,教育被看作代际社会流动性(inter-generational social mobility)得以改善的主要实现方式。因此,到 2023 年《十年计划》结束时,非洲儿童接受早期儿童教育的机会将大大增加,所有人都有义务接受以科学、技术和创新为核心的基础义务教育。对于没有机会上大学的高中毕业生,要确保他们当中 70% 以上的人有机会接受职业技术培训。在高等教育阶段,开放大学将蓬勃发展,为无法进入传统高校的大量学生提供接受高等教育的机会。到 2023 年,非洲将建立统一的学历认证机构和教育资格证书体系,以确保非洲的年轻人能够在非洲任何一个国家接受统一认证的高等教育。表 6-1 详细描述了《十年计划》所规定的教育目标、优先领域和实施策略。

当然,教育并非孤立的领域,因此一些其他领域的目标也与教育相关,经济的投入就是教育计划得以顺利实施的前提。到 2023 年,非洲的经济将初步实现转型,从而为普遍义务教育提供资源及媒介；普遍义务教育的实施又将为消除剥削童工、拐卖儿童以及逼迫儿童参军等现象奠定基础，2023年以后出生的儿童将不再有这些残酷的经历。

表6-1 《十年计划》所规定的教育目标、优先领域和实施策略

目标2：培养受过良好教育的公民，推进以科学、技术和创新为基础的技能革命		
优先领域	2023年指标	参照非盟框架的关键进程/标志
教育及科学、技术和创新推动的技能革命	国家层面： 1. 早期儿童教育的入学率至少达到2013年水平的300%； 2. 基础教育入学率达到100%； 3. 将从事STEM教育的合格教师的数量至少提升30%； 4. 中等学校（包括技术高中）的入学率达到100%； 5. 至少30%的高中毕业生能进入高等教育阶段，其中女性至少达到40%； 6. 未能进入高等教育阶段的毕业生中，至少70%能够有多样化的技能培训选择； 7. 普通大众至少70%的人群接受过各种层次的高质量教育提升。 大陆层面： 1. 非洲教育认证中心全面建成投入运营； 2. 建成统一的非洲教育资格证书体系； 3. 建成泛非洲开放大学； 4. 加强泛非洲大学建设，至少成立25个分中心； 5. 非洲教育天文台全面建成投入使用； 6. 到2023年，至少50个成员国建成全国教育认证体系； 7. 2018年之前完成教师教育协调框架（Framework for Harmonization of Teacher Education）的制定。	非洲教育认证机构 国家层面： 2018—2020年引入非洲教育认证机构。 地区经济体层面： 2018年之前就整体框架与各成员国完成磋商。 大陆层面： 1. 2015年之前完成对国家/区域层面的教育认证机构的审核；2016年与区域经济体共同完成非洲教育认证机构框架的制定；2017年与相关利益群体就整体框架进行磋商。 2. 专业技术委员会于2017年完成整体框架审核并交由非盟峰会通过；2018年完成行动计划，2019—2020年开始实施。 非洲教育资格证书体系 国家层面： 2018—2020年引入非洲教育资格证书体系。 区域经济体层面： 2017年就教育资格证书体系与成员国完成磋商。 大陆层面： 2015年形成区域/国家层面教育资格证书体系；2016—2017年完成非洲教育资格证书框架的开发并获得区域经济体验证；2018年交由非盟峰会通过。 非洲开放大学 1. 2014年完成概念方案编制；2015年由区域经济体和相关利益群体验证通过。 2. 2015年专业技术委员会通过概念方案，2016年交由非盟峰会通过。 3. 2017年完成运行机制/行动计划的编制，2018年开始执行计划。 泛非洲大学 1. 2015年完成合作伙伴磋商、整合计划编制，并发起分中心承办机构招募。 2. 2016年完成分中心遴选、运行机制开发，与分中心承办机构签订谅解备忘录；2017年承办机构开始招生。

续 表

为完成以上指标，各方需借鉴以下参考策略。
国家层面：
1. 扩建并改善教育设施；提升早期儿童教育、基础教育、中等教育、职业技术教育和高等教育的入学机会，并着重关注科学、技术和创新。
2. 创建/加强职业培训机构/孵化基地网络。
3. 通过改善培训接待能力提升各级学校合格教师的数量；改善激励措施，确保教师拥有相关的知识、技能和态度，以此提升教师有效教学的动机。
4. 制定教师激励策略确保能够招募并留住更多的合格教师。
5. 扩建/改善各级教育基础设施以支持 STEM 教育和技能革命议程。
6. 为教育部门创建宽松、便利的氛围，促进/支持学习者技术与分析素养、创业精神与创新技能的提升与拓展。
7. 加快大陆层面和区域层面的各种学术标准和办学资格互认公约的审批和实施。
8. 在各级教育规划中促进教育管理信息系统的运用。
9. 实施非洲教育认证机构关于协调非洲教育的政策。
10. 筹划除政府资助之外的机制以动员更多的经济资源用于教育。
11. 提供公共/社区图书馆以促进学习和获得信息与知识的机会。
12. 将信息社会世界峰会（World Summit on Information Society）的成果付诸实施。
13. 在资助科研方面促进政府与私人部门之间的合作。
14. 加强 STEM 教育学习设施建设，确保为妇女和儿童提供更多的高质量学习机会。
15. 开发/实施提升科学技术研究所需能力的项目。
16. 设计/实施政策，为不能升入大学的高中毕业生提供继续教育和技能培训的机会。
17. 审议职业技术教育机构的课程和学习环境，使其关注性别公平，呼应 2063 议程。
18. 开发/实施治理高等教育机构的项目以确保高质量的教育。
19. 实施有利于培育研究与创新文化的政策。
20. 加大对教育机构中研究项目的财政支持力度。
21. 开发/实施教育机构中的信息技术政策。
22. 开发/实施科学技术发展监测系统。
23. 在公共部门政策制定方面引入相关的创新概念。
大陆层面：
1. 开发/促进实施《非洲第三个十年教育战略》；
2. 开发/实施系列框架以改善成员国在创新创业领域的协作和知识交流；
3. 开发/实施覆盖整个大陆的系列框架以扭转人才外流问题；
4. 创建教育和科技创新数据库。

（二）《非洲大陆教育战略框架》

除了《十年计划》外，非盟委员会还编制了若干大陆战略框架来指导成员、地区和整个大陆地区在经济、社会和政治发展过程中确定共同的目标，这些框架覆盖了农业、经济整合、工业、基础设施、健康、教育、科学技术、政府治理、文化等领域。实施这些大陆战略框架意味着各国在制定发展目标时首先要以 2063 议程为前提，不仅要考虑国内层面的发展目标，也要考虑地区和大陆层面的发展目标。《非洲大陆教育战略框架》就是这些框架中的一个。①

2063议程是将非洲建成一个和平、完整统一、繁荣和以人为本的大陆的路线图,教育是通往那个终点的载体之一。在非盟的支持下,成员国的教育部长们开始广泛征求各方意见,着手制定非洲2015年后的教育议程。有十个领域被认为是非洲地区教育迫切需要改变的地方:为了所有人的、公平与包容的教育机会;包容、公平、性别平等;教师和教学;教育质量和学习结果;科学、技术和技能发展;可持续发展教育和全球公民教育;青少年和成人读写;生活和工作技能;教育财政、教育治理和伙伴关系以及危机状态中的教育等。为解决这些问题,非盟制定了《非洲大陆教育战略框架》(以下简称《战略》),与《十年计划》相比,《战略》出台时间晚两年,其覆盖的时间是从2016年到2025年。因为是专门性战略,因此也更为详尽。

《战略》共分为七大部分。

第一部分为背景和语境,主要介绍为何制定本《战略》、《战略》的制定过程以及优先关注领域等。

第二部分介绍了非洲近年来的教育现状。《战略》指出,过去20年间,非洲的教育发展总体来说取得了令人瞩目的成就,尤其是儿童与青少年的入学机会得到了很大的提升。但由于基数很低,入学机会的扩张依然不够。据估计,非洲依然有约3000万左右的儿童未接受学校教育,由于人口增长很快,这一数字还在不断扩大。此外,人民的受教育水平也不整齐,呈典型的金字塔结构,有79%的人接受过小学教育,接受过中学教育的人只有50%,接受高等教育的人更少,只有7%。② 入学人数的上升还掩盖了巨大的差距、系统功能紊乱以及效率低下等问题。尽管越来越多的证据表明学前教育、职业技术教育和非正式教育的重要性,但这些领域的发展依然落后。此外,非洲教育和培训系统的教与学的质量普遍低下,不平等和排斥存在于教育系统的各个层次。而且,教育系统的各个部门之间条块分割,各自为政。《战略》需要将教育系统的各个子部门整合起来,作为一个整体加以发展,使之成为一个完整的体系,应对21世纪社会经济发展的要求。因此,《战略》的核心就是帮助非洲的教育培训主管部门不断获得制定政策、计划和推进改革的能力。另外,还需要与经济和社会部门沟通教育政策,将人力资源的发展作为重中之重加大投入。第2部分还从入学机会、质量与公平、面临的挑战等三个维度分别对学前教育、小学教育、职业技术教育与培训、中等教育、高等

---

① AU. Continental Education Strategy for Africa [EB/OL]. (2015 - 06 - 24). [2016 - 10 - 19]. http://au.int/en/sites/default/files/documents/29958-doc-cesa_-_english-v9. pdf.
② UNESCO. EFA Global Monitoring Report [R]. Paris:UNESCO, 2015.

教育、非正式教育和日常生活教育进行了分析。

第三部分为《战略》的主体部分,开篇指出《战略》是 2063 议程在教育维度的体现,其要旨是为非盟 2063 议程中提出的愿景提供必要的人力资本。具体而言,《战略》的宗旨是:重新定位非洲教育和培训系统,使之满足培植非洲核心价值观及促进国家、地区和大陆可持续发展所需的知识、素养、技能的要求。

《战略》规定了教育改革的 6 大指导原则:

1. 建设 2063 议程中所提出的由熟练的人力资本驱动的知识社会;
2. 整体、包容和公平的教育以及为终身学习创造良好条件是可持续发展的必要条件;
3. 教育管理中的优良治理、领导力和问责制度极其重要;
4. 教育与培训系统的协调发展对通过合作实现非洲大陆内部的人员流动和学术融合非常关键;
5. 高质量的教育、培训和科研是科技创新、创造性以及创业精神培养的核心;
6. 健康的体魄和健康的精神同样重要,学习者应当有健全的体力和社会心理。

这些原则意味着改革进程的关键方向,《战略》还提出了改革的 7 大支柱,作为改革的必要条件和基本构件。这 7 大支柱分别是:

1. 要有坚强的改革和推动教育、培训部门发展的政治决心;
2. 创建和平和安全的环境;
3. 在教育系统内部关注性别平等和保持性别敏感度;
4. 调配资源,尤其是国内资源;
5. 政府、民间团体和私人部门之间的通力合作;
6. 对各级各类培训加强指导和支持;
7. 不断发展有利的学习环境。

为确保完成《战略》所规定的任务,将非洲教育导向非盟愿景和 2063 议程,本部分还制定了 12 个战略目标和若干行动领域:

1. 振兴教师职业,确保各级教育的质量;
2. 建设、修正和保护教育基础设施,制定政策以确保在所有教育子部门为所有人创造一个永久、健康和有利的学习环境,从而扩大高质量教育的机会;
3. 利用信息技术提高教育和培训系统的机会、质量及管理;
4. 通过协调发展促进国家和地区各个层面的教育融合以确保学习者掌握必备的知识和技能,提高各层次和群体完成学业率;

5. 加快促进性别平等和公平的各项进程；

6. 在大陆范围内发起综合有效的读写运动以消除文盲；

7. 加强科学与数学课程，在整个非洲社会弘扬科学知识和科学文化；

8. 在中学和大学层面扩大职业技术教育培训的机会，加强产业和教育培训系统之间的联系；

9. 振兴和扩大高等教育、研究和创新以解决非洲大陆面临的挑战和提升全球竞争力；

10. 在各级教育层面、针对所有年龄群体推进和平教育及冲突解决教育；

11. 通过数据收集、管理、分析、交流和适用能力培养计划培育和提升数据收集、管理、分析、交流的能力，提高教育系统管理及运用统计工具的能力；

12. 将所有教育利益相关者联合起来，促进和支持实施《战略》所要求的各项倡议。

以上12个战略目标又各自包括了若干行动领域，明确了完成这些战略目标所必须达成的关键结果。

《战略》的第四部分是沟通和推广，非盟认为良好的沟通对成功实施《战略》、动员利益相关者非常关键。主要的沟通和推广包括与国家、区域和大陆层面的所有相关人员进行磋商、部长级互动、代际对话、为成员国的协商会议或专业会议提供支持、通过各种途径支持和推广《战略》以及新闻发布等。

第五部分和第六部分分别是教育改革的治理结构以及《战略》的实施与监测，第七部分则规定了资助机制和资源调配原则。

2016年是《战略》实施的第一年，相关利益方已经开始按照《战略》的议程开始教育改革。[①] 一些成员国已经开始调整国内的教育改革计划使之与《战略》提出的目标相一致；为实施《战略》成立了跨部门和跨机构的委员会；监控和报告实施的框架也已经起草，这都表明《战略》的实施正在有条不紊地进行着。

四、结语

非盟2063表达了要掌控自身命运的雄心，能否实现这一壮志取决于非洲未来的教育是否能够培养预期所需的合格和胜任的人力资源，他们能够基于非洲价值观想象、创生、提出和实施创新的发展计划。

---

① AU. Implementation of the continental Education Strategy for Africa [EB/OL]. (2016 - 06 - 19). [2016 - 10 - 19]. http://www.au.int/en/pressreleases/30834/implementation-continental-education-strategy-africa.

为此，2063 提出了非洲复兴的路线图，《2063 年议程第一个十年实施计划》为非洲复兴制定了整体行动纲领，而《非洲大陆教育战略框架》则是非洲教育界未来十年的行动纲领，后者吸收了过去二十年中非洲及世界其他地区的教育经验，以整体思维将非洲教育与培训的各个子部门整合起来，致力于用实实在在的改革实现未来十年的战略目标，为实现 2063 议程提出的宏伟目标提供坚实的人力资源基础。《非洲大陆教育战略框架》能否顺利实施，将最终决定非洲是否拥有可持续发展的人力资源，从而实现非洲的复兴梦想。

值得一提的是，《非洲大陆教育战略框架》实际上是非洲第三个十年教育战略，前两个分别是《非洲教育第一个十年行动计划(1997—2006)》和《非洲教育第二个十年行动计划(2006—2015)》。尽管非盟和各成员国在过去的二十年为改善非洲的教育状况付出了巨大的努力，非洲的教育在过去的二十年中也的确取得了很大的成功，但由于种种条件的限制，前两个十年行动计划所设定的目标中大多数都没有达成。[①] 为避免前两个十年计划未达到预期目标的情形重现，非盟采取了各种措施以确保《战略》取得成功，这些措施包括但不仅限于取得发展伙伴的支持，协调教育各部门间、成员国间、区域经济共同体之间的合作，监测成员国实施《战略》的情况并以年度报告的形式呈现，动员包括海外侨民在内的所有利益相关者和资源等。

正是借助这样一个又一个行动计划和战略框架，非洲正一步一步地朝着整体复兴，建设一个统一、和平、繁荣的非洲的伟大目标迈进，这对非洲、甚至对整个世界都有不可估量的积极意义。

(周小勇)

---

① AU. AU Second Decade on Education 2006 - 2015[EB/OL]. (2004 - 05 - 20). [2016 - 10 - 19]. http://www.unesco.org/new/fileadmin/MULTIMEDIA/FIELD/Dakar/pdf/AU% 20SECOND% 20DECADE% 20ON%20EDUCTAION% 202006-2015. pdf.

第二部分　重要主题

第七章 培养具有全球竞争力的人才——基于全球21世纪技能运动的考察

21世纪以来,为了应对全球经济竞争、技术变革和未来挑战,世界各国在基础教育领域兴起了超越知识的21世纪技能运动,全球教育系统的目标和内容转向更为明确地关注21世纪社会所需的广泛技能。美国智库布鲁金斯学会将世界各国和各地区的这场改革运动称为"全球技能运动"。[①] 这场运动也被视为一场全球技能竞赛(global skills race)。[②]

21世纪技能运动是一场面向未来的教育运动。在学校教育中,21世纪技能被视为为升学、就业和生活准备的关键能力,旨在培养适应21世纪的具有全球竞争力的高阶人才,服务于保持和提升国家在全球竞争中的优势地位。了解这场全球运动的产生背景、进展情况、各国21世纪技能框架的内容和实施着力点,对于我们理解中国核心素养教育改革的兴起原因、中国核心素养框架与国际21世纪技能框架的异同,以及中国核心素养教育改革的实施具有一定的启示。

一、全球21世纪技能运动的兴起及其背景

(一) 全球21世纪技能运动的兴起

21世纪技能运动是一场超越传统学科、聚焦技能和能力的全球运动,在世界各国的教育政策和课程中的价值越来越凸显。[③] 尤其在美国,21世纪技能运动已持续16年,在21个州得到了广泛实践,这场自下而上的教育改革运动愈发成为美国教育政策讨论的中心,参与讨论者包括从美国教育系统的最高领导层到一线教师。[④] 21世纪技能运动并不只在美国、加拿大、澳大利亚、新西兰、西班牙、芬兰、英国、挪威等西方国家

[①] Care E, Kim H, Anderson K, Gustafsson-Wright E. Skills for A Changing World: National Perspectives and The Global Movement [R]. The Brookings Institution, 2017: 1-71.
[②] Partnership for 21st Century Learning. 21st Century Skills, Education&Competitiveness: a Resource and Policy Guide [EB/OL]. [2017-03-20]. https://files.eric.ed.gov/fulltext/ED519337.pdf.
[③] Care E, Anderson K, Kim H. Visualizing the Breadth of Skills Movement across Education Systems [R]. The Brookings Institution, 2016: 4-5.
[④] Sawchuk S. Backers of '21st-Century Skills' Take Flak [EB/OL]. (2009-03-04). [2016-08-27]. http://www.edweek.org/ew/articles/2009/03/04/23pushback_ep.h28.html?_ga=2.262972556.1448258841.1497840310-1451289347.1497840310.

中发生,新加坡、日本、韩国、中国香港等东方国家和地区也在推动 21 世纪技能教育改革。① 比如在中国香港,尽管 21 世纪技能并未进入中国香港的教育话语中,但这是中国香港从 1999 年就发起的主要的教育改革,已持续了近 20 年。这场全球运动对中国的核心素养教育改革产生了直接的影响。

不同于 19 和 20 世纪所重视的读写算(3R)技能,21 世纪技能属于高阶技能,主要以批判性思维和问题解决、交流、合作以及创造力和创新技能(即 4C 技能)为核心。尽管这些技能或能力在过去也是存在的,但因其在 21 世纪与新兴的经济和社会发展需求联系更为紧密,因而被冠以"21 世纪"之称。到底是用"技能"还是"能力"来表述,不同国家和组织有不同的提法。欧洲国家习惯于使用"能力",北美国家习惯于使用"技能",经济合作与发展组织(OECD)则是交替使用,有些国家和组织直接使用"技能"来代表"能力"。实际上,二者大同小异,并无本质区别。

"21 世纪技能"这个概念主要是美国、加拿大、OECD、"21 世纪技能的评价与教学"(Assessment & Teaching of 21st Century Skills,简称 ATC21S)国际调查组织等国家和组织的提法。其他国家组织在世纪之交陆续提出了与之类似的概念,其表述各不相同:通用技能(generic skills)、通用能力(general capabilities)、关键能力或核心素养(key competencies/key competences)、21 世纪能力(21st century competencies)、横向能力(transversal competencies)、高阶思维(higher-order thinking)、高阶思维技能(higher-order thinking skills)、高阶技能(higher-order skills)、深度学习(deeper learning)、21 世纪流畅力(21st century fluencies)、全球能力/全球胜任力(global competencies)、终身学习能力(lifelong learning competences)、新基础技能(new basic skills)、软技能(soft skills)、非学术技能(non-academic skills)、大学和职业准备(college and career readiness)、21 世纪学习(21st century learning)、以学生为中心的学习(student-centred learning)、下一代学习(next-generation learning)等。其中使用较为频繁、影响较为广泛的主要是 21 世纪技能、21 世纪能力、关键能力(或核心素养)、横向能力、高阶思维技能或高阶技能。

由于这些概念的内涵和外延大同小异,美国将这场聚焦技能或能力的全球性的教育改革运动称为"全球技能运动",再加上美国的 21 世纪技能运动对美国和其他很多国家和地区以及国际组织产生了重要的影响,因此,为了使用方便,本书借用美国的提

---

① Cheng K, Jackson L, Lee W. Advancing 21st Century Competencies in Hong Kong [R]. Center for Global Education, Asia Society, 2017:4.

法,将这些不同的"标签"统一称为"21 世纪技能"。

(二) 全球 21 世纪技能运动兴起的背景

1. 全球经济竞争加剧

20 世纪后期以来,创新驱动的知识经济逐步代替了工业经济,重塑了全球商业和劳动力市场。随着全球化的进一步推进,信息、商品和服务在全球的无缝流动,消除了全球的距离障碍,使得全球经济竞争愈演愈烈。再加上计算机替代了大量劳动力以及人口结构的变化,劳动力结构发生了深刻变革,职场对人的高阶能力的要求越来越高,全球人才的流动和竞争在加速。

教育对于经济的重要性是 OECD 国家教育改革的普遍话语和共同的政策框架基础。实际上,教育政策已经成为经济政策的一个"子集",服务于国家参与全球经济竞争和世界强国建设。知识经济实际上就是人才经济,人才是世界各国最重要的资源。现在的全球经济竞争是高阶人才的竞争,教育是培养高阶人才和扩大经济机会的关键。为了参与全球经济竞争,满足互联经济的需求,世界各国从人才战略的角度出发,调整教育战略,转向高阶技能或能力导向的教育改革。

2. 技术自动化带来新的职业需求

技术的发展促使知识社会变得高度计算机化,极大地改变了全球经济形势和劳动力结构,ICT 的发展正在取代多个部门的全球人类劳动力,后工业社会将进入新的自动化时代。[①] 根据牛津大学的一份新报告,在 OECD 国家中,57%的工作岗位受益于自动化。随着机器人技术和人工智能成本的下降,在各个部门扩张自动化的障碍也将减少。根据世界银行对 30 多个国家的调查,在全球范围内,要求非常规技能的工作岗位数量普遍在上升。[②] 据预测,到 2030 年,全球将会提供 30 亿个以软件和机器人为基础的工作岗位。而非常规的工作将需要工人掌握一系列高阶的复杂技能才能顺利完成。[③]

另一方面,企业难以招聘所需的高技能人才。一项针对 42 个发达和发展中国家的雇主所做的全球最大的人力调查发现,雇主很难找到与企业需求匹配的高技能人才,甚至在教育水平很高的国家也是这样。很多雇主认为雇员缺乏 STEM 技能或职

[①] Brynjolfsson E, McAfee A. The Second Machine Age: Work, Progress, and Prosperity in a Time of Brilliant Technologies [M]. New York: W. W. Norton, 2014.
[②] Winthrop R, McGivney E. Skills for a Changing World: Advancing Quality Learning for Vibrant Societies [R]. The Brookings Institution, 2016: 8.
[③] 魏锐,刘晟,师曼,等. 面向未来的教育:培养 21 世纪核心素养的全球经验[R]. WISE 研究报告,2016:13.

业技能,缺乏交流与团队合作等能力。① 据预测,"2030 年将面临全球性的劳动力危机,高技能劳动力将面临更大的缺口。科技会取代很多岗位,但也会创造很多新岗位,这意味着科技会加剧劳动力技能与市场需求的不匹配程度,政府和企业将在教育、资格认证和培训中遭遇巨大挑战,因此,高技能的人才将是未来十年的重中之重"。②

过去的日常劳动工作,在今天能高效、低价地被机器人和计算机软件完成。这迫使人们重新思考现存职业和机器可替代职业之外的工作。尽管计算机擅长很多逻辑性功能,但在涉及复杂的社会情境、多元文化冲突、创新等方面的工作时,需要人的问题解决、社会合作、创造力等高阶技能,在需要灵活性和判断能力的任务处理方面,计算机仍没有人类有效。其中,人类创造力包括企业家精神与跨学科能力是后工业社会的关键动力。英国国家科学、技术和艺术基金会指出,创造性工作是应对自动化的唯一战略。③

3. 当前教育系统难以满足 21 世纪的需求

在农业经济和工业经济时代,学校教育主要培养学生掌握 3R 技能以及学科知识。计算机化的知识经济使 3R 技能和基础知识难以满足 21 世纪的需求。技术变革促使知识更新加快,在当前"谷歌知道一切"(Google knows everything)的时代,只掌握内容知识已经远远不够,在快速变革的世界,重要的不是掌握多少知识,而是如何利用、分析、评估、综合信息和知识,这就需要掌握广泛的技能,不仅需要掌握 3R 技能和学科素养,也需要掌握高阶的 4C 技能。同时,随着气候变化、环境恶化、地方种族与宗教冲突等众多全球性问题的突显,人与人之间的交流与合作越来越频繁,全球化社会对人的跨学科能力、跨文化理解、交流、合作性问题解决等技能以及社会责任感等道德品质的要求越来越高。

全球竞争、社会发展、职场对高阶技能的需求促使各国反思当前的教育内容和方式。在现在的知识经济时代,学校系统仍是"工厂模式",④主要为了满足工业社会的需求,给工业时代培养人才,教育并未跟上技术变革的步伐。大众化学校教育主要采用的是以教师为中心的、知识传递的模式。⑤ 学校课程注重核心学科知识的教授,教

---

① Winthrop R, McGivney E. Skills for a Changing World: Advancing Quality Learning for Vibrant Societies [R]. The Brookings Institution, 2016: 8.
② Strack R. The Surprising Workforce Crisis of 2030[EB/OL]. (2014 - 12 - 03). [2017 - 02 - 03]. https://www.youtube.com/watch? v=ux1GxExRUUY.
③ Nesta. Creativity vs Robots [EB/OL]. (2016 - 02 - 09). [2017 - 01 - 12]. http://www.nesta.org.uk/news/future-shock/creativity-vs-robots.
④ Khan S. The One World Schoolhouse: Education Reimagined [M]. New York: Twelve, 2012.
⑤ Vosniadou S. How Children Learn, Education Practices Series-7 [M]. Washington D.C.: International Bureau of Education, 2001.

学方法主要采用讲授法,注重标准化测试。对于传授学科知识而言,讲授法是最有效的教学方式,但研究表明,基于项目和问题等的探究性学习、合作性学习更有利于高阶技能的掌握。① 教师给学生教授固定的基础知识和实践与不断被创造力和创新驱动的社会是相冲突的。② 以学科知识为中心的教育已经不能满足21世纪可持续经济发展和技术创新的需求。

经济、社会、技术和环境的快速变革,促使世界各国纷纷调整现存的教育系统,趋向于构建技能或能力导向的培养模式,变革教育目标、课程内容、教学方法和评价方式等,为高阶技能的培养创造新的学习环境。21世纪技能被整合进教育政策中有多种原因,其中经济话语是对其影响最大的推动力,21世纪技能服务于职场需求、经济发展和全球竞争。因此,要使学习者能够在持续变化的全球图景中获得成功,学校教育不仅要给学生传授知识,还必须教授学生掌握高阶技能。这已经成为一个全球共识,并在全球范围内形成了一场21世纪技能教育改革运动。

二、全球21世纪技能运动的发展概况

21世纪技能运动是一场全球运动,世界大多数国家都认可21世纪技能教育改革,但在各个国家和地区的政策文本以及课程、教学、评价和教师专业发展等具体实践中,其重视程度和落实情况是有差异的。下面将根据布鲁金斯学会、OECD、联合国教科文组织和世界经济论坛(World Economic Forum)等组织对世界多个国家的21世纪技能教育改革的调查,来探讨21世纪技能运动在各国的发展和实施情况,了解21世纪技能运动的全球图景。

(一) 世界大多数国家的教育政策广泛认可21世纪技能

2016年,布鲁金斯学会环球教育中心(Center for Universal Education at Brookings)和乐高基金会(LEGO Foundation)联合启动"变化世界中所需的技能"(Skills for A Changing World)项目,旨在探索21世纪新的教育需求,以及各国教育系统如何回应这种需求。该项目对113个国家的教育系统(从愿景或使命到课程)进行的调查发现,与过去相比,在全球范围内,正规教育越来越强调发展学生超越传统学科知识的广泛

---

① Barron B, Darling Hammond L. Powerful Learning: Studies Show Deep Understanding Derives From Collaborative Methods [EB/OL]. (2008-10-08). [2016-12-08]. http://www.edutopia.org/inquiry-project-learning-research.
② Araya D. Education and Underemployment In the Age of Machine Intelligence [EB/OL]. (2016-01-11). [2016-09-12]. http://www.brookings.edu/blog/brown-center-chalkboard/2016/01/11/education-and-underemployment-in-the-age-of-machine-intelligence.

技能。随着生活和工作中所需要的学术技能、职业技能、技术技能之间的界限日益模糊,各国纷纷制定技能或能力框架来界定和遴选21世纪所需的技能或能力。即便在菲律宾、克罗地亚、危地马拉和苏格兰等地理、工业和社会经济地位迥异的国家和地区,都一致认同教育应该为学生准备21世纪技能。

该项目调查显示,大部分国家或地区在公开文件中认可广泛技能的重要性,很多国家或地区列举了教育系统旨在培养的特定技能或能力;但只有少数国家在国家文件的愿景和使命陈述、课程框架以及技能进阶(即技能的不同层次水平)的阐述中,一致性地确认了这些技能。① 其中,97个国家或地区在文件中提到特定的技能,比如合作、问题解决、信息素养、创造力、交流等,表明这些国家的政府重视这些技能,旨在通过教育系统发展这些技能;55个国家或地区在课程文件中提到这些技能;45个国家或地区在其使命和愿景陈述中提到21世纪技能和个人品质;13个国家或地区提到在不同学段、年级中的技能进阶。② 以上这四个类别并不相互排斥。例如,13个国家或地区在课程指南中提到了技能的进阶,也就是说,这些国家或地区在课程和学生或学科进展中明确提到了技能。在各国政策中所提到的特定技能并不完全相同,但有些技能是相同的,其中最为频繁提到的21世纪技能是交流技能,大约有三分之一的国家提到,其次是创造力、批判性思维和问题解决技能。③

该调查报告指出,在过去,大部分国家注重教授内容和知识,强调事实性知识的记忆。但自21世纪以来,大多数国家的教育系统在拓宽教育内容,超越传统3R和学科知识,更为强调21世纪技能。④ 尽管21世纪技能在世界各国教育政策中得到了广泛的认可,很多国家明确界定了重要的特定技能,但在一些国家,21世纪技能的实施还只是刚开始。只有少数国家在政策和实践两个层面一致性地认可和实施这些技能。

(二) 大多数 OECD 国家和地区将 21 世纪技能纳入义务教育

2009年,OECD研究者通过问卷和文献对OECD国家和地区的21世纪技能和能

---

① Care E, Anderson K, Kim H. Visualizing the Breadth of Skills Movement across Education Systems [R]. The Brookings Institution, 2016: 4.
② Care E, Anderson K, Kim H. Visualizing the Breadth of Skills Movement across Education Systems [R]. The Brookings Institution, 2016: 9.
③ Care E, Anderson K, Kim H. Visualizing the Breadth of Skills Movement across Education Systems [R]. The Brookings Institution, 2016: 9.
④ Care E, Anderson K, Kim H. Visualizing the Breadth of Skills Movement across Education Systems [R]. The Brookings Institution, 2016: 10.

力的教学和评价情况进行了调查和分析,参与问卷调查的国家或地区有 17 个。调查显示,大多数 OECD 国家或地区将 21 世纪技能纳入了义务教育的规程、指南和建议中。①

调查发现,几乎所有参与调查的国家都认同这些技能和能力的重要性和政策相关性,但未能对 21 世纪技能和能力做出详细而明确的界定;大多数国家将 21 世纪技能和能力的发展整合进课程中,其中 ICT 技能通常作为独立的学科教授;在主要的课程改革或其他方面改革中引入 21 世纪技能,如澳大利亚、墨西哥、新西兰、波兰、西班牙等国,而荷兰等国则把 21 世纪技能作为一种附加方式引入;针对这些技能,几乎没有明确的形成性或总结性评价政策,针对 21 世纪技能的教学评价通常交给外部检查或评价,将其作为整体的学校审核中的一部分;旨在教授和发展学生 21 世纪技能的教师培训项目很少,有几个国家有针对发展教师的 ICT 教学技能培训计划,但大多数是选修的。②

该项研究还发现,知识社会所带来的经济和社会挑战是各国推行这类改革被频繁提到的使能因素。在一些国家,特定的项目或报告是 21 世纪技能教育改革的主要驱动者,比如欧盟委员会"教育和培训 2010 年计划"(European Commission's Education and Training 2010 Programme)对波兰和西班牙 21 世纪技能教育改革的推动,OECD 的"能力的界定与遴选"项目(Definition and Selection of Competencies,简称 DeSeCo 项目)对新西兰 21 世纪技能教育改革的推动。③

此外,尽管被调查的少数国家还没有具体制定并实施 21 世纪技能教育改革,或其实施还处于初级阶段,但所有国家都在计划或进一步推动 21 世纪技能教育改革。为了进一步适应环境、经济和社会的变化,2018 年 OECD 也发布了面向 2030 年的学习框架,该框架纳入了学生应对未来所要掌握的知识、技能、态度和价值观,在 DeSeCo 项目所界定的关键能力的基础上进一步将这些能力分成三类,即"创造新价值"、"化解矛盾和困境"、"负责任"的相关能力,提出了"变革型能力"(transformative competencies)。④

---

① Ananiadou K, Claro M. 21st Century Skills and Competences for New Millennium Learners in OECD Countries [R]. OECD Publishing, 2009: 4.
② Ananiadou K, Claro M. 21st Century Skills and Competences for New Millennium Learners in OECD Countries [R]. OECD Publishing, 2009: 15.
③ Ananiadou K, Claro M. 21st Century Skills and Competences for New Millennium Learners in OECD Countries [R]. OECD Publishing, 2009: 15.
④ OECD. The Future of Education and Skills [R]. (2018-05-04). [2018-08-10]. https://www.oecd.org/education/2030/E2030%20Position%20Paper%20(05.04.2018).pdf.

(三) 亚太国家实施 21 世纪技能面临更大的挑战

随着 21 世纪技能运动在 OECD 国家的推进,它也逐步影响亚太国家的教育系统。亚太国家的教育系统当前也在推动把 21 世纪技能整合进课程中,为学习者所面临的挑战作准备。联合国教科文组织下的亚太教育研究机构网络(Asia-Pacific Education Research Institutes Network,简称 ERINet)分别于 2013 年、2014 年和 2015 年对亚太地区的 13 个国家和地区的教育政策和课程框架中整合 21 世纪技能以及相关的教师专业准备进行了三个阶段的调查和研究,旨在为亚太国家教育系统培养学生面向未来的技能或能力提供政策与实践参考。

这些被调查的国家和地区包括:澳大利亚、中国上海、印度、日本、韩国、马来西亚、蒙古、菲律宾、泰国、中国香港、越南、中国北京、韩国。第一阶段主要是对这些国家和地区的政策文件或课程中如何整合 21 世纪技能进行调查。结果显示,这些国家和地区的政策文件和课程中都明确或内隐地旨在推动 21 世纪技能。虽然整合 21 世纪技能被认为是这些国家和地区中核心的教育改革,但不同国家和地区的教育政策文本对 21 世纪技能的整合及其地位的阐述各不相同,一些国家在教育规划等政策文本和课程中对 21 世纪技能的界定不明确。调查还显示,21 世纪技能在课程中的整合方法不同,主要有三种模式。(1)具体学科:作为正规课程中界定明确的学科,有针对正规教学的具体目标和教学大纲。(2)交义学科:引入传统学科,或在传统学科中渗入和强化。(3)课外活动:作为学校生活的一部分,有目的地嵌入所有类型的非课堂活动中。①

第二阶段的调查针对学校层面,调查 21 世纪技能在学校政策、规划和课程、教学实践、教师培训和支持以及评价中整合与落实的程度。第三阶段旨在调查在课堂中整合 21 世纪技能的教师准备、专业发展以及学校所提供的支持等情况。

调查结果显示,(1)学校政策和规划方面:这些国家和地区的学校政策、规划和课程中明确提出要整合 21 世纪技能(最常见的是 4C 技能)或将其暗含在校训或学校领导的理念中。(2)对 21 世纪技能的认识和理解方面:教师和学校领导者愈加意识到 21 世纪技能的重要性,但很多教师不理解 21 世纪技能可操作性的界定及其明确指南。(3)教学和实践方面:教师通常使用讲授法,但以学生为中心的方法用来教授 21 世纪技能已逐渐被认可。然而一些教师没有信心和动力教授 21 世纪技能,也不具备

---

① Asia-Pacific Education Research Institutes Network. 2013 Asia-Pacific Education Research Institutes Network(ERI-Net) Regional Study on Transversal Competencies in Education Policy and Practice (Phase I)[R]. United Nations Educational, Scientific and Cultural Organization and UNESCO Bangkok Office,2015:18 - 20.

充足的教学材料来支持21世纪技能的教学,难以取得教授传统学术学科和21世纪技能之间的平衡。(4)教师支持和培训方面:大部分学校规划内隐或显性地包含了21世纪技能及其教师专业发展,但职前培训项目需要与21世纪技能更相关。大部分教育者认为,教师培训和支持对于实施21世纪技能至关重要,但很多教师并未做好有效教授21世纪技能的准备。很多学校也没有足够的经费支持教师参与培训,也不是所有国家都建立了有关促进21世纪技能的专业发展质量标准。(5)评价方面:评价21世纪技能需要设计多种方法和工具,但由于这些技能、多样的教学方法和培训方法等方面的概念并未得到澄清,且缺乏有效的工具,因而在评价方面遭遇挑战。同时,由于很多教育系统和社会仍高度重视学业成就,课程中的21世纪技能与当前的高风险考试尤其是大学入学考试内容不一致,因而教授和评价21世纪技能具有挑战。[1] (6)学校环境和系统层面的支持方面:一些国家的课程大纲以及学校领导支持教师在课堂教学实践中整合21世纪技能,地方教育部门也正在努力改善在职教师培训质量。但政策与实践之间存在脱节,考试导向的学习与21世纪技能的学习之间不平衡,也缺乏独立的测量21世纪技能的评价框架。一些学校领导者提供的监管质量很低,学校欠缺支持21世纪技能学习的经费,缺乏整合21世纪技能的课程大纲。[2] 另外,一些国家或地区缺乏总体的学校或社区文化,学校班级规模大,课程负担重,家长和其他利益相关者缺乏对21世纪技能重要性的理解。

(四)发展中国家和发达国家之间存在很大的21世纪技能水平差距

2015年,世界经济论坛与美国波士顿咨询集团(The Boston Consulting Group)基于对不同收入水平的91个国家之间的21世纪技能差距进行的调查,联合发布了《教育新愿景:释放技术的潜力》(New Vision for Education: Unlocking the Potential of Technology)报告,探索通过技术弥补发达国家和发展中国家之间、收入高和收入低国家之间的21世纪技能差距。

该项调查深入分析了91个国家在基础素养、高阶能力和品格特质方面的表现指

---

[1] Asia-Pacific Education Research Institutes Network. ERI-Net Asia-Pacific Regional Policy Series: 2014 Regional Study on Transversal Competencies in Education Policy and Practice (Phase II), School and Teaching Practices for Twenty-first Century Challenges: Lessons from the Asia-Pacific Region [R]. United Nations Educational, Scientific and Cultural Organization and UNESCO Bangkok Office, 2016: 12-36.

[2] Asia-Pacific Education Research Institutes Network. ERI-Net Asia-Pacific Regional Policy Series: 2015 Regional Study on Transversal Competencies in Education Policy and Practice (Phase III), Preparing and Supporting Teachers in the Asia?Pacific to Meet the Challenges of Twenty-first Century Learning [R]. United Nations Educational, Scientific and Cultural Organization and UNESCO Bangkok Office, 2016: 49-55.

标,发现发展中国家和发达国家之间的差距最为显著。在高收入的 OECD 国家中,比如美国、德国、日本和英国的大部分技能的水平远高于巴西、马来西亚、南非和土耳其等中高收入发展中国家的。①

影响发展中国家和发达国家之间的技能差距的因素包括基本的经济和社会因素,比如贫困、冲突、健康不良和性别歧视,弥补二者之间的 21 世纪技能差距必须解决这些基本的问题。② 当然,更重要的原因可能在于,由于发达国家技术自动化水平更高,因而更加重视 21 世纪技能。而发展中国家仍然高度重视常规的认知技能。但对于大多数国家而言,手工技能的重要性不断下降或保持稳定,随着时间的推移,其重要性会越来越下降。③

2016 年,布鲁金斯学会发布报告也指出,发展中国家和发达国家之间的教育成就存在"100 年差距",报告指出,"在今天和未来,要想在劳动力市场中获得成功,在事实性知识和 21 世纪技能的学习之间保持恰当的平衡变得愈加重要"。④

世界经济论坛认为,教育技术能够辅助发展交流、创造力和合作等 21 世纪技能,发挥技术的潜力能够帮助缩小发展中国家和发达国家之间的 21 世纪技能差距。有三大策略:第一个策略是教学资源的利用,包括个性化和适应性的内容和课程、开发教育资源、交流与合作工具、交互式仿真和游戏的利用;第二个策略是机构资源的利用,加强管理系统;第三个策略是数字化教师专业发展资源和学生信息与学习管理系统的运用。⑤

基于以上几项调查,我们可以看到,21 世纪技能教育改革在世界大多数国家和地区的政策、课程和教学实践中都有不同程度的展开。OECD、联合国教科文组织、世界银行、世界经济论坛近年来发布的多项报告和政策建议前所未有地一致强调要发展应对未来挑战的高阶技能或能力。21 世纪技能教育改革是一场全球运动,是各国和国际组织面对全球性挑战和未来挑战所做出的一致性回应,在这场改革运动中,发达国家走在前面,目前发展中国家也在追赶,总体来说,这场运动是一场全世界范围内共同

---

① World Economic Forum. New Vision for Education: Unlocking the Potential of Technology [EB/OL]. http://www3.weforum.org/docs/WEFUSA_NewVisionforEducation_Report2015.pdf.
② World Economic Forum. New Vision for Education: Unlocking the Potential of Technology [EB/OL]. http://www3.weforum.org/docs/WEFUSA_NewVisionforEducation_Report2015.pdf.
③ Winthrop R, McGivney E. Skills for a Changing World: Advancing Quality Learning for Vibrant Societies [R]. The Brookings Institution, 2016: 8.
④ Robinson J P, Winthrop R, McGivney E. Millions Learning: Scaling Up Quality Education in Developing Countries [R]. Center for Universal Education at Brookings, 2016: 28.
⑤ World Economic Forum. New Vision for Education: Unlocking the Potential of Technology [EB/OL]. http://www3.weforum.org/docs/WEFUSA_NewVisionforEducation_Report2015.pdf.

的教育运动,是21世纪以来国际上最重要的教育运动,参与力量之广、涉及国家之多前所未有,各国的基础教育都卷入其中,是一场任何国家都无法回避的新兴的以技能或能力为导向的教育运动。这场运动受到了越来越多国家的重视,政策制定者和教育者都愈加认识到21世纪技能的重要性,但另一方面在实施过程中也遇到了一定的挑战,具体体现在课程、教学、评价、教师教育等方面所遭遇的挑战。各国和各地区实施21世纪技能教育改革的程度和效果不同,但可以预见,各国在未来将进一步推动这场改革。

三、21世纪技能框架的国际比较

(一)主要国家或国际组织的21世纪技能框架比较

为了推动21世纪技能教育改革,很多国家或组织研制了21世纪技能框架,界定和遴选本国或组织所认可的21世纪最为重要的技能或能力,来引领学校变革和课程教学变革。21世纪技能框架的开发是21世纪技能运动最主要的标志。下文将列举几个典型的框架进行比较和分析(见表7-1)。

表7-1 主要国家和国际组织的21世纪技能框架比较

国家和国际组织	21世纪技能框架		
OECD(1997)	互动地使用工具: ● 互动地使用语言、符号与文本 ● 互动地使用知识与信息 ● 互动地使用技术	在社会异质群体中互动: ● 与他人建立良好的关系 ● 团队合作 ● 管理与解决冲突	自主行动: ● 在复杂的大环境中行动 ● 形成并执行个人计划或生活规划 ● 保护及维护权利、利益、限制与需求
欧盟(2018)	● 素养能力 ● 语言能力 ● STEM能力 ● 数字化能力	● 个人、社会和学习能力 ● 企业家精神能力	● 公民能力 ● 文化意识与表达能力
美国P21(2001年发布,2007年修订)	学习与创新技能(4C技能): ● 批判性思维和问题解决 ● 交流 ● 合作 ● 创造力和创新	信息、媒介与技术技能: ● 信息素养 ● 媒介素养 ● ICT素养	生活与职业技能: ● 灵活性与适应能力 ● 主动性与自我导向 ● 社交与跨文化交流能力 ● 生产力和工作胜任力 ● 领导力与责任感

续　表

国家和国际组织	21 世纪技能框架			
ATC21S（2009）	思维方式： ● 创造力和创新 ● 批判性思维、问题解决、决策 ● 学会学习、元认知	工作方式： ● 交流 ● 合作	工作工具： ● 信息素养 ● ICT 素养	在世界中生活： ● 地方和全球公民 ● 生活和职业 ● 个人和社会责任感（包含文化意识和能力）
加拿大 C21(2011)	● 创造力、创新和企业家精神 ● 批判性思维 ● 合作 ● 交流	● 个人品质(终身学习者、领导力、责任感、自我导向等)		● 文化和公民道德 ● 计算机和数字技术
日本国立教育政策研究所（2013）	实践力： ● 自律地活动 ● 人际关系形成 ● 参与社会 ● 为可持续的未来负责	思考力： ● 发现和解决问题以及创造力 ● 有逻辑的、批判性思维 ● 元认知、适应性学习；		基础力： ● 语言技能 ● 数学技能 ● 信息技能
新加坡教育部（2014）	核心价值观： ● 尊重自我和他人 ● 责任感 ● 正直 ● 关心他人 ● 顺应力	社会和情感能力： ● 自我意识 ● 自我管理 ● 社会意识 ● 关系管理 ● 负责任地决策		适应全球化社会的能力： ● 公民素养、全球意识和跨文化技能 ● 批判性思维和创新思维 ● 交流、合作和信息技能
芬兰国家教育委员会(2014)	● 文化素养、互动与表达 ● 多元识读能力 ● ICT 能力	职场生活能力和企业家精神 思考与学会学习		● 关心自我、管理日常生活 ● 参与、影响和建构可持续的未来

　　OECD 通过 DeSeCo 项目最先从 1997 年提出"关键能力"框架，随后各国开始研制自己的"关键能力"或"21 世纪技能"框架。欧盟最初于 2006 年制定了终身学习的关键能力框架，基于社会、经济、技术的变化，2018 年对其进行了修订。美国"21 世纪学习合作组织"（简称 P21）研制了 21 世纪技能框架（后更名为"21 世纪学习框架"），联合美国教育部、顶尖企业和其他社会团体组织，旨在将 21 世纪技能整合进美国中小学课程教学中。本部设于澳大利亚墨尔本大学的 ATC21S 旨在帮助学习者获得在 21 世纪职场中取得成功的必备技能，其实验或合作学校遍布澳大利亚、美国、芬兰、新加坡、荷兰等国。借鉴美国 P21 的理念和经验，加拿大成立"加拿大 21 世纪学习 & 创新组织"（Canadians for 21st Century Learning & Innovation，简称 C21），旨在有效支持在加拿

大教育系统的教学策略和学习技术中整合21世纪技能和能力。① 日本国立教育政策研究所2013年发布《培养适应社会变化的素质与能力的教育课程编制的基本原理》报告,提出"21世纪能力",指出这是21世纪所需要的生存力,包括实践力、思考力、基础力。② 新加坡从1997年开始,用20年时间,削减了30%的旧课程内容,为能力导向的教学腾出空间。③ 新加坡教育部2014年发布《21世纪能力和学生成果框架》(Framework for 21st Century Competencies and Student Outcomes),指出21世纪能力能使年轻人在新的数字化时代中充分利用机会,是新加坡发展之本。④ 芬兰于2014年末完成新的国家核心课程设计,2016年开始实施聚焦21世纪技能的课程改革,新课程基于21世纪技能划分为7个能力领域,旨在帮助学生应对未来社会、职业和生活中的挑战。⑤

各个国家和国际组织对21世纪技能框架目标的阐述略有不同,OECD的框架旨在帮助公民实现成功生活与发展健全社会,欧盟的框架指向终身学习,美国和加拿大的框架关注21世纪职场需要,ATC21S旨在帮助学生应对信息时代生活和职业需求,芬兰的框架面向未来的需求,新加坡和日本的框架凸显伦理道德与核心价值观。这些框架所包含的子技能也有所不同,但总体强调通用技能(素养),其中,欧盟和日本的框架纳入了学科素养或基础素养,再拓展到通用技能(素养)。

这些框架也具有一些共同的特征,主要是:横向的或通用的(不与特定的领域直接联系,但与很多领域相关);多维度的(包含知识、技能和态度);高阶的,与高阶技能和行为相关,是能够应对复杂问题和突发情况的能力。⑥ 其核心是批判性思维、问题解决、学会学习、创新等高阶思维技能以及合作、有效交流等技能,另外还包括ICT技能和公民素养等。这些技能是超越知识的,对于在教育、工作、生活等领域获得成功至关重要,可以在核心学科和跨学科内容领域中展现,可以在正式和非正式学习环境中发展。

---

① Canadians for 21st Century Learning & Innovation. Organizational Goal [EB/OL]. (2017 - 12 - 12). [2018 - 02 - 11]. http://c21canada.org/mission/.
② 藤野,赖彦. 社会の変化に対応する資質や能力を育成する教育課程編成の基本原理[R]. 日本国立教育政策研究所, 2013(3): 26.
③ 国家教育宏观政策研究院. 何为教育强国? [EB/OL]. (2017 - 08 - 20). [2017 - 11 - 12]. http://www.niepr.ecnu.edu.cn/_upload/article/files/0d/f2/32c617c844328f114ea168fb6721/b42c2496-ae54-4851-9f64-4cc97cf74298.pdf.
④ Ministry of Education Singapore. 21st Century Competencies [EB/OL]. (2015 - 04 - 16). [2016 - 03 - 19]. https://www.moe.gov.sg/education/education-system/21st-century-competencies.
⑤ Vitikka E. Curriculum Reform and Development in Finland [EB/OL]. [2017 - 07 - 15]. http://www.curriculum.ut.ee/sites/default/files/ht/12.111.15_curriculum_reform_in_finland_vitikka.pdf.
⑥ OECD. The Definition and Selection of Key Competencies (Executive Summary) [EB/OL]. (2005 - 05 - 27). [2017 - 09 - 25]. http://www.oecd.org/pisa/35070367.pdf.

各国和国际组织重在对 21 世纪技能进行界定和遴选,明显表现出"产出导向"(结果导向),这种产出导向恰恰也说明,以往的教育并未培养出现在社会所需要的人才,导向性出了问题。① 21 世纪的教育开始重新纠正以往不符合时代需求的导向,调整教育目标。实际上,对 21 世纪技能的界定和遴选是为了回答这样的问题:"在未来什么知识最有价值"或"21 世纪的学生应该学什么"。这既是对 21 世纪教育目标的重新设定,也是对课程内容的重新设定。3R 所代表的基础技能与学科知识不再是主要的教育目标,也不再是课程内容的核心,高阶技能或能力成为教育目标与课程内容的核心,自我管理和自我意识等元认知技能以及责任感等人格特质也是重要的组成部分。

21 世纪技能也是世界各国面向 2030 年教育战略的核心目标,是面向未来的教育需求。美国、加拿大、欧盟、芬兰、OECD 等国家和组织都已经或正在研制面向 2030 年的 21 世纪技能或关键能力框架。比如,21 世纪技能运动重新界定了芬兰教育的目标,芬兰国家新课程改革所提出的 21 世纪技能框架即是面向 2030 年的社会,新课程强调每个学科都要促进 21 世纪技能的发展,明确了不同年级具体的单元能力目标、教学内容、教学方法和评价方法。② 需要指出的是,大部分框架的研制和实施不仅受到政府的支持,也受到企业、教育组织、社会团体等的资助或支持,其中美国 P21、加拿大 C21、ATC21S 的框架的主要赞助者是公司,日本、新加坡和芬兰的框架主要是国家政府层面自上而下所研制和推动的。

(二)各国实施 21 世纪技能的着力点

在很多国家,已有大量教育者和学校将 21 世纪技能置于学习的中心。③ 尽管不同国家的教育方式不同,但都致力于一个共同目标,即培养学生在全球经济中获得成功所必备的技能或能力。到底如何实施 21 世纪技能框架,世界各国重点关注五大方面。

1. 在课程中整合 21 世纪技能

世界主要国家都认为需要针对 21 世纪技能进行重大的课程变革。实施 21 世纪技能最具争论的议题是如何界定其地位,如何将其放置在课程之中。④ 各国和地区以及国际组织提出了 21 世纪技能的三种主要的课程整合方法:(1)作为新的学科,或在

---

① 沈章明. 谁提出了"核心素养"这个概念[J]. 湖北教育,2017(1):6.
② 邓莉,彭正梅. 迈向 2030 年的课程变革:以美国和芬兰为例[J]. 湖南师范大学教育科学学报,2018,17(1):104.
③ Partnership for 21st Century Learning. Framework for 21st Century Learning [EB/OL]. [2016-04-20]. http://www.p21.org/our-work/p21-framework.
④ Voogt J, Roblin N P. A Comparative Analysis of International Frameworks for 21st Century Competences: Implications for National Curriculum Policies [J]. Journal of Curriculum studies,2010,44(3):310.

传统学科中将其作为新的内容,加入到现有课程之中;(2)将其整合作为跨课程的技能或能力,来强化所有学科,重视更广泛能力的获得;(3)作为新课程的一部分,变革学校课程的传统结构,学校被视为学习组织。① 在这些方法中,除了在核心学科中整合21世纪技能,往往支持在跨课程和跨学科主题中整合21世纪技能,尤其注重在STEM或STEAM(Science、Technology、Engineering、Arts、Mathematics,即科学、技术、工程、艺术、数学)跨学科课程中整合21世纪技能。对于具体的课程整合形式或课程编制而言,21世纪技能主要通过项目式课程来加以整合。不同于学科课程的"目标—达成—评价"的设计方式,项目式课程的单元编制是以"主题—探究—表达"的方式来设计的。② 这种整合还注重在学科知识中整合真实世界中的资源和情境。

2. 从直接教学转向探究性学习方法

针对21世纪技能的课程变革需要重构课程以为21世纪技能的教学腾出空间,但也需要变革教学方法。尽管直接教学有利于帮助学生对学科知识的认知性掌握,但根据美国P21、加拿大C21、ATC21S、欧盟、芬兰和新加坡的框架,掌握21世纪技能,最好要由以学生为中心的探究性方法来支持,比如基于问题的学习、基于项目的学习、合作性学习和体验式学习等,以及强调综合使用技术来强化学生的学习,促进21世纪技能的掌握。在使用讲授法为主的国家,为了实施21世纪技能框架,教师通常在讲授之后,在课堂中使用小组项目演示、电脑辅助活动,同时也重视通过课外活动发展学生的21世纪技能。

3. 促进针对21世纪技能的教师专业发展

大量研究表明,教师是影响学生学习最重要的因素。③ 在21世纪技能的教学中,教师最为关键。但21世纪技能的教学给教师带来了很大的挑战,教师需要寻找方法在各门学科课程中整合这些技能,需要掌握不同的教学策略和评价程序。④ 因而,针对21世纪技能的教师培训项目,通常重在发展教师使用不同教学方法的能力以及使用ICT工具的能力来创造适应21世纪的学习环境。由于21世纪技能很复杂,以及具有跨学科性,P21强调教师需要理解这些技能的重要性,以及理解在课程中实施21世

---

① Gordon J, Halsz G, Krawczyk M, Leney T, Michel A, Pepper D, Putkiewicz E, Wisniewski W. Key Competences in Europe: Opening Doors for Lifelong Learners Across the School Curriculum and Teacher Education [R]. CASE Network Reports, No. 87, Center for Social and Economic Research (CASE), Warsaw, 2009.
② 钟启泉. 单元设计:撬动课堂转型的一个支点[J]. 教育发展研究,2015,35(24):4.
③ 约翰·哈蒂. 可见的学习:对800多项关于学业成就的元分析的综合报告[M]. 彭正梅,等,译. 北京:教育科学出版社, 2015:89.
④ Gordon J, Halsz G, Krawczyk M, Leney T, Michel A, Pepper D, Putkiewicz E, Wisniewski W. Key Competences in Europe: Opening Doors for Lifelong Learners Across the School Curriculum and Teacher Education [R]. CASE Network Reports,No. 87 Center for Social and Economic Research (CASE), Warsaw. 2009.

纪技能的方法。为此,应该给教师提供机会观察真实的案例,参与持续的专业发展项目,并参与到专业学习社区中。欧盟还提到要给教师提供足够的薪酬,并指出这是支持持续实施21世纪技能的关键因素。[1]

4. 加强多方利益相关者的参与

21世纪技能是21世纪职场和社会生活所需要的关键技能,这些技能不仅仅是由教育学家决定的,也主要是由社会特别是企业界参与决定的,不只针对儿童,也不只针对教育,同时也指向整个社会。[2] 教育变革不应是学校孤岛式的努力,除了凝聚学校内部的力量,各方利益相关者应该加强参与力度和沟通交流,对21世纪技能的理念和实践达成共识,形成实施21世纪技能变革的有利环境和良性互动的学习生态系统。美国P21、加拿大C21和欧盟都强调政策制定者、教育学院、研究者、企业、学校领导者、家庭和社区等多方利益相关者要参与进来。它们都认为学校领导力是支持实施21世纪技能的关键因素,但同时也认可其他利益相关者的基础性作用。P21确定的三个主要的利益相关群体是:公共部门(如州和地方政府),私人部门(如企业、家庭),教育团体(如教师、教材供应者、专业组织、教师培训机构和教育研究者)。欧盟的框架同样强调要获得与此类似的利益相关群体的支持,但也注重欧盟委员会和其他国际机构对实施21世纪技能的支持。[3]

5. 主要挑战在于评价

实施21世纪技能的主要挑战在于评价。21世纪技能是高阶的复杂技能,难以通过单一的纸笔测验测量。针对21世纪技能的评价,国际上很多教育组织都呼吁开发新的评价体系,大部分学者认为,当前的评价模式主要在于评价不相关联的知识,而不是评价21世纪技能,他们呼吁新的评价体系要基于真实的、复杂的任务。但只有P21和ATC21S具体分析了这些新的评价体系的特征。这两个组织界定的框架都强调需要加强形成性评价,让学生的学习和思维可见,同时强调提供反馈,致力于教师和学生的能力建设。ATC21S更进一步研制了通过计算机技术评价合作性问题解决技能的具体方法。各个国家和组织都指出,技术能够加速评价,减少成本和提供反馈的时间,并能让评价更有效。[4] 当然,基于技术的评价仍处于早期阶段,但已成为21世纪技能

---

[1] Voogt J, Roblin N P. A Comparative Analysis of International Frameworks for 21st Century Competences: Implications for National Curriculum Policies [J]. Journal of Curriculum studies, 2010, 44(3): 311.

[2] 彭正梅. 中美教育在学生"核心素养"培养上的比较[J]. 湖北教育, 2017(7): 8.

[3] Voogt J, Roblin N P. A Comparative Analysis of International Frameworks for 21st Century Competences: Implications for National Curriculum Policies [J]. Journal of Curriculum studies, 2010, 44(3): 311-312.

[4] Voogt J, Roblin N P. A Comparative Analysis of International Frameworks for 21st Century Competences: Implications for National Curriculum Policies [J]. Journal of Curriculum studies, 2010, 44(3): 312-313.

评价的关键手段。

四、结语：培养全球竞争力，推进 21 世纪技能为导向的教育改革

(一) 21 世纪技能运动本质上是培养具有全球竞争力的人才

随着全球化的进一步加深和扩展，特别是全球市场、全球知识经济的发展，世界各国为了提升和维持自己竞争优势，提出了以培养高阶人才为目标的 21 世纪技能运动。经济动因是 21 世纪技能教育改革运动的根本动力，这场运动的本质是培养和提升全球竞争力。

美国的 21 世纪技能运动是一场自下而上的、联合联邦教育部、州教育局、学区、学校、社区、企业界和非营利性机构等力量推动和实施的教育改革运动，致力于面向每一个人，培养适应 21 世纪所需要的具有 4C 技能的高阶人才。这类人才一直是美国持续创新的基础，也是美国当前和未来参与全球竞争的人才资源支撑。美国当前的国家教育政策与 21 世纪技能运动相呼应。2015 年奥巴马签署的《每一个学生成功法案》(Every Student Succeeds Act)提出"高阶技能要面向每一个人"，坚持聚焦于批判性思维和问题解决技能的 21 世纪课程与评价，而不是机械的教育。[1]

2017 年 11 月 30 日，美国教育部部长贝琪·德沃斯(Betsy DeVos)在教育改革国家峰会上发表演讲，再提美国教育危机。她认为 1983 年的教育危机在 35 年之后仍没有改变，而且"美国正在被中国、德国、英国等国家所超越，美国处于更大的危机中，这是不可接受、不可宽恕的，是'非美国的'，美国能够而且必须做得更好"。[2] 同年，美国总统特朗普发布就任以来的第一次国家安全战略，将中国视为竞争对手，把中国定义为"战略竞争者"，认为中国正在挑战美国的力量、影响力与利益。[3][4]

美国历来把"教育失败"当成是国家危机，进而将教育政策上升为国家战略。当前，面对中国的崛起，美国深感危机，对现在和未来的教育也在做出改革和远景规划。"对于已经处于某种竞争关系的中美两国来说，能否以及如何培养期望中的 21 世纪技

---

[1] Cook-Harvey C M, Darling-Hammond L, Lam L, Mercer C, Roc M. Equity and ESSA: Leveraging Educational Opportunity Through the Every Student Succeeds Act [R]. Palo Alto, CA: Learning Policy Institute, 2016: 5.

[2] U. S. Department of Education. Prepared Remarks from U. S. Secretary of Education Betsy DeVos to Foundation for Excellence in Education National Summit on Education Reform [EB/OL]. (2017-11-30). [2017-12-11]. https://www.ed.gov/news/speeches/prepared-remarks-us-secretary-education-betsy-devos-foundation-excellence-education-national-summit-education-reform.

[3] The White House. National Security Strategy of the United States of America [EB/OL]. https://www.whitehouse.gov/wp-content/uploads/2017/12/NSS-Final-12-18-2017-0905.pdf.

[4] Fadel C, Earp J. Global Education: 21st Century Skills [EB/OL]. [2018-02-01]. https://www.teachermagazine.com.au/article/global-education-21st-century-skills.

能,对各自的战略布局如中国能否赶超、美国能否守成都具有关键性的意义。张之洞说,古来世运之明晦,人才之盛衰,其表在政,其里在学。也就是说,就像曾经美苏之间的竞争一样,中美表面上是政治、经济和外交的角力,而实际上是教育和科研的暗战和持久战。"①

中国志在成为世界大国,那么其人才必须具有全球竞争力,需要配套与世界大国目标相称的人才战略。参照国际经验,中国教育目标应有适合自己的 21 世纪技能或关键能力,聚焦于核心的高阶技能,凸显关键的能力培养,也就是说,要培养具有全球竞争力的中国人。② 我国与以美国为领头的发达国家的差距,是科技、经济、创新的差距,是高阶人才的差距,也就是 21 世纪技能培养方面的差距。全球各国尤其是世界强国已经加入到 21 世纪技能运动中,正在进行整体的教育变革,中国也应该问问自己:在 21 世纪的数字化时代,如何回应新的学习需求?在快速的技术变革、经济全球化的世界,世界强国都在积极变革教育系统,转向 21 世纪技能或能力的人才培养模式,来更好地为年轻人做准备,致力于建设世界强国的中国,跟上步伐了吗?在这场全球技能竞赛中,致力于建设教育强国的中国,作好准备了吗?

(二) 21 世纪技能运动是教育范式的转向

从 21 世纪技能运动在世界各国的发展概况以及世界主要国家和组织所研制的 21 世纪技能框架及其实施中可以看到,传授 21 世纪技能并不是一个选择项或附加项,各国的很多研究机构和国际组织的研究都表明,复杂的思维和分析技能是每个发展阶段的必要学习部分。很多国家都正在实施 21 世纪技能教育改革,其共同特征是从重视知识转向更为强调技能或能力。换句话说,21 世纪技能运动是指从 21 世纪之前的知识性和基础性的 3R 运动变革为 21 世纪的技能性和高阶性的 4C 运动的过程。这样一种超越基础知识、培养高阶技能的转向,是一个重大的教育范式和课程领导范式的变革。③ 这场范式转向,不是带动某个细枝末节或某一个方面的变革,而是整个教育教学系统和评价体系的全方位变革,它要求课程、教学、评价、教师专业发展、技术设施等进行联动变革,并且让各方利益相关者参与进来。

从学习的角度来说,这场范式转向是迈向一种深度学习。深度学习既是一个过程,促使学生更加熟练地深度理解严格的学术内容,掌握迁移能力;深度学习也是一个

---

① 彭正梅.中美教育在学生"核心素养"培养上的比较[J].湖北教育,2017(7):7.
② 彭正梅,郑太年,邓志伟.培养具有全球竞争力的中国人:基础教育人才培养模式的国际比较[J].全球教育展望,2016,45(8):75.
③ 邓莉,彭正梅.美国学校如何落实 21 世纪技能——21 世纪学习示范学校研究[J].外国教育研究,2017,44(9):52.

结果,是将知识和技能迁移到复杂情境中的结果。这并不只是一个有关学业成功、为工作作准备或公民职责的问题,而是为学生应对不确定的未来所应作的准备。

这场范式转向最大的革命意义还在于利用 21 世纪的技术去促进高阶技能的发展,并使得高阶技能的培养能够面向每一个人。技术在 21 世纪技能教育改革中起了关键作用,为 21 世纪技能的教学和评价提供了有效的新方法,其作为一种资源和手段使得 21 世纪技能的习得更加具有实现的可能性。技术能够刺激高阶思维和问题解决技能的发展,也可以支持合作性的、全球性的学习。① 技术可以补充基于项目的、体验式的、基于探究的适应性学习方法,促进 21 世纪技能的教学,帮助应对 21 世纪技能差距。② 另外,技术的潜力也能让评价更有效。在过去时代,高阶技能主要面向精英群体,但网络技术所带来的成本效益,能够使得高阶技能的培养面向每一个人。同时,21 世纪技能框架尤为重视 ICT 技能的培养,计算机技术不仅作为手段有效辅助各门学科和跨学科的学习和评价,也作为课程内容来重点教授。

在全球化进程中,中国要走向世界,不可避免地要参与全球竞争。为了落实立德树人的根本任务、适应世界教育改革发展趋势、提升我国教育国际竞争力,2016 年 9 月,《中国学生发展核心素养》报告正式发布,其中提出了核心素养框架。这一框架强调"人文底蕴"和"责任担当"等,体现了中国传统的特色,但与欧美国家的 21 世纪技能框架相比,显得有些笼统、宽泛、包容庞杂,不够聚焦,没有体现出较强的未来导向性,未能充分回应聚焦关键技能或能力的全球教育趋势。③ 对此,中国澳门特区政府教育暨青年局学校督导员郭晓明指出,我国的核心素养实为"全部素养",而美国的 21 世纪技能是"关键素养",关注的不是素养的完整性、全面性,而是时代性和针对性,侧重能力培养。④

2017 年 12 月,我国教育部完成对普通高中课程方案和 14 门学科课程标准的修订,并纳入学科核心素养。这里需要指出的是,我国基于核心素养的课程标准在某种意义上借鉴了美国的《共同核心州立标准》。《共同核心州立标准》实质上是内容导向的,是面向所有人的最基本的课程标准,是每个人都要掌握的学科素养,它是知识和技能要求的"地板",而不是"天花板"。21 世纪技能是更高阶的、现代化的、具有竞争力

---

① Reed D S, McNergney R F. Evaluating Technology-based Curriculum Materials [EB/OL]. (2000-10). [2017-02-19]. https://files.eric.ed.gov/fulltext/ED449118.pdf.
② World Economic Forum. New Vision for Education: Unlocking the Potential of Technology [EB/OL]. http://www3.weforum.org/docs/WEFUSA_NewVisionforEducation_Report2015.pdf.
③ 彭正梅. 中美教育在学生"核心素养"培养上的比较[J]. 湖北教育,2017(7):7.
④ 郭晓明. 从核心素养到课程的模式探讨——基于整体支配与部分渗透模式的比较[J]. 中国教育学刊,2016(11):44—47.

的素养,是对学生更高的学习要求,是与现实生活更为相关的能力,尤为重视跨学科的 4C 技能以及 ICT 技能,关注学生面向未来发展的核心技能或关键能力,更多体现为"通用素养"或"通用技能",而不是就学科素养达成共识。总之,以 21 世纪技能为导向的教育改革所要培养的全球竞争力是一种通用的高阶素养,具有全球竞争力的人才应体现为一种具有高阶能力的形象,它要求一种变革性的新的教育范式。

(邓　莉　彭正梅)

第八章　核心素养的话语形成、扩散与制度化

一、研究问题

自进入 21 世纪以来,世界主要国际组织以及国家和地区均实施或提出了适应 21 世纪知识社会的人才能力框架,提出 21 世纪应该具备的关键能力或核心素养。[①] 核心素养俨然已成为当今世界的主流教育话语,[②]中国也是该话语的主要场域。近年来,国内有关核心素养的研究呈爆发性趋势,研究焦点集中在核心素养的定义及内涵、基于核心素养的课程及评价、国际核心素养教育的比较、基于核心素养的课程改革等方面,但鲜有从话语的角度研究核心素养这一概念的形成、扩散及制度化过程。[③] 本章试图从话语理论及新制度主义理论出发,探讨素养、核心素养的概念及话语形成、扩散,以及在世界主要国家的制度化过程,主要回答以下几个问题:

1. 核心素养的概念及话语形成的历史背景是什么?
2. 什么因素促成这一话语占据了国际教育的主流地位?
3. 核心素养的制度化机制是什么?

二、核心素养的话语形成

话语形成是一个从科学史和科学社会学这些学科的发现引发出来的一个术语,它指的是对于学术知识的建构性的洞见,以及将这样的洞见概念化的模型。[④]

具体来说,这个概念强调的是,一般制度化的学术研究领域,特别是包括比较教育在内的社会科学,既是思想上的、也是历史中的活动。这些领域通过不同形式、在不同程度上受到特定的制度环境、变化的思潮以及多样的社会政治条件的影响。正是不同领域的社会行动者——政治家和学者、政府官员和顶尖知识分

[①] 彭正梅,郑太年,邓志伟. 培养具有全球竞争力的中国人:基础教育人才培养模式的国际比较[J]. 全球教育展望,2016,45(8):67—79.
[②] 彭正梅,郑太年,邓志伟. 培养具有全球竞争力的中国人:基础教育人才培养模式的国际比较[J]. 全球教育展望,2016,45(8):67—79.
[③] 彭正梅,郑太年,邓志伟. 培养具有全球竞争力的中国人:基础教育人才培养模式的国际比较[J]. 全球教育展望,2016,45(8):67—79.
[④] 于尔根·施瑞尔. 比较教育中的话语形成[M]. 郑砚秋,等,译. 北京:北京大学出版社,2011.

子、公共评论家和特定专业的发言人——通过对话和游说促成了特定的范式、思潮或者理论研究计划的出现或消失。

简而言之,话语的形成,包括教育话语的形成,受到情境的制约和驱动,由不同领域的行动者参与建构,最终形成某种特定的言说方式或实践形式。以此来考察核心素养话语的形成,也即考察核心素养话语得以建构的社会、经济及政治背景和参与者,最为重要的是考察其背后的动力机制。

核心素养中的素养一词,译自英文的 competence,意为能力、胜任力等,是20世纪80年代以来盛行于西方发达国家教育领域,尤其是职业教育领域的一个概念。当然,如果往前追溯,这一概念还可以追溯到20世纪初发端于西方工业社会、追求社会效益(social efficiency)的科学管理思想,即泰罗主义。[①] 泰罗主义的影响不断扩散,甚至连教育也不例外,人们逐步将视野转向教育的效率和效益问题。这一趋势在冷战时期由于东西方的对立以及对人力资源的关注发展迅猛,并在20世纪80年代达到了高潮。1983年,美国总统里根的教育委员会发布的《国家处在危机当中》是教育领域关注效率和效益最具有代表性的文件。这一时期,美国、英国、澳大利亚、新西兰等西方发达国家相继发起了基于能力的运动(competence-based movement)。[②③④⑤] 不过,此时基于能力的教育主要聚焦职业教育和培训,而非普通教育。除了宏观的外在危机感外,基于能力的运动之所以兴起的一个重要内在原因是青少年的失业状况越来越严重,上述国家都先后启动了针对青少年工作技能培训的项目。例如英国政府在20世纪80年代推出了诸如青少年培训计划(Youth Training Scheme)等若干个促进青少年及成人就业的教育及培训项目,这些项目及政府的白皮书越来越多地提及"能力",要求培养学习者适应各种工作的职业技能。[⑥⑦] 到80年代中期,随着西方发达国家越来越注重职业教育,"能力"一词已经成为政府文件中占主导地位的词汇。将教育与职业紧密联系起来、关注教育的结果——学习者的工作能力——成为国际潮流,并且呈现由西

---

① 彭正梅,郑太年,邓志伟.培养具有全球竞争力的中国人:基础教育人才培养模式的国际比较[J].全球教育展望,2016,45(8):67—79.
② Bates I. The Competence and Outcomes Movement: The Landscape of Research, 1986-1996 [EB/OL]. http://www.leeds.ac.uk/educol/aocuments/00002216.htm.
③ Dawkins J S. Improving Australia'S Training System [M]. Canberra: Australian Government Publishing Service, 1989.
④ Marks R. Standards in the States [J]. Competence and Assessment, 1994(26).
⑤ Watson A. Competency-Based Vocational Education: Is this the Answer? [J]. The Vocational Aspect of Education, 1991,114: 113-145.
⑥ DOE. A New Training Initiative: A Programme for Action [R]. London, 1981.
⑦ DES. Education and Training for the 21st Century [R]. London, 1991.

方发达国家迅速向南美洲、亚洲中的发展中国家扩散的态势。① 基于能力的教育不仅在国家间不断扩散,在国家内部也逐渐由职业教育扩散至普通教育。例如由梅耶领衔的一个委员会就向澳大利亚政府提交了一份报告,建议将职业相关技能整合到后义务教育的普通教育和职业教育中,这就是著名的梅耶报告《关键能力》(Key Competencies)。② 此外,能力一词的外延也慢慢扩大,由基础的读写技能扩展为知识、能力和态度情感的综合形态,③即素养。OECD对素养的定义是:"素养是指在特定的情境中凭借并调动心理社会资源(包括技能和态度)应对复杂需要的能力。比如,有效沟通的能力就是一种素养,它需要依赖个人的语言知识、实用信息技术技能以及他/她对所交往的对象的态度。"④国内学者也综合多个框架将核心素养定义为:"学生适应信息时代和知识社会的需要,解决复杂问题和适应不可预测情境的能力和道德,它由跨学科核心素养和学科核心素养所构成。为应对21世纪信息时代和知识社会的新挑战,当前全世界共同倡导的跨学科核心素养是4C,即合作(collaboration)、交往(communication)、创造性(creativity)和批判性思维(critical thinking)。"⑤从职业教育扩散至普通教育、从关键技能扩展为"核心素养",再到核心素养的定义形成,标志着核心素养话语在20世纪最后一二十年内正式确立。

这一术语无论对教育者来说还是对雇主来说都充满了吸引力,它使得那些彼此都认同的能力、资格和专业技能更加容易辨认,⑥其核心特征是以市场为导向的基于能力的学习,能力意味着可以通过实证方法来衡量学习结果。利奥塔(J. F. Lyotard)将这个过程称为实效性(performativity);⑦效率是实效性的基本判断标准,而知识是否有用,取决于它是否能有效地达成某个预期目标的效用。更进一步来看,这一主导性的教育话语伴随着全球化进程代表了一个更为广泛的、以促进创业精神、竞争力以及劳动力和资本在世界范围内流动为特征的全球性话语,并随着全球化程度的不断深化迅速扩散至全世界。⑧

---

① Gonczi A. Reconceptualising Competency-Based Education and Trainning [D]. Sydney: Univeristy of Technology, 1996.
② 彭正梅,郑太年,邓志伟. 培养具有全球竞争力的中国人:基础教育人才培养模式的国际比较[J]. 全球教育展望,2016,45(8):67—79.
③ 左璜. 基础教育课程改革的国际趋势:走向核心素养为本[J]. 课程. 教材. 教法,2016(2):39—46.
④ OECD. The Definition and Selection of Key Competencies (Executive Summary)[EB/OL]. (2005-05-27).[2017-09-25]. http://www.oecd.org/pisa/35070367.pdf.
⑤ 张华. 核心素养与我国基础教育课程改革"再出发"[J]. 华东师范大学学报(教育科学版),2016(1):7—9.
⑥ Westera W. Competences in Education: A Confusion of Tongues [J]. Journal of Curriculum Studies, 2001,33(1):75-88.
⑦ Jean-Francois L. The Lyotard Reader [M]. London: Blackwell, 1989:47-53.
⑧ Mayo P. The 'Competence' Discourse in Education and the Struggle for Social Agency and Critical Citizenship [J]. International Journal of Educational Policies,2009,3(2):5-16.

三、核心素养话语在全球范围内扩散与制度化的动力机制

对核心素养迅速在全球范围内的扩散进行批判性地思考非常有必要,这样有助于我们理性地看待国内正在兴起的"核心素养热"。首先需要思考的是核心素养话语在全球范围内扩散背后的动力机制。周平艳等概括了核心素养运动的 10 个驱动因素,[①]包括全球化、知识时代、科技发展与信息时代、经济成长、职业需求、人口结构变化、多元文化、环境与可持续发展、教育质量提升、教育公平;并根据这 10 项驱动力的内涵和相互关系,将它们归纳为时代与科技变革、经济与社会发展、教育发展三大类别。但这些因素又是通过什么机制如此迅速地在全球扩散的呢?下文尝试借用比较教育领域(尤其是新制度主义)的相关理论框架来解释这些动力机制。

(一) 共同的世界教育文化所驱动的理论或政策模仿

针对教育制度的扩散,迈耶(J. Meyer)等运用迈耶"共同的世界教育文化"(common world education culture)框架来予以解释。[②] 迈耶等运用比较和历史方法考察了 20 世纪许多国家的小学国家课程,发现这些国家课程无论在发生的机制还是在课程的形态上都非常相似。他们提出的假设是,大众教育及课程除了反映当地和本国的利益和要求外,还受到一种世界文化的影响;现代大众教育的普遍目标是寻求进步和公正(progress and justice),即便是当地和本国的利益和要求,也是经由这一世界文化加以过滤的,其结果便是大众教育及其课程在世界范围内出现了惊人的同质化倾向(homogeneity)。具体而言,在当今这个将教育定义为推动社会进步的核心力量的世界文化里,发达国家的教育政策通常会被研究和模仿。例如,20 世纪 70、80 年代日本工业发展迅猛,许多人相信日本的教育在经济发展中起到了至关重要的作用。中国在 21 世纪初开始的新课程改革,从很大程度上来说借鉴了美国这个超级大国的教育理念,其背后的逻辑假设是,美国"先进"的教育制度培养了高质量的人才,这些人才充当了社会发展的人力资本,使得美国一直领先于世界上其他国家的发展。最近一个典型的例子是,英国政府于 2016 年 7 月宣布将投入 4 100 万英镑,用于将英国一半的小学数学师资和教材改造成中国式的,以确保这些孩子长大的时候在与中国人的竞争中不

---

① 周平艳,魏锐,刘晟,等. 提出 21 世纪核心素养的驱动力研究[J]. 华东师范大学学报(教育科学版),2016(3):22—28.
② Meyer J, Kamens D H, Benavor A, et al. School Knowledge for the Masses: World Models and National Primary Curricular Categories in the Twentieth Century [M]. Washington D. C.: The Falmer Press, 1992.

至于落后。① 由于近年来中国经济迅猛发展,并成功渡过了世界性和地区性的金融危机,中国在过去几十年中创造的经济奇迹以及在 PISA 中的优异表现使得许多人相信中国的经济发展与教育模式之间有着必然的联系。

以此来观照核心素养话语的扩散,可以发现其背后的确有共同的世界文化的影子:人们相信可以通过核心素养教育来培养与 21 世纪社会经济发展所匹配的人才,从而获得或保持在未来社会生存的核心竞争力。这一点可以从民族国家的核心素养框架的理念表述中看得出来。以美国为例,美国是全球较早提出核心素养框架[1]的国家,美国"21 世纪学习合作组织"从 2002 年起开始研究 21 世纪技能,并于 2007 年发布了著名的《21 世纪技能框架》。该组织认为"(21 世纪)的经济、技术、信息、人口和政治因素已经改变了人们工作和生活的方式。学校必须像企业和社区一样适应这种变化才能够生存"②,"所有的学习者都必须也应当获得 21 世纪技能学习的机会,成长为未来的领导者、工人和公民"③。由于美国在全球的影响力极其强大,这个《21 世纪技能框架》对世界其他国家产生了巨大的影响,后来者(如中国)出于一种"集体理性"也都同样把核心素养教育看作确保学习者能够适应"终身发展和社会发展需要"的必要途径。④ 中国研究者常常提及的"21 世纪核心素养"这个术语本身也明显受到了该框架的影响。⑤

(二) 国际组织的影响与规范作用

除了各民族国家出于自身发展或其他因素主动模仿和学习其他国家的教育政策或实践外,"一个明显的世界秩序现在有希望提供可供各国复制的模式"。⑥ 全球化进程加剧了世界的融合进程,代表伟大集体利益和普遍原则的国际组织及其专业人员通过扮演"社会他人"的角色,为世界教育的发展提供各自的理念(ideas)、方案(recipe)和最佳实践(best practices),共同建构着一幅指导人类教育行为的世界教育蓝图。这些国际组织越来越成为现代世界政治结构的一个重要组成部分,使得现代社会逐渐成为

---

① Harding E. Half of Primary Schools Set to Teach Maths Chinese-Style [EB/OL]. (2016-07-12). [2016-07-13]. http://www.dailymail.co.uk/news/article-3685552/Half-primary-schools-set-teach-maths-Chinese-style-Children-required-practise-sums-exercises-prove-mastered-them.html.
② Crane T. Learning for the 21St Century [R]. Washington D.C., 2003.
③ Partnership for. 21st Century Learning. P21 Vision and Mission [EB/OL]. http://www.p21.org/about-us/our-mission.
④ 林崇德. 21 世纪学生发展核心素养研究[M]. 北京: 北京师范大学出版社,2016.
⑤ 刘坚,魏锐,刘晟,等.《面向未来: 21 世纪核心素养教育的全球经验》研究设计[J]. 华东师范大学学报(教育科学版),2016(3): 17—21.
⑥ 约翰·迈耶. 教育在全世界的制度化[M]//于尔根·施瑞尔. 比较教育中的话语形成. 北京: 北京大学出版社,2011.

一个国家角色相对弱化的世界(stateless society)。① 自 20 世纪 90 年代以来,国与国之间的教育交流日趋频繁,与此同时,以网络为核心的信息技术革命使得有关教育政策的知识和信息传播范围更广、速度更快,各种国际组织、多边组织、地区组织等大力推行包括教育在内的国际标准政策框架,全球各国教育体系愈来愈多地趋于同一,突出地表现在诸如新的社会发展质量观、社会公正与学习化社会之类的教育政策知识、价值、和实施行为方式上。②

众多国际组织、区域组织和民族国家一起建构了国际教育规范或标准,或者可以称之为国际教育建制(international educational regime)。所谓建制是指:"若干套明确规定或未明确规定的原则、规范以及决策程序,在此基础上,某一特定领域的国际参与者的预期趋于一致。"③国际教育建制即国际教育领域所明确规定或未明确规定的原则、规范以及决策程序,其中,国际组织随着全球化成为国际教育领域知识生产和传播越来越重要的参与者。它们往往有意识地在各成员国之间推动一系列示范性的教育理念、教育政策与方案,使其成为一种教育政策制定的规则,约束其成员遵照执行。它们彼此之间以及与国家和国际组织之间互动形成了国际政治中的跨国倡议网络(Transnational Advocacy Networks),推动着全球治理结构的转型,它是包括教育在内的国际组织运行的基本机制。④

在核心素养方向,经济合作与发展组织(简称 OECD,或经合组织)毫无疑问也是最具有影响力的国际组织之一。经合组织几乎囊括了世界上所有的发达国家,为成员提供其数据库和宏观政策上的研究成果。该组织于 1968 年首次涉足教育领域,每年发布的《教育概览:OECD 指标》已经成为各国教育系统相互比较和学习的重要依据;2000 年首次开展的"国际学生评估项目"(PISA)现已吸引全球 68 个国家和地区参与,成为国际教育评估领域的佼佼者。⑤ 这些成果和评价虽然不具有强制性,但通过精心合作形成的国际网络,经合组织与世界银行、联合国教科文组织等其他国际组织一起不断提出对全球普遍存在的问题的界定、解决问题的方案以及经由案例研究体现的最佳实践。例如,经合组织教育理事会的分析家们对大规模国际评估的数据进行精细的

---

① 谷小燕.国际组织在中国教育融入世界教育蓝图中的作用分析——基于新制度主义的世界社会理论视角[J].比较教育研究,2015(5):58—65.
② 杨启光.全球教育政策转移的动力模式[J].教育发展研究,2012(11):61—64.
③ Krasner S. Structural Causes and Regime Consequences: Regimes as Intervening Variables [C]//Stephen Krasner. International Regimes. Ithaca: Cornell UP, 1983.
④ 杨启光.全球教育政策转移的动力模式[J].教育发展研究,2012(11):61—64.
⑤ 谷小燕.国际组织在中国教育融入世界教育蓝图中的作用分析——基于新制度主义的世界社会理论视角[J].比较教育研究,2015(5):58—65.

分析,并将某些国家的实践作为"最佳实践"呈现给国际社会;同时,通过更加大众化的沟通形式将分析的结果与教育政策建议结合在一起,以此不断保持和强化国际组织在教育领域的话语权,实现了对成员国(以及非成员国)教育政策强有力的影响。[1] 用经合组织教育理事会一位前任主管的话说:"要将政策与研究彻底区分开来是极其困难的,政府支持什么研究、选择什么人来研究,本身就是一个政策问题。"[2]这句话同样也适用于国际组织(如经合组织)本身。

经合组织于1997年发起了一个跨学科跨国界合作项目"能力的界定与遴选:理论和概念基础"(Definition and Selection of Competencies: Theoretical and Conceptual Foundations),这个由社会学家、评价学家、哲学家、人类学家、心理学家、经济学家、历史学家、统计学家、教育学家以及决策者、政策分析师、贸易联盟、雇主、全国性和国际性组织代表共21人组成的项目组,在多年研究的基础上最终于2003年发布了项目最终报告《指向成功生活和健全社会的核心素养》(Key Competencies for a Successful Life and a Well-Functioning Society)。[3][4] 经合组织的报告一经发布,便受到了世界范围内的广泛关注,其他国际组织和许多民族国家相继跟进,发布了各自版本的核心素养框架。核心素养的概念也迅速得到了广泛的认同。例如,有学者研究发现,挪威政府长期以来一直将经合组织的各种报告视为知识来源,以至于在挪威的教育政策中,素养一词的涵义也受经合组织的影响而发生了变化。这说明经合组织等国际组织除了通过数据分析与最佳实践来影响民族国家的教育政策外,还通过建构概念或重构概念等所谓的"软治理"(soft governance)影响了民族国家的教育政策。[5]

(三) 专业人员共享观念的推动作用

共享观念的概念最早由涂尔干在《社会分工论》里提出,他最早用共同意识来解释任何人之间为何能和平相处。涂尔干认为,其中一个主要原因是人们具有共同意识,对应该遵守的基本规则都非常了解。[6] 涂尔干认为,在传统社会里,社会规则是通过

---

[1] Fraser P, Smith W C. The OECD Diffusion Mechanisms and its Link with Teacher Policy Worldwide [C]// Alexander Wiseman, Calley Stevens Taylor. The Impact of the OECD on Education Worldwide. WA, UK: Emerald Publishing, 2017.
[2] Papadopoulos G. Education 1960-1990: The OECD Perspective [R]. Paris, 1994.
[3] 崔允漷. 追问"核心素养"[J]. 全球教育展望,2016(5):3—10.
[4] OECD. The Definition and Selection of Key Competencies (Executive Summary)[EB/OL]. (2005-05-27). [2017-09-25]. http://www.oecd.org/pisa/35070367.pdf.
[5] Mausethagen S. Governance through Concepts: The OECD and the Construction of "Competence" in Norwegian Education Policy [J]. Berkeley Review of Education, 2013,4(1):161-181.
[6] 埃米尔·涂尔干. 社会分工论[M]. 渠东,译. 上海:生活·读书·新知三联书店,2000:240.

共享观念去维持的,但现代社会的分工使得利益代替了共享观念。玛丽·道格拉斯则认为,①现代社会仍然存在共享观念,制度其实就是约定俗成的,为社会成员所承认和接受,符合情理和社会期望。迪马吉奥(P. J. DiMaggio)和鲍威尔(W. W. Powell)沿着他们的思路,②认为社会规范作为外部环境诱使或迫使组织采取与其一致的形式和做法,从而得以获得合法性,被社会承认。规范的动力来自专业化、社会规则和行动准则。

就当今社会而言,教育已经发展成为一个非常科学的理性化制度,教育从业者也日益专业化。对教育的优点和特征详尽、标准、科学和专业的分析渗透到了全世界的交流中,形成了教育界的共享观念。其中所涉及的科学与专业取决于其学科通用的权威和方法,而不是主要受制于特定的国家权威,教育的专业化和科学化极大地加速了全世界的交流与标准化。③ 换句话说,从某种程度上而言,专业的概念似乎有着超越国家边界和意识形态立场的趋势,在国际政策制定和转移的过程中有着越来越强的话语权。④

以核心素养话语为例,无论是国际组织还是民族国家,核心素养框架的开发基本上都是委托专业的项目组进行的,这些项目组的成员通常来自教育、社会、心理、经济等专业领域,频繁的国际专业交流使他们在学科通用的理论与方法方面形成了共享观念。例如,他们相信更加训练有素的教师会导致学习者学业成绩的提升,更加理性的资源配置会导致学校组织效率的提高,有必要把对学习者的评估放在对学习结果的评价上来,以及素养比基础的读写能力涵义更丰富、更能代表 21 世纪的学习方式等。有关核心素养的政策、内涵和知识系统的研究反映出从业者的一种集体想象。专业人员有关核心素养的共享观念或集体想象借由其超越国家层面的话语权,加速了核心素养话语在全球的扩散。

(四)国家政策与国家课程的有形制度化作用

国家间的教育观念交流所产生的共享观念或集体想象,一旦被民族国家所吸纳并上升为国家政策,其必然结果是国家课程产生了惊人的一致。本纳沃特(A. Benavot)等分析了 1920—1986 年期间 100 多个国家的小学课程,发现尽管国与国之间存在政治、经济和社会结构的差异,但这些国家的小学课程存在着惊人的相似性。他们认为

---

① 玛丽·道格拉斯. 制度如何思考[M]. 张晨曲,译. 北京:经济管理出版社,2013.
② 沃尔特·W. 鲍威尔,保罗·J. 迪马吉奥. 组织分析的新制度主义[M]. 姚伟,译. 上海:上海人民出版社,2008.
③ 约翰·迈耶. 教育在全世界的制度化[M]//于尔根·施瑞尔. 比较教育中的话语形成. 北京:北京大学出版社,2011.
④ 托马斯·伯克维茨. 国家想象、本土外国人和权力:比较教育研究[M]//于尔根·施瑞尔. 比较教育中的话语形成. 北京:北京大学出版社,2011.

由各国知识精英和国家领导者为了国家进步和社会平等所推进的大众教育产生了相似的国家教育体系和学校课程。① 王淑英(Suk-Ying Wong)对20世纪的100多个国家的地理和历史课程的分析研究发现,这两个学科都有向美国式的"社会研究"(social studies)模式靠拢的趋势。② 劳耐尔(M. Rauner)的研究也发现全球范围内各国的公民教育课程也从过去的完全关注本国转变为同样重视全球问题和国际组织。③

核心素养的制度化过程带有同样的特征,21世纪以来,众多国家将核心素养提升到了国家课程的层面。例如,美国近年来推出了包含21世纪技能的"共同核心州立标准";④日本文部省科学省正在为初等教育至大学教育编制以"关键能力"为核心的课程,并要求大学及中小学予以实施;⑤新加坡教育部于2009—2010年连续发布了两个重要文件:《理想的教育成就》(The Desired Outcomes of Education)和《21世纪技能》(21st Century Competence),并推动全国性的教学改革将核心素养融入到中小学课程当中。⑥⑦ 中国教育部在2014年发布的《教育部关于全面深化课程改革 落实立德树人根本任务的意见》中首次提出要研究制定学生发展核心素养体系并据此完善中小学课程教学有关标准,正式将核心素养上升为国家课程。基于核心素养的课程话语以官方课程改革的形式最终实现了有形的制度化过程。

四、结语

国内对核心素养的研究大多为横断面研究,⑧⑨⑩⑪即横向地比较世界各国的核心素养框架及与之相关的课程改革,其价值取向是比较与借鉴的。然而,作为比较教育的经典研究方法,历史研究对理解教育现象的背景、驱动因素及动力机制而言同样重

---

① Benavot A, Cha Y-K, Kamens Det, et al. Knowledge for the Masses: World Models and National Curricula, 1920 - 1986 [J]. American Sociological Review, 1991,56(1): 85 - 100.
② Wong S-Y. The Evolution of Social Science Instruction, 1900 - 1986: a Cross-National Study [J]. Sociology of Education, 1991,64(1): 33 - 47.
③ Rauner M. The Worldwide Globalization of Civics Education Topics, 1955 - 1995 [D]. Stanford University, 1998.
④ 曾家延,李凯. 基于核心素养的课程标准制订——来自美国Ccss研制中的经验与智慧[J]. 教育参考,2016(5): 63—70.
⑤ 肖驰,赵玉翠,柯政. 基于核心素养的课程政策——第十三届上海国际课程论坛综述[J]. 全球教育展望,2016(1): 113—120.
⑥ Singapore MOE. Education System [EB/OL]. [2018 - 10 - 11]. https://www.moe.gov.sg/education/education-system/21st-century-competencies.
⑦ Tan J P-L, Koh E, Chan Met al. Advancing 21St Century Competencies in Singapore [R]. Singapore, 2017.
⑧ 尹小霞,徐继存. 西班牙基于学生核心素养的基础教育课程体系构建[J]. 比较教育研究,2016(2): 94—100.
⑨ 王俊民. 新西兰基于核心素养的课程构建与实施[J]. 比较教育研究,2016(12): 66—72.
⑩ 姜英敏. 韩国"核心素养"体系的价值选择[J]. 比较教育研究,2016(12): 61—65.
⑪ 张紫屏. 基于核心素养的教学变革——源自英国的经验与启示[J]. 全球教育展望,2016(7): 3—13.

要。① 本章认为,对核心素养这一教育话语的"历史发生学研究"不应当被忽视。② 一方面,对于核心素养的来龙去脉的把握有助于我们预测和思考核心素养未来的走向;另外一方面,对驱动核心素养话语扩散和制度化的动力机制的研究有助于厘清这一盛行的教育学话语背后的权力基础。后面这一点尤其重要,核心素养话语发端于西方发达国家,经由国际组织及教育专业人员的阐发与推动,逐渐扩散至发展中国家,带有强烈的新自由主义色彩。因此,在引进和借鉴西方的核心素养框架时,对西方核心素养框架的种种局限性要有清醒的认识;与此同时,应当勇于建构有中国特色的核心素养框架,为世界核心素养运动贡献中国元素,提升中国教育的话语权与影响力。

(周小勇)

---

① 彭虹斌.20 世纪比较教育学者的历史方法论探析[J].华东师范大学学报(教育科学版),2014(4):1—7.
② 刘良华.教育研究方法(第 2 版)[M].上海:华东师范大学出版社,2015.

第九章　全球化时代呼唤全球素养教育

一、引言

21世纪以来,世界主要国际组织以及多个国家和地区均在研制或实施适应21世纪知识社会的人才能力框架,描述了21世纪学习者应该具备的关键能力或核心素养。① 几乎所有的框架都将全球素养列为核心素养的一个重要维度。例如,经济合作与发展组织(OECD)计划于2018年将全球素养纳入PISA测试范围。该组织认为今天的年轻人将与来自不同背景和文化的人一同生活和工作,学校需要帮助他们作好准备,迎接一个联系越来越紧密的世界。为此,OECD将开发一个新的独立测试并将之纳入2018年的PISA测试体系,用来衡量全球近80个国家的年轻人有关全球议题的知识、技能、态度及价值观。② 与OECD的立场相似,欧盟也认为全球化给欧盟带来了新的挑战,每个欧盟公民都必须具备广泛的核心素养以适应迅猛变化和高度关联的世界。欧盟提出了面向全球化时代的8项核心素养,其中包含了全球素养,即外语交流能力、文化意识及表达。③ 一些主要民族国家也纷纷提出了各自的核心素养框架。美国21世纪学习合作组织于2007年发布了著名的21世纪技能彩虹图,该组织认为,应当在核心课程中渗透全球意识、经济和商业素养、公民素养、健康素养以及环境素养等跨学科主题。④ 新加坡政府同样认为全球化、人口变化和技术进步是未来社会的主要驱动力,新加坡的学生应当准备好应对这些挑战并抓住这些变化带来的机遇。为此,新加坡教育部提出了面向21世纪的核心素养框架,其中全球意识和跨文化交流技能是重要的维度。⑤ 我国教育部委托北京师范大学研制的《中国学生发展核心素养》总体框架中,同样也将国际理解作为一个重要的维度。⑥ 从这些例子中可以发现,许多

---

① 彭正梅,郑太年,邓志伟.培养具有全球竞争力的中国人:基础教育人才培养模式的国际比较[J].全球教育展望,2016,45(8):67—79.
② Schleicher A. Pisa Tests to Include 'Global Skills' and Cultural Awareness [EB/OL].(2016-05-27).[2017-04-20]. http://www.bbc.com/news/business-36343602.
③ European Commision. Key Competences for Lifelong Learning: A European Framework [R]. Luxembourg, 2006.
④ Partnership for 21st Century Learning. Framework for 21st century Learning [EB/OL].[2016-04-20]. http://www.p21.org/our-work/p21-framework.
⑤ Singapore MOE. Elaboration of the MOE 21St Century Competencies [EB/OL].(2015-04-15).[2017-04-20]. https://www.moe.gov.sg/education/education-system/21st-century-competencies.
⑥ 林崇德.21世纪学生发展核心素养研究[M].北京:北京师范大学出版社,2016.

国际组织和国家都将全球化时代的一些需求作为其教育政策的重要维度,有些侧重于将世界看作一个整体的体系——全球性的相互依存塑造了人类生活本身;有些则强调应将与来自不同背景和文化的人一同生活和工作的能力看作公民的基本权利;还有些则强调跨文化理解与文化多样性的重要性;也有部分方案强调针对全球性问题的意识和行动。我们把这些要素统称为全球素养。全球素养教育对身处21世纪全球化时代的学生而言,其重要性不言而喻。正如全美教育协会(National Education Association)所称:"在21世纪,全球素养不是一种奢侈品,而是必需品。……全球素养理应成为教育——从基础教育到研究生教育——的核心使命。"[1]

二、全球素养的定义与代表性框架

尽管众多国际组织和民族国家都将全球素养作为重要的维度纳入其核心素养框架,但无论是名称还是涵义,并没有一个统一的说法,有些框架对这一素养的描述还比较模糊,说明全球素养作为新兴概念,尚未有统一的定义。早期的研究倾向于将全球素养看作一种思维方式或观点(mode of thought),因此强调培养学生的全球意识和跨文化意识;[2]国际文凭组织(IBO)将之称为国际思维(international mindedness);[3]另有一些组织用"global literacy"来指称全球素养,认为"global competency"和"global literacy"这两个词的涵义相同,可以互换;[4]加拿大安大略省特伦多公立教育局(Toronto District School Board)将全球素养等同于广义的21世纪技能,将所有跨学科的通用21世纪技能,如批判性思维与问题解决能力、创造力与探究精神、合作与领导能力、沟通能力以及全球公民意识和品格,都看作是全球素养。[5][6] 本书倾向于将全球素养看作是近年来兴起的核心素养运动中的一个维度,即把全球素养看作核心素养框架中的跨学科通用素养,依据这一视角挑选了一些国际组织和非政府机构提出的全球素养框架加以说明和分析。

OECD长期以来一直致力于全球教育,其对全球素养的定义最具代表性。OECD

---

[1] NEA. Global Competence is a 21St Century Imperative [EB/OL]. https://multilingual.madison.k12.wi.us/files/esl/NEA-Global-Competence-Brief.pdf.
[2] Hanvey R G. An Attainable Global Perspective [J]. Theory Into Practice, 1982, 21(3): 162-167.
[3] IBO. IB Answers. What is International Mindedness? [EB/OL]. (2015-07-08). [2017-04-22]. https://ibanswers.ibo.org/app/answers/detail/a_id/3341/~/what-isinternational-mindedness%3F.
[4] Asia Society. Global Competence: The Knowledge and Skills Students Need for Success in an Interconnected World [EB/OL]. (2010-07-15). [2017-04-20]. http://asiasociety.org/files/afterschool-ehtrainers-workshop-globalcompetence.pdf.
[5] Toronto District School Board. A Vision for Learning in TDSB [R]. Canada, 2016.
[6] 周靖毅. 加拿大安大略省中小学课程结构改革的动向与启示[J]. 全球教育展望, 2017, 46(4): 40—50.

将全球素养定义为：①

> 全球素养是指从多元视角批判地分析全球和跨文化问题的能力；理解文化差异如何影响人们的观念、判断以及对自己和他人的看法的能力；在普遍尊重人类尊严的基础上与来自不同背景的他人进行坦诚、得体和有效沟通的能力。

美国向来注重全球素养教育。全美州立学校首席教育官理事会（Council of Chief State School Officers，简称 CCSSO）和美国亚洲协会于 2012 年联合发布了一份题为《全球素养教育：为我们的年轻人融入世界作好准备》的报告，②报告将全球素养定义为：

> 全球素养即理解具有全球性意义的议题并有针对性地采取行动的能力和气质。

美国另一个致力于全球素养教育的全国性非政府组织"世界智慧"（World Savvy）对全球素养的定义如下：③

> 全球素养指在当今这个联系紧密的世界生活和获得成功所必需的知识、技能和气质。具有全球素养的人是终身学习者、对文化差异有充分的意识、具备理解和思考多元视角的能力、具有批判性和比较思维能力、具有问题解决能力、能够接受变化和不确定性并且能够理解重要的全球性议题。

瑞莫尔斯（F. Reimers）将全球素养定义为帮助人们理解他们所生活的扁平化世界、综合不同学科的知识理解全球性事务和议题以及处理这些事务和议题的能力。④全球素养还包括能够平和地、谦恭地及富有成效地与来自不同背景的人打交道的态度和伦理气质。

---

① OECD. Global Competency for an Inclusive World [R]. Paris: OECD Publishing, 2017: 2.
② Mansilla V B, Jackson A. Educating for Global Competence: Preparing Our Youth to Engage the World [R]. New York, 2011.
③ World Savvy. What is Global Competence? [EB/OL]. (2017-02-12). [2017-04-22]. http://www.worldsavvy.org/global-competence.
④ Reimers F. Educating for Global Competency [M]. New York: Routledge, 2010.

尽管有关全球素养没有一个放之四海而皆准的定义，但这些定义都将全球素养教育置于全球化及科技发展所带来的机遇和挑战这个大的背景之下，关注学习者应对这些机遇和挑战所必需的能力。

与其他素养一样，全球素养中的素养（英文为competency）并不仅仅意味着知识和技能。"素养是指在特定的情境中凭借并调动心理社会资源（包括技能和态度）应对复杂需要的能力。比如，有效沟通的能力就是一种素养，它需要依赖个人的语言知识、实用信息技术技能以及他/她对所交往的对象的态度。"[1]全球素养也同样如此，全球素养并不仅仅意味着有关世界和全球化的知识或跨文化交际的能力，它包含了知识、技能、态度及行为等多个维度。几乎所有的全球素养框架都将全球素养分为若干个维度，下文介绍和分析了几个常见的全球素养框架。

全美州立学校首席教育官理事会及美国亚洲协会是美国著名的智库组织，它们认为，[2]全球化使得全球的经济越来越趋于扁平化，生产、销售和消费呈现全球分布的态势，劳动力在世界范围内的流动性越来越大，劳动力的分布也呈全球化态势，对人才培养提出了新的要求；与此同时，全球化也带来了许多问题，其中许多问题既是本地的，也是全球性的，应对这些问题需要未来的公民能够深刻理解全球性问题的本质并与世界各个角落里的其他公民共同协作解决。同时它们认为，我们的年轻人所面临的问题是全新的，但我们的教育却没在帮助我们的年轻人解决这些问题方面作好准备，需要提出新的教育理念，以培养学生对世界的认知、多元视角思维、跨文化沟通技能以及采取行动改变现状的意愿和能力。全美州立学校首席教育官理事会及美国亚洲协会将上述知识、技能、态度以及行动能力称为全球素养，并提出了包含了探究世界、分辨不同视角、沟通思想以及采取行动等四个维度的全球素养框架（如表9-1所示）。

同样，经济合作与发展组织也认为全球化一方面带来了创新和更好的生活水平，但另一方面也加剧了经济不平等和社会阶层分化；基于高科技尤其是互联网技术的商业模型一方面鼓励了创业精神，但同时也削弱了弱势群体的工作机会与社会福利；人口的跨国流动对某些人而言意味着更大范围内自由流动的能力，对另外一些人却只意味着逃离贫困、战争的无奈之举，因而在很长一段时间内需要挣扎着适应新的文化和

---

[1] OECD. The Definition and Selection of Key Competencies (Executive Summary)[EB/OL]. (2005-05-27).[2017-09-25]. http://www.oecd.org/pisa/35070367.pdf.
[2] Mansilla V B, Jackson A. Educating for Global Competence: Preparing Our Youth to Engage the World[R]. New York, 2011.

表 9-1 CCSSO 和美国亚洲协会的全球素养框架

	通过学科和跨学科学习理解世界			
	探究世界	分辨不同视角	沟通思想	采取行动
CCSSO 和美国亚洲协会的全球素养框架	学生能够探究周边环境之外的世界。 包括：辨识议题、产生问题并解释其重要性； 运用多种语言、资源和媒介来辨识并权衡相关的证据； 分析、整合并综合证据形成清晰的应对方案； 在有说服力的证据的基础上构建论证方案并得出正当的结论。	学生能够分辨自己和他人的视角。 包括：认识并表述自己的视角、辨识对这一视角产生影响的因素； 检视他人的视角并辨识对这一视角产生影响的因素； 能够解释文化交互的影响； 能够阐述知识、技术和资源的差别化水平如何影响人们的生活质量和观点。	学生能够与不同背景的人有效沟通自己的思想。 包括：认识并表述不同的听众对意义的不同理解，这些不同的理解如何影响沟通； 能够倾听并有效地与不同人群沟通； 选择并运用适当的工具和媒介与不同的对象打交道； 反思有效的沟通如何影响在相互依存的世界中的理解和协作。	学生能够将他们的想法转化为适当的行动以改善环境。 包括：识别并创造机会为改善环境而采取个人的或协同的行动； 在充分考虑证据和潜在影响的基础上评估计划或行动方案； 以创新和符合伦理的方式采取个人或协同行动以改善现状并对拟采取的行动后果进行评估； 反思自己为改善现状提出倡议和作出贡献的能力。

环境。① 经合组织认为，需要通过教育帮助人们发展相关的能力以应对全球化和科技发展所带来的挑战与机遇，全球素养教育是满足这一需求的重要途径。经合组织将全球素养分为知识、技能和态度等三个维度，并认为这三个维度向内而言蕴含了价值维度，向外而言外显于行动（如表 9-2 所示）。

表 9-2 OECD 的全球素养框架

	知识	技能	态度
OECD 的全球素养框架	对全球议题的知识和理解； 跨文化知识和理解。	分析与批判思维； 以谦恭、适当和有效的方式与他人打交道的能力； 同理心； 适应能力。	对来自其他文化的人持宽容态度； 尊重文化"他者"； 全球思维； 责任。
	价值观 尊重人类尊严； 尊重文化差异。		

---

① OECD. Global Competency for an Inclusive World [R]. Paris: OECD Publishing, 2017: 2.

美国另一个非政府组织"世界智慧"也大力推进全球素养教育,其理由与前述组织所称几乎一致,此处不再赘述。该组织将全球素养分为价值观与态度、技能以及行为等三个维度,这三个维度建立在全球素养核心理念之上。

表9-3 "世界智慧"组织的全球素养框架

	核心理念 世界大事和全球议题具有复杂性和相互依存性; 人们自身的文化和历史对理解自己与他人的关系而言非常关键; 影响复杂多样的全球性力量、事件、状况和议题的条件呈现多元化特征; 目前的世界体系是由历史的作用力塑造的。		
	价值观与态度	技能	行为
"世界智慧"组织的全球素养框架	对新的机会、思想和思维方式持开放态度; 主动与他人建立友好关系; 对身份、文化有自我意识; 感知并尊重差异; 看重多重视角; 不会对不确定和不熟悉的环境感到不自在; 能够反思情境以及把我们生命放在更广阔的情境中思考其意义; 质疑习以为常的假定; 有较强的适应能力并保持认知上的敏感性; 同理心; 谦恭。	构建问题、分析并综合相关证据、得出指向更深层次探究的合理结论,以此作为探究世界的方式; 辨识、描述并应用对不同(包括自己和他人的)观念的理解; 选择并运用合适的工具及策略与他人有效沟通和合作; 主动倾听和参与包容性对话; 有熟练的21世纪科技素养; 面对新的环境能显示出顺应能力; 能够应用批判的、比较的和创造性的思维和问题解决技巧。	在问题解决和决策过程中寻求并应用对不同视角的理解; 在探究和证据的基础上形成观念; 坚持终身学习与反思; 勇于承担责任、采取合作行动; 分享知识、鼓励对话; 将思想、关心和研究发现转化为适当的个体或群体的负责任行为以改善环境; 与他人协同思考和解决问题。

需要说明的是,这几个框架在价值取向和关注的焦点方面存在细微的差别。在把全球素养看作是21世纪公民在面对全球化时代所带来的机遇和挑战时应当具备的素养方面,这几个框架存在共识。但对全球素养应当被看作21世纪公民应当享有的权利还是21世纪公民应当承担的责任而言,这几个框架的侧重点不同。例如,"世界智慧"组织和经合组织的全球素养框架更加强调公民在面对全球化时代的机遇和挑战时应当具备的能力,这种能力对21世纪的公民在"全球经济中(与他人)竞争并获得成功"而言至关重要。[①] 换句话说,将全球素养教育看作公民的应当享有的权利,带有较

---

① World Savvy. What is Global Competence? [EB/OL]. (2017-02-12). [2017-04-22]. http://www.worldsavvy.org/global-competence/.

为浓厚的新自由主义倾向,其基本假设是:公民具有受教育权利、养成能力并参与自由市场竞争的权利。新自由主义公民观并不否认公民应尽的义务,但较之义务而言,它更关注公民更大限度的自由。①② 与此相反,全美州立学校首席教育官理事会及美国亚洲协会提出的全球素养框架则更加关注公民对更广阔的世界及其多样性的理解、对全球性议题的理解与关注、与来自不同文化的公民协同解决这些议题所需具备的能力以及采取行动改变现状的能力等,其关注的重点在于作为全球化时代的公民为承担责任(而非单纯地出于参与全球经济的目的)而应当具备的知识、能力和价值观。换言之,具备全球素养的公民与他人相比,不在于是否具备了与全球其他地方的公民相互竞争的能力,而在于是否愿意承担更多的责任、乐于解决全球化所带来的问题并具备解决这些问题的能力。从价值取向而言,它具有共和主义公民观的倾向。③④

此外,尽管全球素养(与其他素养一样)都包含了知识与技能、态度与价值观、行动等若干个要素的多元框架,但全球素养不能看作是这几个要素的简单叠加。本书认为,它们之间存在逐步递升的层级关系(如图 9-1 所示)。这其中,知识和技能是基础,有关全球议题和多元文化的知识、外语知识和能力、发现和解决问题的能力、跨文化交际能力以及自我反思能力是全球素养的基础层面;在知识和技能的基础之上,多元文化意识、多视角思维、开放和包容的态度、责任感等得以发展和养成,是一个人的品格和品质的体现;当然,仅仅有知识和能力、有意识和态度还远远不够,全球素养的最高层面是行动,全球素养教育的最终目标是培养能够应对全球化带来的机会和挑战,能够改变世界、让自己和世界变得更美好的,具有行动力的公民。

图 9-1　全球素养维度层级图

将行动置于全球素养的最高层,意味着全球素养具有强烈的情境指向。素养与技能的区别在于:技能是完成任务或解决问题的能力,而素养是将学习结果充分应用于指定的情境(如教育、工作、个人或职业发展)的能力;素养并不仅仅局限于认知因素(涉及理论、概念或默会知识的运用),它还包括了实用层面(涉及技术技能)、人际交往

---

① Heater D. What is Citizenship? [M]. Cambridge: Polity Press, 1999.
② Dill J. The Longings and Limits of Global Citizenship Education [M]. New York: Routledge, 2013.
③ Marshall T H. Citizenship and Social Class [M]// J. Manza and M. Sauder. Inequality and Society. New York: W. W. Norton and Co., 2009.
④ Shultz L. Educating for Global Citizenship: Conflicting Agendas and Understandings [J]. Alberta Journal of Educational Research, 2007,53(3): 248-258.

属性(如社会和组织技能)以及伦理价值观。① 全球素养是身处全球化背景之中的公民在应对全球化带来的机遇和挑战时处理具体情境所必需具备的知识、技能、态度和价值观,以及将这些知识、技能、态度和价值观付诸改善现实的实际行动。

三、全球素养教育的课程与教学设计

全球素养与学科素养不同,属于通用素养的范畴,全球素养教育的模式不拘一格,既可以通过设计独立的课程(群)来实现,也可以整合到学科课程中去,还可以通过课外活动的形式达成。对学校教育尤其是 K-12 教育而言,鉴于目前的学校教育课程框架大多是固定的,因此与学科课程整合是比较切实可行的模式。此外,由于全球素养在教学目标上的独特性,除了需要对课程内容加以设计外,也需要在教学方式上精心设计,以取得有效的教学效果。

就课程设计而言,从横向来看,几乎所有的课程如艺术、母语与外语、数学、科学以及社会等,都可以承载全球素养教育。全美州立学校首席教育官理事会和美国亚洲协会联合开发了全球素养与学科课程融合方案,并提出了基于各学科课程的全球素养矩阵模型,表 9-4 描述了基于数学课程的全球素养矩阵。

表 9-4 基于数学课程的全球素养矩阵

探究世界	分辨不同视角	沟通思想	采取行动
学生能够探究周边环境之外的世界	学生能够分辨自己和他人的视角	学生能够与不同背景的人有效沟通自己的思想	学生能够将他们的想法转化为适当的行动以改善环境
辨识需要借助数学或统计手段或从数学或统计手段中涌现出的具有本地、区域及全球意义的议题并形成可研究的问题;选择或建构恰当的数学或统计模型或手段以处理具有全球性重大意义的可研究问题;操作、评估或综合数学或统计分析以就全球性的重大问题形成或审议证据、得出	认识并表达自己的观点和对世界的理解,判断数学和统计如何影响自己的观点和对世界的理解;审视他人、其他组织或思想流派的观点如何影响数学或统计学上的发现被阐述或应用的方式,或者反过来,对数学或统计的理解或学习如何影响人们的观点;解释不同文化的贡献和跨文化交	认识并表述不同的个体对同一个数学或统计信息的理解可能不同,也因此会影响人们之间的交流和协作;运用恰当的语言、行为和数学及统计模型有效地和不同的对象打交道;针对不同的对象和目的选择并运用恰当的科技和媒体对数学思想进行建模、分析、表征和交流;思考在当今这	识别并创造机会运用数学或统计分析以促进个人的或协同的行动来改善环境;运用数学或统计描述、表达式或者模型来计划、权衡和支持为解决全球性重大议题所做出的合理的、符合伦理的行动,充分考虑已有的途径、多样化的观点和潜在的后果;运用数学和统计支持个人的或协同的符合伦理、具有创造性的行

---

① Cedefop. Terminology of European Education and Training Policy: A Selection of 130 Key Terms [R]. Europe, 2014.

续 表

探究世界	分辨不同视角	沟通思想	采取行动
结论并做出决策;针对全球性的重大问题对数学或统计分析的结果进行解释和应用以建构并支持某个观点。	流如何影响数学知识的发展,数学又如何影响不同的社会与文化;探究并描述获得数学和统计知识、科技和资源如何影响个人及社会的观点及生活质量。	个联系日益紧密的世界数学如何有助于跨文化交流。	动,为可持续发展作出贡献并评估行动的影响;思考数学和统计如何帮助人们提高改进本地、区域和/或全球性问题的能力。

数学课程只是承载全球素养教育的课程之一,限于篇幅,其他课程中的全球素养元素将不展开述评。如前所述,艺术、科学、语言及社会课程都是全球素养教育的良好载体。当然,要将全球素养教育落到实处,仅仅有这样一个纲领性的框架远远不够,研究者和课程开发专家需要进一步研究的是确定全球素养教育的总体目标(aim)、分维度目标(dimensional goals)、全球素养教育的主题和话题(theme and topics)以及落实到课程单元的具体目标(targets)等。唯有如此,全球素养才能真正融入到学科课程中去,在培养学生的学科素养的同时提升学生的全球素养。

在学科课程中融入全球素养教育还需要纵向考虑,即针对不同的年龄层次和认知水平设计相应的全球素养元素。例如,美国一家全球教育公司在给教师提供的全球素养教育指导手册中,按照从幼儿园到高中的顺序列举了各年级的全球素养知识、能力、态度与价值观维度的具体目标,以方便教师在课程设计时将这些目标融入到学科课程中去。以幼儿园和小学一年级的目标为例,列举如下:

● **理解**:学生能在地图上找到自己所在的地区和国家;学生能列举并描述对他们的家庭和社区有重要意义的事件、庆祝活动和故事;学生能理解其他地区的人们具有和自己不一样的传统。

● **探究**:学生能提问一些问题帮助他们了解所处地区的国家情况;学生能阅读或查阅书籍或网站了解所处地区的国家情况;学生能够从艺术作品中了解所处地区的国家情况;学生能从音乐作品中了解所处地区的国家情况。

● **联系**:学生能和其他同学合作进行有关全球话题的项目;学生能讨论自己正在学习的内容并在讨论中听取不同的观点;即使有不同意见,学生仍能继续与其他同学讨论或听取同学的观点;学生能接受来自其他同学、老师的不同的传统、故事和想法;学生能与其他同学、老师、家长或社区的其他人分享他们在各个学科中有关本地区的学习和项目。

- **整合**：学生能在不同的情境——如在学校情境以及在社区情境——中引用自己所学的有关不同文化的知识；学生能通过利用展示媒介（如口头展示或书面展示等）比较自己的文化与其他文化。

这些目标针对幼儿园和小学一年级学生的认知特点设计，学科教师可以将这些目标分解，依据这些目标和本学科的特点选择恰当的教学材料，将这些目标融入到学科课程中去，通过学科课程或者跨学科课程循序渐进地实现全球素养教育的总体目标。

如前所述，全球素养是一个包含了有关全球性议题的知识与技能、态度与价值观、行动等多个维度的综合框架，但并非是这几个维度的简单叠加。尽管这样的分类可以帮助教师理解全球素养的复杂性，但深度、有效、面向情境的全球素养教育要求将以上几个维度整合设计，以整体思维来设计课程要求所设计的学习经验更具指向性和现实意义，有助于学习者突破教室的物理界限，将所学的知识和技能创造性地应用于现实情境，实现高质量的全球素养教育。例如，讲授古代文明的教师通常会设计文明间的比较活动——不同古代文明之间的饮食、社会风俗、政治制度比较等，毫无疑问，这些活动能够提升学生的比较技能和古代文明的知识。但如果不去思考为何要进行这样的比较以及这样的比较对如今的全球性议题有何现实意义，这样的活动就谈不上是有深度的、有效的或是面向情境的。这意味着全球素养教育的实施者除了需要精心设计课程外，还需要掌握全球素养教育的"专有教学法"（signature pedagogy for global competence education）。[1]

曼西拉（Mansilla）和蔡（Chua）将全球素养教育的专有教学法定义为全球素养教育中普遍存在的一套教学方法集，它能够培养学生理解具有全球性意义的议题并有针对性地采取行动的能力和气质。[2] 这套教学方法集是开放的而非封闭的，它包括了全球素养教育中被反复运用且被证明行之有效的教育隐喻、方法或主题。作者举例阐述了"研究旅行"和"有目的的比较"这两种方法。

"研究旅行"聚焦对异文化的理解。旅行可以使学习者真实地体验一个具体的地方——该地区的物理和环境质量、人工或自然风景、人文和社会特征以及通过饮食、价值观、风俗习惯、人际关系或信仰等表现出来的文化特征等。通过研究旅行，学习者能够观察、生活并投入到一个陌生的环境，经常遭遇书本知识没有描述过的意外情境，在这一过程中，学习者可以形成对异文化的理解与尊重、锻炼处理陌生情境带来的问题

---

[1] OECD. Global Competency for an Inclusive World [R]. Paris: OECD Publishing, 2017: 2.
[2] Mansilla V B, Chua F. Signature Pedagogies in Global Competence Education: Understanding Quality Teaching Practice [M]. Singapore: Springer Singapore, 2017.

的能力及与不同文化的人打交道的能力、形成多元视角等。

"有目的的比较"前提是个体能够通过考察不同地点的同一现象来理解世界。以问题为引导的比较才能取得好的比较效果,这样的问题是比较的前提,否则比较只能停留在表面,比较只是方法而已,解决问题的能力才是教育的目的。有目的的比较通常以问题为出发点、结合理论创建比较模型、以模型引导不同案例之间相关要素之间的比较、通过其中的相似点和不同点启发学生的理解。有目的的比较方法可以提升学生解释所研究的现象并提出有创造性的解决方案的能力。

以上仅仅是全球素养教育专有教学法的两个例子而已。全球素养教育的方法集是一个开放的集合,只要是有助于培养学生全球素养的方法,都可以纳入这个集合,但这些方法应该经过精心设计,符合以下一些特征:①

- **具有明确的全球素养目的**:专有教学法都经过审慎的设计,把培养学生的全球素养作为核心目标,并致力于深度、相关和持久的学习;
- **具有扎实的学科基础**:专有教学法应当能为学生提供有意义的机会,帮助他/她们理解学科概念和思维模式,并运用于解决实际问题;
- **关注学习需求**:专有教学法应符合全球素养的学习需求,这些需求包括(但不仅限于)克服刻板印象、管理情绪、理解复杂的因果关系等;
- **以案例为核心**:全球素养教育的目的不是有关世界的一般性知识,而是关注具体情境中的具有全球性意义的特定议题;
- **以难度递增的方式呈现**:全球素养教育的议题在教学过程中会反复出现,但其难度和复杂性随着学习者的发展特征而逐步增加;
- **适应性**:全球素养教育的教学设计应当呼应不断涌现的全球性趋势或事件、新的信息技术或者新的学习理论并做出适当调整。

四、全球素养教育在当代中国的现实意义

随着不断扩大对外开放,中国与世界在政治、经济和社会层面的联系越来越紧密、互动越来越频繁,全球素养教育的重要性也日益凸显。

首先,全球素养教育有助于培养具有全球竞争力的中国人。时至今日,中国与全球的经济融合越来越深入,已经成为全球第二大经济体,但中国的全球竞争力长期徘徊在全球第28位左右,如果从分项指标仔细分析中国的全球竞争力,我们进一步发现

---

① Mansilla V B, Chua F. Signature Pedagogies in Global Competence Education: Understanding Quality Teaching Practice [M]. Singapore: Springer Singapore, 2017.

中国在全世界的竞争力排名的主要贡献源自于其庞大的市场体量和宏观经济环境,而在初等教育(排名第 41 位,比上年度上升 5 位)、高等教育(排名第 54 位,比上年度上升 14 位)以及创新(排名第 30 位,比上年度上升 1 位)方面,中国与欧美发达国家以及亚洲的新加坡和日本之间都还存在较大的距离。[①] 有鉴于此,中国政府在其《国家中长期教育改革和发展规划纲要(2010—2020 年)》中提出,为"适应国家经济社会对外开放的要求,(需要)培养大批具有国际视野、通晓国际规则、能够参与国际事务和国际竞争的国际化人才"。全球素养教育注重培养学生的外语能力、建构和解决问题的能力及跨文化沟通的能力,在培养国际化人才方面具有不可替代的作用,但国内学校教育在全球素养教育方面仍显不足。

其次,全球素养教育有助于培养"讲好中国故事、传播好中国声音"的中国人。中国虽然已经是世界第二大经济体,日益走向世界舞台中心,但国际交流和传播是一个双向过程,在崛起发展中我们会面临更多的传播难题,如何消除误解、建构与传播好国家形象,这是中国在复兴过程中面临的现实问题。全球素养教育强调培养学生的外语技能、跨文化交际知识和技能、开放包容的态度,对于培养通晓国际话语、善于用国际话语讲述中国故事的中国人有切实的帮助。

最后,全球素养教育有助于培养负责任的中国公民和全球公民。中共十八大以来,国家主席习近平在多个场合提及"构建人类命运共同体"的理念,指出 21 世纪世界的总体特征是:"各国相互联系、相互依存,全球命运与共、休戚相关,和平力量的上升远远超过战争因素的增长……同时,人类也正处在一个挑战层出不穷、风险日益增多的时代。世界经济增长乏力,金融危机阴云不散,发展鸿沟日益突出,兵戎相见时有发生,冷战思维和强权政治阴魂不散,恐怖主义、难民危机、重大传染性疾病、气候变化等非传统安全威胁持续蔓延。"全球素养教育关注学习者应对全球化带来的全球性问题的能力、开放多元的价值观以及勇于采取实际行动解决问题的态度,致力于培养负责任的国家公民和全球公民,是构建人类命运共同体的关键手段之一,其重要性理应受到足够的重视。

五、结语

21 世纪以来有关教育的一个悖论是:一方面,学校的制度化水平发展到了极致,但另外一方面,学校在帮助学生(与他人协作)应对全球化所带来的机遇和挑战方面却

---

① Schwab K. The Global Competitiveness Report 2016 - 2017 [R]. World Economic Forwm,2016.

做得远远不够。① 我们(及我们的后代)面临着许多全球性问题——如何改善全球范围内依然存在的贫困与饥饿,如何建立公平与可持续发展的全球贸易模式,如何消除流行疾病,以及如何消除误解、减少冲突、构建和平与安全的环境等。在面对这些挑战时,很少有学校真正教授给学生这些必要的技能、态度和价值观,从而帮助他们在不久的将来跨越国界、通力合作,寻求永久解决这些挑战的方案。很多时候,我们的学校领导过于关注如何提高学生的成绩和升学率,全球素养要么零星散落在学科课程中,要么被忽略,鲜有系统的课程设计与实施。中国正在进行基于核心素养的课程改革,全球素养教育作为核心素养的重要维度之一,希望能够得到决策层的高度重视,在新一轮课程改革中融入核心素养教育。

(周小勇)

---

① Reimers F. Educating for Global Competency [M]. New York: Routledge, 2010.

第十章　西方全球公民教育述评——多元话语与实践

一、导语

21世纪以来,全球公民教育越来越受到国际机构和各国政府的重视。联合国发起的"全球教育第一倡议"(Global Education First Initiative)将促进全球公民建设作为三个优先领域之一。2014年5月12—14日的全民教育(EFA)全球会议在阿曼苏丹国的马斯喀特召开,会议发表了2014全民教育全球会议最后声明——《马斯喀特共识》,制定了2015年后全民教育议程,确定了到2030年人人享有公平、包容的良好教育和终身学习机会的总目标。总目标下列7个具体目标,其中第5条特别提到全民公民教育:到2030年,让所有学习者都获得建设可持续的和平社会所需的知识、技能、价值观和态度,全球公民教育和可持续发展教育是达成这一目标的重要手段。[①]

与联合国一系列倡议相呼应,全球公民教育也随着全球化进程逐渐成为西方甚至全世界教育领域日益显现的话语。不过,需要注意的是,西方全球公民教育并不是一个单数概念,尽管西方各国都声称自己所从事的是全球公民教育,但这些实践及其背后的理念呈现出多元化的态势,其理论内涵及操作实践存在着很大的差异。分析有关全球公民教育的文献可以发现,"全球公民教育"指代了一个复杂的、多元的话语体系,其背后的理论依据也各有侧重,具体实践也不尽相同。

二、能力导向(competence-oriented)的全球公民及全球公民教育

西方社会对公民的理解历来有两个传统,即自由主义传统和共和主义传统。依据自由主义传统,公民的核心是享有权利,公民是建立在权利基础上的法律身份,洛克(John Locke)对此有经典的分析。当然,与此相对应,公民也承担对国家忠诚及其他义务,但总的而言,自由主义传统对公民的理解更加强调个人的权利而非对他人的义务。

反映到全球公民教育上,就是强调基于竞争的个人选择,以能力为导向的全球公民教育,也被称作新自由主义(Neo-liberal)全球公民教育、工具主义的全球公民教育

---

① GEM. 2014 GEM Final Statement: The Muscat Agreement [EB/OL]. https://unesdoc.unesco.org/ark:/48223/pf0000228122, 2014.

(instrumental agendas in global citizenship education)、经济层面的全球公民或实用主义的全球公民教育(pragmatic global citizenship education)。①②③④ 以能力为导向的全球公民教育观已经成为21世纪教育的主流话语。美国总统奥巴马(Barack H. Obama)在2009年的一次演讲中提到：

> 我倡议咱们国家的州长们、各州的教育主管们，在开发评价标准时，不要只盯着学生涂写的答题卡，而是要看看他们是否掌握了二十一世纪的技能，比如问题解决能力、批判思维能力、创新精神和创业精神等。⑤

类似"全球竞争"、"21世纪技能"这样的话语并不仅仅是美国国内的政治修辞，它们已经成为了明显的全球性话语，无论是在欧洲、美国、加拿大，还是在中国、日本、韩国，⑥甚至是非洲国家，21世纪技能都是一个热门词汇。联合国教科文组织的一些文件中也开始反映这种对全球竞争力的关注，表示这是该组织发展策略的一部分。其2008年的一份文件声称该组织致力于"加强教育和经济发展之间的联系"，从而"使学校课程适应来自全球市场和知识经济的新的需求，培养学生诸如沟通、批判性思维、自信、科学思维以及技术等能力，并且学会如何学习"。⑦

能力导向的全球公民被看作是这样的人：⑧

- 能够在全球范围内自由往来以获取各种机会；
- 因为参与全球社群而获益；
- 积极参与到全球经济发展进程中；
- 能够和全球范围内的精英相竞争；

---

① Merton R. Patterns of Influence: Local and Cosmopolitan Influentials [M]// Merton Robert. Social Theory and Social Structure. New York: Free Press, 1957.
② Weenink D. Cosmopolitanism as a Form of Capital: Parents Preparing their Children for a Globalizing World [J]. Sociology, 2008, 42(6): 1089-1106.
③ Shultz L, Hamdon E. Global Citizenship Curriculum Development: A Deliberative Dialogue on Educating for Global Citizenship [EB/OL]. http://www.gccd.ualberta.ca/en/Research/~/media/gccd/Documents/Deliberative_Dialogue_Global_Citizenship_Education.pdf, 2015: 11-12.
④ Falk R. Global Visions: Beyond the New World Order [M]. Cambridge: South End Press, 1993: 42-47.
⑤ Obama B. Remarks by the President to the Hispanic Chamber of Commerce on a Complete and Competitive American Education [EB/OL]. https://www.whitehouse.gov/the_press_office/Remarks-of-the-President-to-the-United-States-Hispanic-Chamber-of-Commerce, 2009.
⑥ 姜英敏. 韩国"全球公民教育"的发展及其特征[J]. 比较教育研究, 2013(10): 49-55.
⑦ UNESCO. IBE Strategy 2008-2013 [EB/OL]. (2008-09-01). [2015-09-10]. http://www.ibe.unesco.org/fileadmin/user_upload/Publications/Institutional_Docs/IBE_STRATEGY08_en.pdf.
⑧ Falk R. Global Visions: Beyond the New World Order [M]. Cambridge: South End Press, 1993: 42-47.

- 是在全球市场如鱼得水的参与者；
- 关心并推动全球文化、政治和经济环境发展。

新自由主义全球公民的社会文化资本的获得取决于一些知识、技能及情感态度，可以通过教育来帮助学习者获得这些能力，即全球公民教育。能力导向的全球公民教育主要着眼于以下议题：

- 确保学习者掌握充分的语言技能；
- 培养学习者参与全球市场所必须的技能；
- 提升学习者的跨文化交际能力，包括跨文化知识、技能及态度；
- 提供国际游学或访问经历。

三、意识导向的（consciousness-oriented）全球公民及全球公民教育

自由主义传统的公民观强调对个人权利和自由的保护，相对而言，公民的概念是静态化的，自由主义公民倾向于被动地享有个人权利，对参与公民社会不太积极。与自由主义注重消极的自由不同，共和主义所认同的自由是积极的自由，是"被公意所约束着的社会的自由"以及"道德的自由"。[1]

共和主义公民观对公民的道德期许同样被赋予了全球公民。从这个角度而言，全球公民教育意味着教育学生"不能仅仅依据自身的、地方的和国家的考量而做出决策，而需要把整个世界包括进来"，全球公民"不单单思考什么对我们自己最为有利，更多的情况下，思考的是什么对整个世界而言是最为有利的——我们对世界肩负着什么责任"。[2] 与新自由主义全球公民观关注能力不同，新共和主义（Neo-republican）全球公民观关注公民的意识和行动，因而也被称作是意识导向（consciousness-oriented）的全球公民观。

首先，全球公民必须有罗伯特·汉威（Robert Hanvey）所谓的视角意识（perspective consciousness），[3] 必须意识到自己的观点并非被他人一致接受，他人的观点可能与我们的观点大相径庭。换句话说，视角是多元的、跨越界限的。这里所说的界限不仅仅指地理上的界限，更多情形中，这里所说的界限指民族、种族、性别、宗教以及文化的界限。比如说，对于一个全球公民而言，他/她能够超越自身的视角，能够超越地域界限去关心和理解他人的生活和经验。这是一种思维方式——一种甘愿付出的意识，将自

---

[1] 卢梭. 社会契约论[M]. 何兆武, 译. 北京: 商务印书馆, 1980: 31.
[2] Dill J. The Longings and Limits of Global Citizenship Education [M]. New York: Routledge, 2013: 127.
[3] Hanvey R G. An Attainable Global Perspective [J]. Theory into Practice, 1982, 21(3): 162-167.

己视作更为开放的社群中的一员,而不仅仅局限于当前、当地的环境范围。这种对自身身份和义务的开放心态正是现代意识的内在特征之一,皮特·伯格(P. Berger)认为"生活世界的多元化"是现代性的印记。① 对全球公民来说,由于全球化所带来的国界的消失,身处多元的生活世界、拥有多元公民身份,必然要求多元的视角意识。

其次,全球公民必须具备全球意识,也即汉威所谓的"全球国家"意识("State of the Planet" Awareness)。通过视角意识的训练可以帮助学习者建立起正确的全球意识,全球意识是全球公民的灵魂。全球社会越来越紧密的联系(interconnectedness)和彼此依存性(interdependence)决定了我们必须把全球社会看作一个整体,用更为开阔的视域来审视我们身处的世界。正如耶茨(Yates)所说,②我们"有关世界的图景"第一次形成了真正意义上的整个地球,"整个人类被看作是一个整体,世界被看作是一个整体,历史被看作是共享的叙事"。对于(新)共和主义者来说,参与公共社会是公民的本质之一,而全球公民则应当投身于全球社群(global community)。

最后,积极参与(active participation)还意味着行动。与能力导向的公民观强调公民的权利不同,意识导向的公民观更加强调公民参与公共生活,对共和主义者来说,存在是通过积极参与来体现的。与之相应,全球意识也并非简单地想象存在着一个全球社会,全球意识要求全球公民参与到全球社群,承担一定的义务,这种责任感和行动才是一个全球公民作为人类社群的一名成员所具有的根本性特征。主动参与意味着对人类整体——全球社群中我们的邻居——的责任和关爱。全球意识中所蕴含的责任通常以关注全球性问题的形式而存在:饥饿、贫穷、环境污染、和平等等,都是全球公民教育所关注的主题。

著名慈善和教育机构乐施会(Oxfam)是此类全球公民教育的典型代表。根据乐施会的定义,③全球公民是将世界视为一个全球社区并承认在这个社区内的公民所具有的权利与义务的人,能够:

- 意识到自己身处于一个广阔的世界,并意识到自己是一个世界公民;
- 尊重并重视多样性;
- 懂得身处的这个世界在经济、政治、社会、文化、科技及环境方面是如何运作的;
- 对社会不公感到愤慨;

---

① Berger P, Berger B, Kellner H. The Homeless Mind: Modernization and Consciousness [M]. New York: Vintage Books, 1973: 68.
② Yates J. Mapping the Good World: The New Cosmopolitans and Our Changing World Picture [J]. The Hedgehog Review, 2009, (11): 7-27.
③ Oxfam. A curriculum for Global Citizenship [M]. Oxford, UK: OXFAM, 1997.

- 愿意采取行动使我们所处的世界变得更加公平,促进世界可持续发展;
- 在各个层面,从当地一直到全球范围,参与社区建设,为社区建设奉献自己的力量。

乐施会认为负责任的全球公民具有知识、能力和价值观等三个方面的因素。从知识角度而言,全球公民具备有关社会公正和平等、多元文化、全球化、可持续发展以及和平与冲突等方面的知识;从能力角度而言,全球公民具有批判性思维、对不公平提出挑战、尊重不同的人和事物、合作以及解决冲突的能力;从价值观角度而言,全球公民具备身份意识和自尊、具有同情心、致力于社会公平、尊重多样性、致力于改善环境和可持续发展、相信努力可以创造不同的世界等。

四、政治导向(politically-oriented)的全球公民及全球公民教育

自由主义和共和主义对公民的理解历来不同,其根本的问题在于如何看待公民的权利,如何看待公民应尽的义务,以及如何理解公共生活与政治的关系等。但无论是自由主义,还是共和主义,两者都是在民族国家的框架内来理解公民的涵义的,在这一点上,双方并不存在分歧。所谓全球公民,不过是在外延上超越了民族国家的界限而已。

然而,从世界主义者(cosmopolitans)的角度而言,[①②③]民族国家的边界限制显然不能成为全球公民身份的桎梏。对世界主义者来说,民族国家主权主义者对公民的理解只是对公民、国家以及全人类之间的关系的若干理解路径之一;对其他路径而言,民族国家与公民之间的绑定无论从历史角度还是从现实角度而言都站不住脚。[④]

全球化使得一些原来发生在主权国家之间的政治、经济、文化和社会关系第一次真真切切地发生在普通人之间。例如,作为一个世界公民,帮助世界上其他地方极度贫困的人消除贫困就是世界主义在现实中的具体体现。如此,世界主义便不再是少数人的乌托邦,而是许多人的行动纲领,是世界公民的行动纲领。[⑤] 当今的世界主义已不再刻意强调成立一个全球联合政府,他们致力于创建一个全球范围内的公共社会空间(world-wide public space),作为全球公民积极参与公共生活的舞台。对世界主义者来

---

① Banks J A. Teaching for Social Justice, Diversity, and Citizenship in a Global World. [J]. Educational Forum, 2004(68): 289-298.
② Merryfield M M. Citizens of the World? Thoughts about Cosmopolitanism [EB/OL]. http://www.peacecorpsconnect.org/wordpress/wp-content/uploads/2010/07/GTNMayJun06.pdf.
③ Gaudelli W, Heilman E. Reconceptualizing Geography as Democratic Global Citizenship Education [J]. Teachers College Record, 2009(11): 27-35.
④ Linklater A. Cosmopolitan Citizenship [M]. New York: St. Martin's Press, Inc, 1998.
⑤ Dower N. An Introduction to Global Citizenship [M]. Edinburgh: Edinburgh University Press, 2003.

说,除了不利用别人的弱点谋利、有决心从道德的角度关爱他人之外,还必须采取政治范畴内的行动去创建交往社群(communication communities),以使外来者,尤其是其中的弱势群体,有能力就不公正的社会结构进行分析和协商。① 林克莱特(Linklater)把这种对公民的理解称之为对话公民观(dialogic citizenship),是理解公民、国家和人类整体之间关系的第三种途径。② 欧盟、联合国和跨国非政府组织都是比较典型的例证。

尽管世界主义者认为全球公民应当关爱全球社群中的其他个体以及全球社会所面临的共同问题,尽管与意识导向的全球公民教育在某种程度上有相互重合的议题(如社会公正、环境等),但现代世界主义者所认同的全民公民教育更加侧重公民身份的政治含义,有时候甚至刻意区分世界公民(cosmopolitan citizenship)和全球公民(global citizenship),③前者属于政治概念,而后者更多地出现在经济和社会领域。

当今的世界主义者更希望用多元身份的视角来达成世界主义的理想,在他们看来,世界公民的身份与公家公民身份及地方公民身份并非是冲突的,而是共存的。④ 换句话说,每个人都拥有多元、多层次的公民身份,拥有世界公民身份并不排斥国家公民身份。相反,国家公民身份以及地方公民身份对世界公民来说还很重要:正是在地方的层面上,在每天的日常生活中我们才有机会践行公民身份的含义。⑤⑥

当代世界主义者寻求创建一个全球公民社会(global civil society),⑦其出发点是局限于民族国家的民主是有缺陷的民主。戴维·赫尔德(David Held)认为,⑧由一个国家或地区的公民所做出的民主决定,如果影响到了"非公民"——其他国家或地区的公民——的权利,就不能称之为民主的决定。比如说,在当今这样一个全球化社会,生活在撒哈拉沙漠以南的一些村民,其生活很有可能会受到某一主权国家内部民主决策的影响;德国央行利率的调整会影响到欧洲其他国家的就业形势;一个国家有关核发电站的决策可能影响周边国家的环境。那些被影响到的群体或公民通常处于弱势,没有对上述决策的话语权,目前以主权国家为主体的国际关系(international relations)模式无法解决公平缺失的问题。⑨

---

① O'Neill O. Transnational Justice [M]. Cambridge: Polity, 1991.
② Linklater A. Cosmopolitan Citizenship [M]. New York: St. Martin's Press, Inc, 1998.
③ Osler A. Teacher interpretations of citizenship education: National identity, cosmopolitan ideals, and political realities [J]. Journal of Curriculum Studies, 2011, 43(1): 1 - 24.
④ Nussbaum M C. For Love of Country: Debating the Limits of Patriotism [M]. Boston: Beacon Press, 1996.
⑤ Nussbaum M C. For Love of Country: Debating the Limits of Patriotism [M]. Boston: Beacon Press, 1996.
⑥ Appiah K A. Cosmopolitanism: Ethics in a World of Strangers [M]. New York: W. W. Nortan, 2006.
⑦ Kaldor M. The Ideas of a Global Civil Society [J]. International Affairs, 2003, 79(3): 583 - 593.
⑧ Held D. Democracy and Globalization [M]. Cambridge: Polity, 1998.
⑨ Archibugi D. Cosmopolitan Democracy [EB/OL]. http://www.sage-ereference.com/politicaltheory/Article_n102.html, 2010.

政治导向的全球公民教育以世界公民身份建构为核心目标,旨在培养能参与全球公民社会的公民。受过良好教育的世界公民首先理解自己作为地区、国家及世界公民的多重身份,并愿意为地方社群及全球社群的和平、人权和民主而奋斗,他们:

- 认同个人责任,认识到作为公民的职责;
- 协同解决问题,致力于创建和平、公正和民主的社群;
- 尊重人们之间存在的性别、种族和文化差异;
- 尊重文化传承并致力于保护环境;
- 在国内国际层面推进团结和平等。[①]

在课程建设方面,世界主义公民教育与公民教育的课程基本一致,通常在学校正式教育中以公民教育课程或社会课程来实现。当然,从教学法的层面来说,尽管世界公民教育和国家公民教育在概念上不存在冲突,但世界公民教育的确需要与国家公民教育不同的教学法。例如,世界公民教育需要学习者批判地、而非盲目地看待爱国主义。世界公民身份是建立在对全球公民社群中的他人的关切态度之上的,因此,世界公民教育对民族—国家中心主义提出了挑战。世界公民教育意味着对国家公民身份更为广阔的理解。比如说,世界公民教育需要我们意识到,不同人对公民身份的理解可能是不同的。[②]

五、批判导向的(critically oriented)全球公民和全球公民教育

全球公民教育的兴起,从某种程度上而言,是面对全球化态势的回应,从理想的层面而言,有着崇高的教育情怀:通过教育途径解决我们所面临的社会危机。这是教育一直以来赋予自身的理想。然而,无论是能力导向的全球公民教育、意识导向的全球公民教育还是世界主义视域中的全球公民教育,如果还是受到传统教育力量的主导,我们对全球化的复杂性及其所带来的问题的认识注定不够彻底,也无法创建全球公民教育所期冀的自由、平等和公平的全球社群。[③] 批判导向的全球公民教育从批判教育学、话语分析、后殖民主义理论出发,对当前的全球公民教育话语进行批判,并提出基于批判理论的全球公民教育观。

[①] Osler A, Starkey H. Learning for Cosmopolitan Citizenship: Theoretical debates and young people's experiences [J]. Educational Review, 2005, 55(3): 243-255.

[②] Osler A, Vincent K. Citizenship and the Challenge of Global Education [M]. Stoke-on-Trent, UK: Trentham, 2002.

[③] Andreotti V. Postcolonial and post-critical global citizenship education [M] // Geoffrey E. & Fourali Chahid. Education and Social Change: Connecting Local and Global Perspectives. London: Contimuum International Publishing Group, 2010.

(一) 对能力导向的全球公民教育观的批判

对能力导向的全球公民教育观的批判首先指向其背后的新自由主义。美国著名的批判教育学家亨利·吉鲁(Henry A. Giroux)指出：新自由主义已经成为 21 世纪流行最广和危害最大的意识形态之一。[①] 新自由主义不仅对全球经济有着前所未有的影响,自由市场的原教旨主义已经取代民主的理想主义成为世界大多地方的政治和经济的驱动力量;更为严重的是,它强大到可以重新定义社会政治生活的方方面面,以至于父母和孩子、医生和病人、教师和学生之间等原本充满丰富含义的关系都被简化成了供应商和顾客的关系。

(二) 对意识导向的全球公民教育观的批判

意识导向的全球公民教育主张公民要意识到不同文化的人们之间存在视角的差异,主张公民积极参与联系日趋紧密的全球公共社会,采取行动解决人类所共同面临的贫穷、冲突和环境问题,这是意识导向的全球公民教育的主要宗旨。但在批判教育者看来,这种以关爱、帮助为主题的全球公民教育依然没有认识到造成贫穷、冲突和环境污染的根源,属于"温和的"(soft)全球公民教育。[②] 例如,一些国际非政府组织所推行的志愿者行动,尽管其宗旨是帮助欠发达地区的人民摆脱贫困,但实际上这些非政府组织所传递的,并通过其志愿行为不断强化的信息却是这样的观念：北方(发达国家)和南方(欠发达国家)之间存在的并非是全球公民所声称的相互依存的关系,有着切割不开的命运,而是一种"供养"关系,即发达国家在"供养"欠发达国家。发达国家对欠发达国家的种种善举被看作是一种"施舍",体现在相关机构的公共服务申明、发展教育的教材和资金筹措的广告之中,也体现在资金和技术(从富到贫)的转移当中。这种"北方给予、南方接受"的信息反复传递着一个信息——南方的需求是无止境的,而建立在这种模式上的善举是不可持续的,而无法持续培养积极改变现状的全球公民。[③] 问题的关键是,我们应当以批判的态度审视全球性的问题。

[①] Giroux H A, Giroux S. Challenging Neoliberalism's New World Order: The Promise of Critical Pedagogy [J]. Cultural Studies & Critical Methodologies, 2006(6): 21-32.
[②] Andreotti V. Soft Versus Critical Global Citizenship Education [J]. Policy and Practice-A Development Education Review, 2006(3): 40-51.
[③] Canadian Council for International Cooperation. Global Citizenship: A New Way Forward [EB/OL]. http://www.ccic.ca/_files/en/what_we_do/002_public_a_new_way_forward.pdf.

(三) 对政治导向的全球公民教育观的批判

当代世界主义对全球化的回应可以归结为世界主义民主,其想法很简单:既然我们在民族国家范围内可以实现民主,那么,全球化时代的要求就是把这种民主的思想和实践扩大到民族国家范围之外,创建可以实现民主的政治社群,当代世界主义的代表人物戴维·赫尔德为此详细设计了全球民主治理的多层次模型。[1] 但在后殖民主义或批判主义者看来,这样的设计缺乏对历史现实的关注,是反历史(ahistorical)的、以欧洲模式为中心的,且没有关注到全球化时代错综复杂的社会现实情境。

现代公民身份是和西方社会的现代化以及非西方社会的殖民化的进程联系在一起的。对西方国家而言,其现代化是和代议制政府、国际法体系、欧洲帝国的去殖民化、超国家层面的治理体系以及全球公民社会的形成而完成的;对非西方国家而言,其现代化是通过殖民化、托管制、后殖民民族国家的形成和全球治理机构的成立而实现的。在这个过程中,西方社会的公民观念被上升到唯一对全人类通用的公民观念。这种所谓的通用的公民观念,通过看似普遍的历史进程呈现出来:从原始文明到开化、现代化、立宪制、民主化到如今的全球化。起源于欧洲、被表述为普遍话语的社会发展阶段,随着欧洲对其他国家的殖民以及欧美经济在全球不断扩大影响而建立的新的霸权扩散到了全世界。

世界公民、全球治理成为西方发达国家重新取得霸权地位的全新话语:现代(或者后现代)国家借由全球性治理机构如世界银行、国际货币基金组织等联合起来实施"先进的治理";他们的跨国公司享有世界公民的自由贸易权利;国际非盈利组织作为全球公民参与公共生活的场所。所有这一切都借由自由、平等的话语表达,从而有意识(或无意识)地掩盖了帝国与殖民地之间的剥夺与被剥夺的历史,也掩盖了至今依然存在的控制与依赖的不平等关系。[2][3]

(四) 建构转化导向(transformation-oriented)的全球公民教育

当前有关全球公民或全球公民教育的话语有一个共同特征:它们无一例外地都非常关注全球公民身份的规范层面,即试图给全球公民身份重新定义一个更好的模式,能够解决我们当前所遇到的社会政治问题。在这个过程中,改变个体的态度成为

---

[1] Held D. Democracy and Globalization [M]. Cambridge: Polity, 1998.
[2] Ayers A J. Demystifying Democratisation: The Global Constitution of (Neo)liberal Polities in Africa [J]. Third World Quarterly, 2006, 27(2): 321 - 338.
[3] Evans T, Ayers A J. In the Service of Power: The Global Political Economy of Citizenship and Human Rights [J]. Citizenship Studies, 2006, 10(3): 289 - 308.

关注的重点,而忽视了全球社会和政治结构的特性以及对公民身份建构的影响。①

转化导向的全球公民教育强调发展学生处理复杂性、不确定性和不安全感的能力,认为全球公民教育的核心之一在于培养学生的批判素养和独立思考的能力,从而帮助学习者:

- 接触复杂的地方/全球社会进程,培养多元视角;
- 审视自己及他人理论的源头及其意蕴;
- 磋商变化、转化关系、独立思考、对自己的生活做出负责任和自觉的选择;
- 学会与差异及冲突共存,并从中学习,阻止冲突进一步发展为侵犯和暴力;
- 与族群之外的人建立起有道德的、负责任的和关爱的关系。②

为培养学生的批判素养,转化导向的全球公民教育着重以批判的思维探究和分析发展、文明进程与进步、文化与差异、社会与全球公正、贫穷与财富、消费主义与反消费主义、恐怖主义等议题,重点突出对待这些议题的不同的,甚至是冲突的视角,从而引导学生审视自身的观念和态度,养成独立的批判思维,做出符合伦理的选择。

批判导向的全球公民教育强调教师和学生应当挑战固化的、占主导地位的意识形态,分解权力结构,挑战当前的课程与教学。教师需要重新考虑整个公民教育课程,鼓励学生反思经济、知识、文化和身份的不确定性,从而获得理解和质疑压迫性的社会、政治和经济结构的知识和意识。全球公民教育的义务就是要让学生掌握这样的知识和意识,并最终掌握消除压迫性结构的能力。

六、结语

进入21世纪以来,全球公民教育已经成为西方国家学校教育、非正式教育以及非政府组织非常关注的话题。随着全球化进程的不断深化,西方国家对全球公民和全球公民教育的理解也逐渐深入,在此基础上的实践不断丰富,全球公民教育的宗旨及实施途径存在着很大的差异。新自由主义推崇整体的全球市场的主导作用,提倡跨国自由贸易。从这个角度出发,全球公民就是能够成功参与自由市场,具有熟练的语言、交际、文化沟通技能特征的人。新共和主义强调公民参与公共生活的重要性,看重对他人的责任。从这个角度看,全球公民是那些对全球化带来的问题深切关注的人,他们

---

① Balarin M. Global Citizenship and Marginalisation: Contributions towards a Political Economy of Global Citizenship [J]. Globalization, Societies and Education, 2011(9): 355-366.
② Andreotti V, Barker L, Newell-Jones K. Critical Literacy in Global Citizenship Education [R]. Center for the Study of Social and Global Justice, 2008.

致力于理解造成各种社会问题的文化差异,对全球性问题,如环境、贫穷及不平等等非常关注,并致力于采取行动解决这些问题。世界主义者看重全球公民的政治身份建构,强调建设民主的全球治理机构和全球公民社会。从这个角度看,全球公民积极参与全球治理,努力参与创建全球公民社会。批判主义者则把全球化看作是西方经济霸权不断扩张的结果,全球公民需要理解西方经济霸权如何导致了世界经济发展的不平衡,从而造成了某些地区的贫困、落后和冲突。因此,全球公民教育应当以转化为导向,把全球化看作是一个经济、文化、社会、环境和政治进程,发达国家和不发达国家、西方和东方、北半球和南半球的公民需要共同努力,消解以上二元结构,将彼此看作超越国家界限、相互依存、生活在同一个社群的成员,其共同使命是让我们彼此共存的家园更加公正、民主和可持续发展。

(周小勇)

第十一章 西方新自由主义全球公民教育述评

一、引言

21世纪以来,全球公民教育越来越受到国际机构和各国教育的重视。2012年9月,联合国秘书长潘基文宣布启动为期5年的全球教育第一倡议(GEFI)计划,旨在调动国际社会对教育的广泛支持,落实千年发展目标和全民教育目标。全球教育第一倡议有三个优先领域:让每一个儿童有学上,改善学习质量,促进全球公民建设。作为三个优先领域之一,可见全球公民教育受重视的程度。联合国在全球范围内选择了10个教育发展取得突出成就的国家作为倡导国,中国是其中之一。[①] 2013年,国家主席习近平在全球教育第一倡议启动一周年的视频致辞中代表中国政府和人民对潘基文秘书长提出的全球教育第一倡议表示了坚定的支持,并表示中国将继续响应联合国的倡议。[②] 2014年5月12—14日的全民教育(EFA)全球会议在阿曼苏丹国的马斯喀特召开,联合国教科文组织、各会员国部长、全民教育机构、全球教育伙伴关系国高级代表、联合国机构和区域组织教师代表、研究机构、基金组织代表等参与了会议,会议发表了2014全民教育全球会议最后声明——《马斯喀特共识》,指出教育领域需要在1990年的《宗滴恩宣言》和2000年的《达喀尔行动纲领》的基础上继续推进世界范围内的全民教育,并制定了2015年后全民教育议程,确定了到2030年人人享有公平、包容的良好教育和终身学习机会的总目标。总目标下列7个具体目标,其中第5条特别提到全民公民教育:到2030年,让所有学习者都获得建设可持续的和平社会所需的知识、技能、价值观和态度,全球公民教育和可持续发展教育是达成这一目标的重要手段。[③]

然而,对全球公民教育的理解,一个突出的障碍就是缺乏有关全球公民教育的一致性定义。首先,并非所有人都接受全球公民教育的说法,认为这是一个有争议的概念;其次,即使声称支持全球公民教育的人士,也存在不同的见解。分析有关全球公民教育的文献可以发现,"全球公民教育"指代了一个复杂的、多元的话语体系,其背后的

[①] UNESCO. Global Education First Initiative [EB/OL]. https://www.unesco.org/new/en/gefi/home/?,2012.
[②] 习近平主席在联合国"教育第一"全球倡议行动一周年纪念活动上发表视频致辞[N]. 人民日报,2013-09-27(03).
[③] GEM. 2014 GEM Final Statement: The Muscat Agreement [EB/OL]. https://unesdoc.unesco.org/ark:/48223/pf0000228122,2014.

理论依据也各有侧重,具体实践也不尽相同。有些实践与联合国教科文组织的理念是相符合的,但也有相当一部分实践,虽然也自称为全球公民教育,或以全球公民作为重要的培养目标,但其内涵实际上与联合国教科文组织所提倡的全球公民教育相去甚远。本章主要评述西方社会以新自由主义为内核思想的全球公民教育实践,并分析此类实践对我国全球公民教育有何借鉴意义。

二、西方新自由主义全球公民观及全球公民教育实践

(一) 新自由主义全球公民观

"公民"一词源于拉丁文"civitas",最早用于古希腊城邦,但与现代意义上的公民含义不太相同。在古希腊时代,公民身份是一种特权(privilege)而不是权利(right),其主要特征是排除另外一部分人(非公民)的法律身份,从而确保少部分人的特权。到罗马帝国时代,公民的含义发生了一些变化,公民意指罗马帝国的法律身份,与古希腊时代公民带有浓厚的政治参与(城邦事务)意蕴不同,罗马帝国时代的公民更多地侧重帝国成员的法律身份,与之相伴的是公民具有某种权利和义务。西方社会对公民的理解历来有两个传统,即自由主义传统和共和主义传统。依据自由主义传统,公民的核心是享有权利,公民是建立在权利基础上的法律身份,洛克对此有经典的分析。[①] 当然,与此相对应,公民也承担对国家忠诚及其他义务,但总的而言,自由主义传统对公民的理解更加强调个人的权利而非对他人的义务。共和主义传统的公民观则追溯到亚里士多德、卢梭及美国的杰斐逊主义。在共和主义者眼里,仅仅强调个人权利的公民是一种"弱式"(weak)的公民理念,公民除了享受个人自由的权利外,还应保护他人的权利不受侵犯,争取群体(community)的利益,积极参与政治生活。[②③④]

作为公民应享有某种权利的观念在16世纪随着资本主义的萌芽得到了强化,随着资产阶级的兴起,私有财产权以及与之相伴的自由权利越来越成为公民权利的核心,标志着现代自由主义传统的公民思想的形成,英国思想家诸如约翰·洛克、亚当·斯密是这一传统的代言人。在洛克看来,由于自然法缺少公正的执法者,因而自然法的实现不太确切,不得已才设计主权机构(sovereign authority),用以替代自然法状态

---

① Locke J. Two Treatises of Government [M]. New American Library: New York, 1965.
② Pocock G A. The Machiavellian Movement [M]. Princeton: Princeton University Press, 1975.
③ Miller D. Bounded Citizenship [M]// K. Hutchings and R. Dannreuther (Eds.). Cosmopolitan citizenship. Macmillan: London, 1998.
④ Smith R M. The "American Creed" and American Identity: The Limits of Liberal Citizenship in the United States [J]. The Western Political Quarterly, 1988, 41(2): 225-251.

下的无政府状态,确保个体的自由不受侵犯。自由主义传统的公民观念以市场为导向,政府被看作是市场的对立面,是为保护市场而不得不接受的恶(evil),公民的权利应当被保护而不至于受到来自于政府的威胁。对自由主义者来说,政治上自由是一种消极的自由——免于不必要的统治的自由。而积极的自由则是追求个人利益(财富)的自由。① 就自由主义传统而言,为保护私有财产权,公民社会必须建立在平等的基础之上,主要体现为对公民权的保护,义务也经常被提及,但核心的原则还是对财产、言论、宗教信仰等个人权利的保护。马歇尔(T. H. Marshall)对公民的定义是自由主义传统有关公民的权威定义:"公民是指某一社群的正式成员被赋予的一种身份,所有享有这种身份的人在被赋予该身份之时即享有平等的权利和义务。"②尽管马歇尔试图将公民从以市场为基石的框架引向以民族国家为基石的框架,但终究没有脱离以保护个人权利为中心的自由主义传统。以此为出发点,全球公民则被理解为全球社群的成员之一,尽管这种成员身份不是法律意义上的身份,作为全球社群的成员,应当享有成员应享有的权利并承担相应的义务。

自由主义传统的公民观对权利的保护在教育学上有着深刻的意蕴。按照自由主义的路径,个体的自由,无论是言论、选举还是私有财产权,是至高无上的,追求个人的权利是符合自然法规则的,因而应当被推崇。反映到文化上就是烙印在西方自由主义传统中的个人主义(individualism)。另外一方面,自由主义传统从一开始就将政府视作是不得已而为之的恶,强调政府不能干预市场,鼓励基于市场的竞争。在全球化时代发展起来的新自由主义秉承了这一原则,新自由主义者主要从经济立场看待全球化进程,把全球化看作是资本主义大行其道的时代,全世界各地都融合在一个单一的市场,资本在全球市场中自由流动,市场这只看不见的手会在全球范围内调配资源,自由竞争对所有人都有好处。③ 新自由主义者崇尚这样的价值观:个人至上、选择自由、安全的市场、自由放任(laissez faire)以及最低限度的政府。④

类似全球竞争这样的话语并不仅仅是美国国内的政治修辞,它已经成为了明显的全球性话语,无论是在欧洲、美国、加拿大,还是在中国、日本,甚至是非洲国家,21世

---

① Berlin I. Two Concepts of Liberty [M]// I. Berlin(Ed.). Four Essays on Liberty. Oxford: Oxford University Press, 1969.
② Marshall T H. Citizenship and Social Class [M]// J. Manza and M. Sauder. Inequality and Society. New York: W. W. Norton and Co., 2009.
③ McGrew A. Sustainable Globalization? The Global Politics of Development and Exclusion in the New World Order [M]// T. Allen and A. Thomas. Poverty and Development into the 21st Century. Oxford: Oxford University Press, 2000.
④ Belsey A. The New Right, Social Order and Civil Liberties [M]// R. Levitas. The Ideology of the New Right. Cambridge: Polity Press, 1996.

纪技能都是一个热门词汇。联合国教科文组织的一些文件中也开始反映这种对全球竞争力的关注,表示这是该组织发展策略的一部分。其 2008 年的一份文件声称该组织致力于"加强教育和经济发展之间的联系",从而"使学校课程适应来自全球市场和知识经济的新的需求,培养学生诸如沟通、批判性思维、自信、科学思维以及技术等能力,并且学会如何学习"①。世界经济论坛还与联合国教科文组织一起发起了全球教育倡议,拨款 1 亿美元用于在约旦、埃及、卢旺达等国家开发用于发展上述能力的课程资源。

新自由主义全球公民被看作是这样的人②:

- 能够在全球范围内自由往来以获取各种机会;
- 因为参与全球社群而获益;
- 积极参与到全球经济发展进程中;
- 能够和全球范围内的精英相竞争;
- 是在全球市场如鱼得水的参与者;
- 关心并推动全球文化、政治和经济环境发展。

在新自由主义者看来,全球经济一体化、科技的进步、全球性的健康和安全问题以及日趋普遍的跨国交流和移民潮,决定了如今的学生不可避免地生活在一个日益全球化的时代。为了让学生今后能自如地面对全球化带来的一系列挑战,教育的目标就不应当宽泛地表述为宽容与尊重,而应当是具体的目标,如与其他国家/文化的人进行交流、共同生活及工作所必须的知识和技能。教育的功能不仅体现在文化传承上,更体现在对应现实的需求方面,因而必要的知识和技能是不可或缺的。教育不是静态的、被动的,而应当主动应对变化的世界所带来的新的个人需求。在全球化时代,个人的需求超越了国家的界限,表现为全球化态势。全球公民资格被看作是一种可获得的社会、文化资本(social and cultural capital),③从而在日益全球化的领域——劳动力或教育市场——取得优势地位,比如担任跨国公司经理人、国际非政府组织雇员、大学教师等职位。他们或前往其他国家短期居住,或访问(接待)不同国家的友人,或参与国际性会议,有着超越国界的朋友圈,阅读有着国际影响力的书刊报纸,熟练掌握英语或其

---

① UNESCO. IBE Strategy 2008 – 2013[EB/OL]. (2008 – 09 – 01). [2015 – 09 – 10]. http://www.ibe.unesco.org/fileadmin/user_upload/Publications/Institutional_Docs/IBE_STRATEGY08_en.pdf.
② Shultz L, Hamdon E. Global Citizenship Curriculum Development: A Deliberative Dialogue on Educating for Global Citizenship[EB/OL]. http://www.gccd.ualberta.ca/en/Research/~/media/gccd/Documents/Deliberative_Dialogue_Global_Citizenship_Education.pdf, 2015: 11 – 12.
③ Weenink D. Cosmopolitanism as a Form of Capital: Parents Preparing their Children for a Globalizing World [J]. Sociology, 2008, 42(6): 1089 – 1106.

他国际常用语。新自由主义全球公民的社会文化资本的获得取决于一些知识、技能及情感态度,可以通过教育来帮助学习者获得这些能力,即全球公民教育。新自由主义全球公民教育主要着眼于以下议题:

- 确保学习者掌握充分的语言技能;
- 培养学习者参与全球市场所必须的技能;
- 提升学习者的跨文化交际能力,包括跨文化知识、技能及态度;
- 提供国际游学或访问经历。

(二) 新自由主义全球公民教育实践

国际文凭教育可谓新自由主义全球公民教育的典型代表。国际文凭组织(International Baccalaureate Organization,IBO)成立于1968年,总部设在瑞士日内瓦,是一个经联合国教科文卫组织注册的非营利的国际教育基金会,是世界公认的国际教育的领跑者。根据IBO官方网站的资料,截至2013年,IBO的四个项目在全世界共开设3 600多所学校,实施超过4 500个项目,每年雇佣超过7 000名教师,共计有100万名3—19岁的学生参与该项目。① 其中,大学预科项目DP于1968年开始实施,旨在为国际流动学生设立一个共同的课程,方便他们从一个国家转学到另一个国家,并获得世界各国大学的认可。其教育理想是培养具有国际视野、理解和尊重文化的多元性、富有人道主义精神的世界公民。国际文凭组织的创始者认为"平衡"的教育可以为学生进入大学学习打下坚实的基础,他们希望通过批判思维训练以及多元角度可以鼓励来自不同文化的年轻人相互理解。② 为达到这一教育目标,国际文凭课程尤其关注人文科学和语言学习。国际文凭课程还有着强烈的公民教育倾向,即培养"有责任感、富有同情心的公民",为此,国际文凭课程也注重引导学生关注环境等国际性问题。③ 外语课程是国际文凭课程的核心课程之一,被视作是培养全球公民的必要条件之一。④

新自由主义全球公民教育的另外一个更为广泛的代表是世界各国——无论是发达国家还是发展中国家——推行的教育国际化运动,几乎所有国家都把教育国际化放

---

① IBO. Education for a Better World [EB/OL]. (2015-05-19). [2015-09-10]. http://www.ibo.org/globalassets/digital-tookit/brochures/corporate-brochure-en.pdf.
② Bagnall N. The International Baccalaureate in Australia [J]. Critical Studies in Education,1997,38(1): p.129-143.
③ IBO. What is an IB education? [EB/OL]. http://www.ibo.org/globalassets/what-is-an-ib-education-2017-en.pdf.
④ IBO. Education for a Better World [EB/OL]. (2015-05-19). [2015-09-10]. http://www.ibo.org/globalassets/digital-tookit/brochures/corporate-brochure-en.pdf.

到了国家战略层面。以英国为例,英国教育与技能部(后改为教育部)于 2005 年推出了名为《置世界于世界一流教育之中》(Putting the World into World-Class Education)的国家教育战略,时任教育部长的克拉克(Charles Clarke)在行动纲领中明确表示:"我们的愿景是所有英国人都应当具备实现自己抱负、在如今的全球化社会生存、为全球化社会尽自己的责任以及参与全球经济竞争的知识、技能和理解力。"《置世界于世界一流教育之中》把这一愿景表述为三个目标:(1)使英国的儿童、青年和成年人都具备在全球社会生活及全球经济体中工作的基本技能,具体包括国际意识、外语技能、适应全球化经济的工作技能等;(2)与国际伙伴合作达成双方的共同目标,具体包括将英国儿童、青年和成年人的学习表现与国际标准相对照、发展国际合作技能、与其他欧洲国家一起将欧洲打造为世界上最具竞争力和活力的知识经济体、与其他国家分享提升教育的经验和资源;(3)将教育部门的成果最大限度地应用于对外贸易和对内投资,鼓励教育和培训机构和企业相互合作。① 我国《国家中长期教育改革和发展规划纲要(2010—2020 年)》第十六章第四十八条也明确提出,要"适应国家经济社会对外开放的要求,培养大批具有国际视野、通晓国际规则、能够参与国际事务与国际竞争的国际化人才"。

有些高校甚至给学生颁发"全球公民证书",以让他们的毕业生在求职简历中添加重要的一笔。富兰克林·皮尔斯学院是新罕布什尔州的一个小型乡村私立高校,其本科生如果完成一系列的课程,如世界地区研究、人类学、比较政治学、森林生态学和国际市场营销等,就可以获得学校颁发的"全球公民证书"。②

从以上典型案例中不难发现,新自由主义全球公民教育的主要目标是提升知识和技能在全球范围内的流转。全球公民主要与全球经济参与息息相关,其背后的主要理念是:作为全球公民,应当有能力在全球范围内自由往来,不论国籍如何,都能享受全球化带给我们的馈赠。因此,教育的职能就是通过提升文化理解和加强外语技能习得建立超越国界的联系,从而促进全球公民参与全球事务,享受全球化带来的成就。按照这种理解,教育应当培养能够参与全球自由市场的全球公民,国际交流与访问、无障碍的语言、较强的跨文化意识与交流能力被视作是成功参与全球自由市场的催

---

① DfES. Putting the World into World-Class Education: An International Strategy for Education, Skills and Children's Services [R]. DfES, 2005.
② Schattle H. Education for Global Citizenship: Illustrations of Ideological Pluralism and Adaptation [J]. Journal of Political Ideologies,2008,13(1): 73-94.

化剂。[1]

三、对西方新自由主义全球公民教育的评价

对新自由主义全球公民教育的支持是显而易见的。支持者认为全球市场给个人和社会带来了经济繁荣和文化适应,从而带来了和平;通往这个繁荣与和平的道路就是通过教育赋予个人以全球能力(global competencies):技术—理性技能、宽容和个体自由。新自由主义全球公民教育的深入人心还体现在实施层面,IB项目的蓬勃发展以及不计其数的国际教育交流项目大行其道。支持者认为全球化打开了世界的大门,我们的学生应当为这种新型的竞争做好准备,在全球竞争浪潮中获得成功。由于新自由主义式的全球公民教育对竞争、能力、市场的过度关注,也因此遭到来自各方的批评。

新自由主义倾向的公民观强调公平的竞争对所有人都有益,它强调个人自由,因而提升了个人自尊感和个人价值感,从而会培养全球公民的宽容、接纳、尊重所有人的精神气质。但如果任由市场主导的自由竞争发展而不关注权力和机会(access),新自由主义式的全球公民会想当然地认为他们所享有的特权是自然的结果和成功的象征。还以国际文凭课程为例,国际文凭组织认为通过国际文凭课程的学习,学生能够成长为有责任的公民,这些公民将致力于创建更加公正的社会。然而,不管IBO的理念如何,市场化导致的实际情况与IB的理念恰恰相反——IB课程加剧了教育资源的分配不公,而非该组织所声称的那样致力于更加公正的社会。以中国为例,截止到2014年底,IB高中课程(IBDP)在中国学校开设的地域分布如图11-1所示,中国地区IB学校集中在上海、北京、广东、江苏四个经济发达地区,占到总数目的80%;其中上海最多,占全国

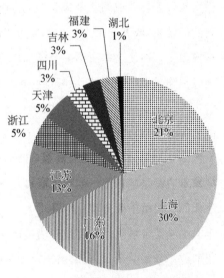

图11-1 中国地区IB课程2014—2015年开设学校地域分布示意图(来源汉通教育)[2]

---

[1] Shultz L. Educating for Global Citizenship: Conflicting Agendas and Understandings [J]. Alberta Journal of Educational Research, 2007,53(3): 248-258.
[2] 吴越. IB国际课程中国2013年度分析报告[R]. 北京:汉通教育,2014.

IB学校的三分之一。① 由此可见,IB在推行的过程中实际上是以追逐经济利益为根本,而非以弥补教育资源不公平为根本。搜索有关IB的中英文网页可以发现,有关"IB World School"的学校手册、网站主页或其他广告资料大多都以宣传推广IB国际学校为目标,而非其所声称的致力于创建更好的世界。由此可见,让市场来主导教育功能存在着先天的缺陷。市场化并非是简简单单的一个技术问题,教育市场也并非是价值中立的机制,它暗含着某种意识形态,尽管这种意识形态并没有被明显地表述出来。教育市场化所推崇的竞争和消费主义使得教育的国民教育功能让位于市场调配功能,②市场的作用并没有导致教育目标的多样化,反而强化了传统教育对学习成绩的过度关注。在中国,IB课程中选修人数最多的课程分别为英文和经济学(除中文外),这些课程有助于学习者在今后的升学和就业中获取更为有利的地位,考虑到修读IB课程的学生大多来自于教育资源丰富地区,可以想象IB课程实际上加剧了教育资源分配不公所带来的学生成绩的差异,以及将来在升学和就业中的机会和能力的差异。也没有足够的证据表明IB课程造就了更加宽容、接受和尊重差异、有责任感的公民,相反,这些学生比较占优势的身份通过学术竞争得到了强化。更为糟糕的是,由于教育资源差异造成的学术成就的鸿沟越来越深,鸿沟两边的学生都把这种鸿沟看作是自然的结果,或者是个人努力差异造成的结果,教育资源分配不均等更为严重的问题被掩盖了。即使这些所谓的全球公民意识到了自身的责任,并采取了一定的行动,如通过捐赠或义工等形式,减轻那些在全球市场竞争中处于不利的群体,这样的行动通常也不以改变造成上述鸿沟的社会、文化、经济结构为目的,在很大程度上,这些行动的前提是维持自身的优势地位。③

即使是对差异的尊重,也不可避免地受到能力——竞争模式的影响。新自由主义的基本假设是基于市场的个人主义是社会经济进步的根基,反映到文化上,是自启蒙时代以来根植于西方文化中的个人主义。在全球公民教育中,这种代表了西方文化的个人主义常常被当作是普世价值被传递,这与某些强调集体身份(group identity)的文化形成了紧张关系。例如,由于对竞争的过分推崇,个人主义通常把文化间的差异描述为人与人的差异,从而消解了集体身份的差异。个人主义话语及其强势的地位使得个体不得不屈从,把个人主义作为一种规范去遵守。这种规范与全球公民教育所宣称

---

① 吴越. IB国际课程中国2013年度分析报告[R]. 北京:汉通教育,2014.
② Reid A. The regulated education market has a past [J]. Discourse:Studies in the Cultural Politics of Education,2005,26(1):79-94.
③ Shultz L. Educating for Global Citizenship:Conflicting Agendas and Understandings [J]. Alberta Journal of Educational Research,2007,53(3):248-258.

的普世性形成了强烈的矛盾,因为个人主义从根本上来说不是普世的,而是西方的,是根植于启蒙传统的。从这个意义上而言,新自由主义全球公民教育也不是新式的、带有革命性的教育,而是有着深刻历史传统的教育,它的实质还是现代西方功利的个人主义教育。对文化差异的理解也同样如此,文化差异即使没有被忽视,也通常被从竞争的角度加以理解——我们必须彼此理解,从而消除自由市场中的一切不稳定因素,至少从这个角度而言,对文化多样性的理解毫无疑问打上了功利主义的烙印。①

四、结语

进入 21 世纪以来,全球公民教育已经成为西方国家学校教育、非正式教育以及非政府组织非常关注的话题。随着全球化进程的不断深化,西方国家对全球公民和全球公民教育的理解也逐渐深入,在此基础上的实践不断丰富,全球公民教育的宗旨及实施途径存在着很大的差异。新自由主义推崇整体的全球市场的主导作用,提倡跨国自由贸易。从这个角度出发,全球公民就是能够成功参与自由市场、具有熟练的语言、交际、文化沟通技能特征的人。

值得注意的是,到目前为止,全球公民教育的话语是以西方主流话语为主导的,新自由主义话语对当下中国教育实践的影响也显而易见,全民英语浪潮、基础教育与高等教育的国际化浪潮,无不显现出新自由主义的倾向,国际化在一定程度上演变成了西方化。我们迫切需要思考的是:我们应该从哪里出发为全球公民教育图谱提供中国视角,从中国传统文化中汲取理论养分,建构全球公民教育的中国话语呢?

(周小勇)

---

① Dill J. The Longings and Limits of Global Citizenship Education [M]. New York: Routledge, 2013.

第十二章　当代全球教育治理的模式、特征及启示

自 1989 年世界银行首次使用"治理"这个词来形容非洲的发展状况后,治理一词便被广泛用于描述政治发展尤其是后殖民地和发展中国家的政治状况。①②③ 治理(governance)与统治(government)这两个原先并不被区分的概念开始分道扬镳。全球治理委员会(Commission on Global Governance)对治理一词的定义如下：治理是各种公共的或私人的机构合作管理共同事务的诸多方式的总和。它是使相互冲突或不同的利益得以调和并采取联合行动的一种持续过程。它既包括强制人们服从的正式制度和规则,也包括各种人们同意或认为符合其利益的非正式的制度安排。它有四个特征：治理不是一整套规则,也不是一种活动,而是一个过程；治理过程的基础不是控制,而是协调；治理既涉及公共部门,又包括私人部门；治理不是一种正式的制度,而是持续的互动。④⑤ 此外,在最狭义的范畴上,治理就是指政策制定的决策过程,但广义上来讲,治理还可以指政策实施,甚至可以包括无形的影响,即某种领导力。二战之后国际社会的联系日趋紧密,这一趋势在科技进步、信息革命和全球化进程的推动下不断深化,使得人们意识到全球治理的重要性。所谓全球治理并非意味着建立一个世界政府或者世界联邦,而是指民族国家(nation states)和跨国组织以及私人部门作为共同主体应对全球性的问题。⑥ 这些全球性的问题在过去几十年主要集中在经济、政治和环境领域,近年来教育领域的全球治理也越来越受到人们的关注。传统上而言,教育活动被视为国家独有的、甚至是神圣不可侵犯的主权领域。但在全球化的今天,不可否认的是,新的变化正在发生,教育与超国家力量的联系愈加紧密。⑦⑧

全球教育治理的主体众多,民族国家、跨国组织、非政府组织、私人部门和基金会

---

① The World Bank. Sub-Saharan Africa: From Crisis to Sustainable Growth [R]. The World Bank, 1989.
② 俞可平. 治理和善治：一种新的政治分析框架[J]. 南京社会科学, 2001(9): 40—44.
③ Pagden A. The Genesis of 'Governance' and Enlightenment Conception of the Cosmopolitan World Order [J]. International Social Science Journal, 1998, 50(7): 7-15.
④ 俞可平. 治理和善治：一种新的政治分析框架[J]. 南京社会科学, 2001(9): 40—44.
⑤ Commission on Global Governance. Our Global Neighborhood [M]. London: Oxford University Press, 1995.
⑥ Commission on Global Governance. Our Global Neighborhood [M]. London: Oxford University Press, 1995.
⑦ Dale R, Robertson S L. New Arenas of Global Governance and International Organizations: Reflections and Directions [M]//Martens K, Rusconi A, Lutz K. Transformations of the State and Global Governance. London: Routledge, 2007.
⑧ 杜越. 联合国教科文组织与全球教育治理[J]. 全球教育展望, 2011(5): 60—64.

都有可能成为全球教育治理的参与主体。在参与全球教育治理的过程中,由于这些国家和组织的宗旨、信条、所采用的工具以及所擅长的领域不同,他们所采取的全球教育治理的模式也不尽相同。根据全球治理主体所施加影响和实施手段的强制性程度,大致可以把全球治理的模式分为"硬治理"(hard governance)和"软治理"(soft governance)两大类,前者更注重有形的、具有约束力的治理,后者则侧重观念的、间接的影响。

一、全球治理的模式

(一) 硬治理模式

1. 通过资金援助、技术支持和投资实现全球治理

全球教育治理最初的模式是通过资金援助、技术支持和投资来实现的,这一模式的典型代表是世界银行。1944 年 7 月,联合国货币金融会议(即布雷顿森林会议)举办,会上通过了《国际复兴开发银行协定》,成立国际复兴开发银行,其目的是帮助欧洲完成第二次世界大战后的重建工作,国际复兴开发银行和国际开发协会通常被合称为世界银行。20 世纪 60 年代之后,世界银行的宗旨转变为"终结极度贫困,促进共享繁荣",通过向发展中国家和新近独立的后殖民地国家提供低息、无息贷款和赠款来资助这些国家克服贫穷。[1] 早期世界银行的减贫焦点放在欠发达国家农村地区的农民生产、水资源供应以及城市地区的公共服务和基础设施建设方面,教育并非世界银行的主要关注领域。这部分是因为世界银行的领导层并不认为教育与减贫直接相关,[2]20 世纪 60 年代世界银行在教育方面的投入仅限于大型基础设施的培训工作。然而,随着越来越多的新近独立国家加入世界银行,对教育的贷款需求开始增长。世界银行于 70 年代单独成立了教育部门来处理这些新增需求,该部门的主要工作是在世界银行内部衡量教育贷款的优先条件,这些教育项目聚焦职业技术培训、为中等学校提供更注重实际需求的课程,其目的是培养熟练的技术操作工人,帮助政府解决技术工人缺乏等问题。[3] 慢慢地,世界银行开始支持教育领域的基础设施、建造学校、图书馆、工作坊和实验室等项目。[4] 由于教育与经济增长的关系并不十分明显,因此世界银行在

---

[1] Vetterlein A. Seeing Like the World Bank on Poverty [J]. New Political Economy, 2012,17(1): 35-58.
[2] Stern N, Ferreira F. The World Bank as "intellectual actor" [M]// Kapur D, Lewis J P, Webb R. The World Bank: Its First Half Century. Volume 2: Perspectives. Washington D. C.: Brookings Institution, 1997.
[3] Heyneman S P. The history and problems in the making of education policy at the World Bank, 1960-2000[J]. International Educational Development, 2003,23(3): 315-337.
[4] Jones P. World Bank Financing of Education: Lending, Learning and Development [M]. New York: Routledge, 1992.

70年代对教育的投资并未快速增长。80年代至90年代,低收入国家和中等收入国家出现了债务危机,世界银行认为改善基础教育有助于从长远角度消除这些国家的债务危机,开始将资金和技术援助的焦点转向基础教育,与此同时,世界银行要求受援助国家进行结构性调整:将公共财政集中在发展基础教育,鼓励高等教育私有化,鼓励教育决策去中心化,在教育领域引进私人投资等。[1] 世界银行在国际社会教育领域的影响力越来越大,开始进入全球教育治理的中心舞台,世界银行对教育的贷款大幅增加。[2] 90年代中期往后,由于私人部门对教育投入的增长、民间团体对世界银行结构性调整的批评、冷战结束后双边援助的增长以及其他跨国组织的参与,世界银行的教育贷款再次呈现下降趋势,重新将政策中心转向消除贫困,并用减贫战略合作取代了之前饱受争议的结构性调整政策,给予受援助国家更多的自主权。但教育依旧是世界银行的主要关切。通过向受援助国家提供"善治"(good governance)的建议——去中心化、校本管理、地方主体责任制等,世界银行参与全球教育治理的工具越来越精细化了。

世界银行并非通过资金援助、技术支持和投资实现全球治理的唯一案例,其他国际组织(如国际货币基金组织)、区域性组织(欧盟、非盟等)以及民族国家(早期如欧洲发达国家、后期如中国等新兴国家)对低收入国家的援助和支持通常也都以各种形式影响被援助对象的教育,超越传统民族国家范畴参与全球教育治理。

2. 通过制定国际教育规则实现全球教育治理

王晓辉等将国际教育规则定义为:"各国在相关国际组织的制度框架下,基于相似的教育理念,吸纳某些国家成功的教育实践经验,通过专家调研、议程起草、会议讨论和表决、条约签订等程序就某些特定的教育问题所达成的共识,包括体现了人类教育发展规律的理念、规范和评判各国教育实践的准则。"[3] 这是广义的教育规则,狭义的教育规则通常指国际教育公约、章程等。早期国际教育规则通常着眼于制定基本的教育原则。例如,《联合国教科文的组织章程》(Constitution of UNESCO)就明确表明该组织之宗旨在于通过教育、科学及文化来促进各国之间合作,对和平与安全作出贡献,以增进对正义、法治及联合国宪章所确认之世界人民不分种族、性别、语言或宗教均享

---

[1] Colclough C. Education and the market: Which parts of the neoliberal solution are correct? [J]. World Development, 1996,24(4): 589 – 610.
[2] Mundy K. Education in a Reformed World Bank [J]. International Journal of Educational Development, 2002,22(5): 483 – 508.
[3] 王晓辉,谷小燕,翁绮睿.国际教育规则与全球教育治理[J].中国人民大学教育学刊,2012(1):124—137.

人权与基本自由之普遍尊重。① 将教育看作基本的人权在一系列的国际法规中得到了重申,例如 1989 年经由联合国大会通过的《儿童权利公约》(Convention on the Rights of the Child)、2006 年联合国大会通过的《残疾人权利公约》(Convention on the Rights of Persons with Disabilities)等,这些法案对加入公约的国家的法律和教育政策制定产生了深远的影响。此外,除了这些全球性的公约外,地区性的教育公约,例如《亚太地区高等教育学习、文凭和学位互认公约》(Regional Convention on the Recognition of Studies, Diplomas and Degrees in Higher Education in Asia and the Pacific)、《博洛尼亚进程》(Bologna Process)等,通常也会对某一地区的教育政策产生影响。通过这些公约,国际组织和区域性跨国组织参与了全球教育治理。

3. 通过建立公私合作伙伴关系(Public-private partnerships)实现全球教育治理

20 世纪 90 年代中期以来,教育治理的模式发生了一些重大的变化,其中一个重大变化就是越来越多的私人部门参与到了全球治理进程中。这种参与是多层面的,从地方层面到国家层面再到超国家层面。在此背景下,公私合作伙伴关系作为全球教育治理的一种新模式得到了人们的广泛关注。霍奇(G. A. Hodge)等人把公私合作伙伴关系定义为"公共和私人部门所建立的某种持续的合作关系,双方共同开发产品和服务,分担与这些产品和服务相关的风险、成本和资源"②。越来越多的国家政府、国际组织和其他重要的教育相关方认为,通过和私人部门建立合作伙伴关系,可以更加有效、优质地扩大教育成果。③ 公私合作伙伴关系被认为在致力达成全民教育目标的努力中发挥了良好的作用。④ 王建梁和单丽敏以 2002 年新建"全球教育伙伴关系组织"为例,⑤介绍了公私合作伙伴关系模式在全球教育治理中发挥的作用:推动了全球教育各项目标的发展,促进了全球教育治理方式的丰富与发展,加强了发展中国家政府对弱势群体教育的重视,带动发展中国家教育治理方式的转变等。作为全球教育治理中的新模式,尽管它还有需要改进的地方,但毫无疑问,这种模式在未来全球教育治理格局中还将继续占有重要地位。

---

① UNESCO. The Organization's History [EB/OL]. http://www.unesco.org/new/en/unesco/about-us/who-we-are/history/.
② Hodge G A, Greve C, Boardman A E. Introduction [M]// Hodge G A, Greve C, Boardman A E. International Handbook on Public-Private Partnerships. London: Edward Elgar, 2011.
③ Robertson S L, Mundy K E, Verger A, et al. Public Private Partnerships in Education: New Actors and Modes of Governance in a Globalizing World [M]. Cheltenham: Edward Elgar, 2012.
④ Patrinos H A, Barrera-Osorio F, Guáqueta J. The Role and Impact of Public-Private Partnerships in Education [R]. Washington D. C.: The World Bank, 2009.
⑤ 王建梁,单丽敏. 全球教育治理中的"全球教育伙伴关系组织":治理方式及成效[J]. 外国教育研究,2017(8):63—75.

(二) 软治理模式

1. 通过达成国际共识谋求全球治理

全球教育治理最常见的模式是通过国际会议和多边论坛就教育政策达成共识,并基于这些共识制定指导民族国家教育政策的行动框架,以此达到全球教育治理的目的。这一模式早期的例子是国际教育大会(International Conference on Education)。从1934年起,国际教育大会每3—5年举办一次,由各国教育部长和其他相关方(教育研究者、从业人员、政府间组织代表和民间团体代表等)参与,每年的主题不同。由于会议的主要参与者为各国教育部长,他们在一些重大议题上加强沟通,谋求共识,并有可能将这些共识体现在自己的执政纲领中,从而达到全球教育治理的效果。[①] 新近的例子包括2000年在塞内加尔达喀尔举办的世界教育论坛和在纽约召开的联合国千年首脑会议,会议分别通过了著名的"达喀尔行动框架"和"联合国千年发展目标";2015年联合国大会通过了面向2030年的可持续发展目标。无论是联合国千年发展目标还是联合国可持续发展目标,教育都是这些目标中非常关键的维度。除了联合国召开的全球性会议外,欧盟、非盟、东南亚教育部长组织、亚太合作组织等众多区域性组织也都召开过类似的会议,提出了一些影响深远的行动框架,有些框架直接跟教育相关。这些组织的成员国通常会根据自身的条件和状况制定相应的国内政策将这些目标本土化,从而实现全球治理。

2. 通过提出具有国际影响力的教育理念达成全球治理

国际组织和其他行为主体总结或提出的一些先进的教育理念,通常会对人们产生重大影响。尽管这些理念并不具备法律或机制上的强迫性,但如果这些理念被广为接受,则会形成一股思潮。民族国家的政策制定者和研究者如果拥护和赞成这些理念,往往会把这些理念融入到本国的教育政策当中去,从而实现全球治理。前面提到的"教育是基本人权"以及世界银行提出的教育投入与经济发展呈正相关关系便是此类全球教育治理类型的例证。联合国教科文组织一直是具有全球影响力的教育理念的倡导者。例如,由联合国教科文组织成人教育局局长保罗·朗格朗(Paul Lengrand)提出的"终身教育"理念,[②]在全世界广泛传播,众多专家学者对这一理念进一步阐述和解读,出版了大量研究著作和政策建议,世界各国在制定教育规划和政策时大多会纳入终身教育和终身学习的理念。1996年由联合国教科文组织发布的报告《教育——

[①] IBE-UNESCO. International Conference on Education [R]. UNESCO, 2018.
[②] Lengrand P. An Introduction to Lifelong Education [M]. London: Croom Helm Ltd, 1975.

财富蕴藏其中》提出了"为了21世纪的教育"的理念,①这一理念引导了最近20多年的教育方向,催生了一系列相关教育理念。受此影响,澳大利亚墨尔本大学"21世纪技能的评价和教学"项目组提出了"21世纪技能"的理念;经合组织和欧盟提出了"核心素养"的理念,这些理念现在已经成为众多国家(包括中国在内)的教育政策,对教育实践产生了实质性的影响。

3. 通过制定国际评估指标和标准和实施监测实现全球教育治理

诸如经济合作与发展组织这样的国际组织,既不像世界银行或国际货币基金组织那样有足够的资金可以提供大量贷款,也不像欧盟那样的区域性组织一样具有立法能力,它的建议不具备约束力,因而发展出一套不一样的工具来传播和推广政策经验和专家建议。经合组织成立于二战之后,其初衷是帮助执行致力于战后欧洲重建的马歇尔计划,后来逐步转向促进成员国的经济发展、通过援助帮助发展中经济体发展经济、促进世界贸易等宗旨。② 在教育治理方面,经合组织的政策影响力来自于它的知识生产能力和信息分析与解释的能力。③ 经合组织通过发布比较性的数据如教育与社会指标、大规模国际测评或国别评价来监控全球教育发展,成为教育政策方面不可或缺的参与者,建立起了运用基于科学方法制定教育政策的形象。④ 例如,自20世纪90年代中期以来,经合组织启动了国际学生测评项目(PISA),自从2001年开始发布第一次PISA结果以来,该结果就成为教育质量的某种"黄金标准"。PISA结果不断见诸媒体和研究文献,一些国家的教育官员和研究者甚至运用PISA结果作为国内改革的依据和理由。⑤ 在此基础上,经合组织一方面扩大纳入PISA测评的国家,一方面扩大PISA测评内容范围(如2018年新增了全球素养测评),同时还计划针对成年人、小学生甚至学前教育学生展开测评,不断加强自身在全球教育治理中的话语权。多年来,经合组织通过树立兼顾公平与质量的标杆效应、推动各国设置或修订课程标准、促使各国更加重视绩效目标而在全球教育治理进程中扮演了非常重要的角色。⑥ 一些传

---

① 联合国教科文组织. 教育——财富蕴藏其中[M]. 联合国教科文组织总部中文科,译. 北京:教育科学出版社,2001.
② Kallo J. OECD Education Policy. A Comparative and Historical Study Focusing on the Thematic Reviews of Tertiary Education [M]. Jyvaskyla: Jyvaskyla University Press,2009.
③ Schuller T, Vincent-Lancrin S. OECD Work on the Internationalization of Higher Education: An Insider Perspective [M]// Bassett R M, Maldonado A. International Organizations and Higher Education Policy: Thinking Globally, Acting Locally? New York: Routledge, 2009.
④ Meyer H D, Benavot A. PISA, Power, and Policy. The Emergence of Global Educational Governance [M]. Oxford, 2013.
⑤ Sjøberg S. PISA and Global Educational Governance-A Critique of the Project, its Uses and Implications [J]. Eurasia Journal of Mathematics, Science & Technology Education, 2015,11(1): 111-127.
⑥ 邵江波. PISA 与全球教育治理:路径、影响和问题[J]. 全球教育展望,2016(8):102—109.

统的全球教育治理机构如世界银行、联合国教科文组织等也都相继展开了国际测评和监测项目,定期发布测评和监测报告,对全球的教育实践产生了影响。

二、 当前全球治理的特征

(一) 参与主体特征

全球教育治理在参与主体层面上有两个特征:多元化和碎片化。从参与主体层面而言,很显然,全球治理意味着民族国家不再是全球教育治理的唯一战场和主体,新的"舞台"和参与主体(各类民间团体、地区组织、国际组织等)在全球教育治理进程中扮演着越来越重要的作用,这些行动主体在国际和国家层面上经常结成战略伙伴关系,全球教育治理的参与主体呈现出多元化特征。而且,由于现有国际机构具有相当的黏性,当新的国际机构开始进入全球教育治理舞台时,他们通常并不能够马上改变原有的治理秩序和模式。因此,新的教育议程通常建立在已有的治理进程基础之上或者作为合作者加入并一起改进已有的治理议程。例如,联合国教科文组织提出了为了21世纪而学习的理念,后来的机构(既有区域性跨国组织又有民间研究团体)在此基础上提出21世纪技能的概念,各个民族国家又将这些理念内化为本国的教育行动,在治理的参与主体上呈现出复杂化和碎片化的特征。

(二) 内容特征

从全球教育治理的内容层面来看,各国的教育改革和计划呈现出趋同特征。由于国际组织在全球教育治理进程中获得了越来越大的话语权,他们所提出的新的教育理念、行动纲领、政策选项和最佳实践被民族国家所接纳,因而在教育政策制定上出现趋同特征。这其中包括但不仅限于去中心化,制定标准,基于指标和结果的教育测量,以及基于证据的研究和政策等。

(三) 过程特征

全球教育治理在过程层面上呈现由"硬"治理向"软"治理转变的特征,也有学者把这种特征概括为非正式化特征。[①] 全球教育治理由过去那种倾向于依赖成文的法规、明确的规则和正式的条约转向更为宽松的行动框架、达成的共识、隐含的规则以及灵活的实用原则。世界银行在参与全球教育治理方式上的转变就是一个非常好的例证。

---

① Stephen M D. Emerging Powers and Emerging Trends in Global Governance [J]. Global Governance, 2017,23: 483 - 502.

传统上而言,世界银行主要是通过提供资金援助和技术支持以及相应的结构性调整要求来参与全球治理的,但新近的战略调整除了这一传统工具外,世界银行将"知识生产与交流"——提供系统评估和基准设定工具、学习评价、为政策制定和干预措施提供服务——作为首要的教育治理工具。①

三、对中国参与全球教育治理的启示

(一)增强全球教育治理参与意识

一个基本的判断是,尽管保守主义、保护主义有所抬头,但几十年来的全球化进程使得世界各国及其人们之间的联系变得越来越频繁和紧密,错综复杂的政治、经济、社会与文化关联决定了全球化进程不会停止。此外,教育领域的一些全球性问题,如全民教育、可持续发展教育、国际化进程中的高等教育等,都超越了传统意义上的主权范畴。这些问题要么是单一国家没有能力独自应对,要么是相互依存性非常高,需要其他行为主体参与治理。在这个背景下,全球治理包括全球教育治理应当被看作是一种合理的存在。然而,这并不意味着民族国家在全球教育事务中毫无作用可言,事实上主权国家依然是全球教育治理中的关键主体。对于任何国家而言,过度强调国家主权或者完全放弃对全球性教育事务应尽的责任都不可取,理性的做法是理解和参与,而非抵制全球教育治理。民族国家积极参与全球教育治理系统有助于解决本国和全球所面临的教育问题而不是相反。② 目前而言,发达国家在全球教育治理中占据了主导地位,这主要体现在发达国家在国际组织、区域性组织中常常起主导作用,而且这些国家的私人部门(如基金会、民间团体及教育智库等)也比较发达。对中国而言,尽管我们的经济体量已经足够大,但作为一个后起的发展中国家,中国尚未适应全球治理格局,积极参与的意识需要提高。

(二)提升在国际组织的话语权

国际组织是全球教育治理的发起者和主要参与者,无论是教育援助、制定行动框架、提出影响深远的教育理念还是进行大规模国际测评,国际组织一直处于全球教育治理的最前沿,天然地对全球性教育议题更加敏感。民族国家除了直接参与全球教育治理外,提升在国际组织中的话语权也是提升在全球教育事务中的话语权的途径之一。随着中国在国际组织中所承担的份额越来越大,在国际组织中所担任的角色可以

---

① 阚阅,陶阳. 向知识银行转型——从教育战略看世界银行的全球教育治理[J]. 比较教育研究,2013(4):76—82.
② Tuca S. Global Governance vs. National Sovereignty in A Globalized World [J]. CES Working Papers, 2015,7(1):193-201.

更加积极主动一些。例如,自中国恢复在世界银行中的席位以来,逐步从受援助国转变为捐助国再到第三大股东,可以利用这个平台与低收入国家分享和传播我国教育发展中的经验和教训,参与世界银行的知识生产和交流,利用世界银行这个平台积极参与全球教育治理。① 再如,中国是联合国教科文组织的创始国之一,也是该组织的第三大会费国,在美国退出联合国教科文组织之后,中国对联合国教科文组织的贡献和支持还将进一步加大。但与此同时,中国在该组织内的职员代表性与中国承担的义务相比严重不足,因此中国应当选拔更多的人才到该组织担任高级职员,以在国际组织任职的方式参与国际教育治理。② 此外,中国也可以利用自己所主导区域性倡议(如一带一路)和组织(如上合组织)加强教育合作和投入,提升在区域内教育事务中的国际影响力。一些区域性的组织,其最初的宗旨或许不是以教育为主,但这并不影响这些组织将来在教育领域发挥至关重要的作用,经合组织就是一个典型的例子,也是值得中国借鉴和思考的一个榜样。

(三) 熟悉国际规则

熟悉国际规则有两个层面。从国家层面而言,中国要熟悉民族国家参与全球教育治理、发挥国际影响力的规则。全球教育治理的参与主体多元,所代表的理念和利益不尽相同,需要加强沟通与妥协;所应对的问题的情境、本质以及解决的途径都与处理国内问题有很大的差别;全球治理的机制、工具和进程通常是多方协商、合作和妥协的结果,因而也比较复杂。中国要参与全球教育治理,就必须掌握全球治理的一些通用原则,如共同但有差别的责任、从地方到全球的多层次机制、全面透明的问责制等。③ 从个人层面而言,可以预见的是,随着中国加入全球教育治理的进程,将会有越来越多的中国人到国际组织担任高级职务,中国国内教育行业的领导者与外界打交道的机会也将越来越多,这都需要我们加强对通晓国际规则、精通跨文化交际能力的人才的培养,为中国参与全球教育治理做好人才培养与储备。

(四) 发挥公私合作伙伴关系作用

公私合作伙伴关系是一种新兴的全球教育治理方式,尽管学界和教育实践领域对

---

① 阚阅,陶阳. 向知识银行转型——从教育战略看世界银行的全球教育治理[J]. 比较教育研究,2013(4):76—82.
② 杨桂青. 联合国教科文组织虚位邀约中国职员[N]. 中国教育报,2016-04-26.
③ UNCDP. Global Governance and Global Rules for Development in the Post-2015 Era [EB/OL]. [2018-08-09]. http://www.un.org/en/development/desa/policy/cdp/cdp_ecosoc/e_2014_33_en_globalgov_v2.pdf.

这一全球教育治理方式还存在争议，但不可否认的是，公私合作伙伴关系在发展领域已经越来越被诸如联合国、世界银行、经济合作与发展组织、世界经济论坛等国际组织和平台所认可。[①] 民族国家在公私合作伙伴关系中的作用可以从两个方面来考虑。一方面，民族国家可以鼓励、支持、培育本国的私人部门积极争取成为国际组织的合作伙伴，参与全球教育治理。另外一方面，可以通过项目外包、政企合作、项目委托等方式邀请国际知名教育机构参与本国的教育治理，提高项目效率和效果。

（周小勇）

---

① Kirkemann P, Appelquist M. Evaluation Study: Public Private Partnership Programme [R]. Denmark: Nordic Consulting Group A/S, 2008.

第十三章　迈向教育改革的核心：培养作为21世纪技能核心的批判性思维技能

21世纪以来,国际教育出现了21世纪技能导向的教育改革运动,越来越多地从重视基础性读写算技能(3R)转向重视面向所有人的高阶性、多维性和复杂性的4C技能,以应对全球竞争、人工智能和知识社会带来的迫切挑战。作为21世纪技能核心的批判性思维技能,日益被认为是21世纪个体生存力、社会创新力和国家竞争力的核心以及个体自由和社会进步的标志,也应该成为我国教育改革的核心。

一、培养批判性思维技能：21世纪教育改革的核心

自20世纪60年代开始在西方世界兴起的诸种后现代思考如后殖民主义、后结构主义和批判主义,并未产生一种后现代社会。"柏林墙的倒塌"反而预告了现代性的全球扩展。这种全球扩展又进一步受到全球贸易和技术进步特别是数字革命的推进,从而产生了一种知识经济的全球化,一种新的现代化形式。

知识经济和全球化推动了以21世纪技能为导向的国际教育改革运动。知识经济正在改变全球劳动力市场对技能水平的要求。在工业国家,以知识为基础的行业迅速扩张,劳动力市场需求也相应发生改变,对劳动力素养提出了新的要求。另一方面,经济全球化的日益加深和扩展,又迫使各国革新和提升自己的劳动力培养水平,以维持和改善其国家在全球竞争中的相对位置。未来劳动力水平成为了各国全球竞争力的核心关注。各国在全球性PISA测试中排名的焦虑,就是其表现之一。因此,OECD指出,个人和社会在21世纪的生存法则就是掌握21世纪技能。在农业经济和工业经济时代的3R技能已经不能胜任新时代的要求了。于是,自21世纪以来,很多工业国家和国际组织不断推出不同版本的21世纪技能框架,并由此形成了21世纪技能教育改革运动。

各国的21世纪技能框架虽然彼此不同,但基本上都包括三个部分：生活和职业技能；ICT技能；批判性思维、合作、交流和创新技能,即所谓的4C技能。这些技能基本上具有三个主要特征：横向的或通用的,不与特定的领域直接联系,但与很多领域相关；多维度的,包含知识、技能和态度；与高阶技能和行为相关,涉及应对复杂问题和

突发情况的能力。① 从国际教育史来看,这些技能中具有革命性的部分就是 4C 技能。因此,我们可以把 21 世纪技能运动理解为从 21 世纪之前的知识性和基础性的 3R 运动变革为 21 世纪技能性和高阶性的 4C 运动。

作为高阶技能的 4C,正是全球知识经济时代所迫切需要的技能。美国全球最大的管理教育机构即美国管理协会(American Management Association,AMA)在 2012 年对 768 位企业管理者就 4C 对企业的重要性进行了调查,90%以上的管理者认为这些技能最重要或重要(表 13-1)。当技术越来越发达时,作为人的独特的 4C 技能变得尤为必要和迫切,其中批判性思维技能最重要。

表 13-1 认为 4C 技能对企业发展最重要或重要的企业管理者比例[②]

4C 技能	百分比
批判性思维技能	97.2%
沟通技能	95.5%
合作技能	93%
创造力和创新技能	91.6%

批判性思维技能居于 21 世纪技能的核心。经济合作与发展组织的 21 世纪技能框架的核心是作为道德成熟和理智成熟的个体为自己思考并承担起自己的学习和行动责任的能力,这种"自我反思"是自主性、互动地使用技术以及在异文化中交流三个组成部分的共同核心或更高阶的部分。在美国的 21 世纪技能框架中,"生活和职业技能"就是个体要适应多种不同的角色和职责,要在具有模糊、多变的环境中有效地工作,必然需要自我调整和自我反思的技能;"信息、媒体与技术技能"的核心是个体批判性地评估信息和使用信息的技能;在"学习和创新技能"的 4C 技能中,没有批判性思维,就不可能有真正的创造,也不可能有真正的沟通与合作。在对各国(地区) 21 世纪技能框架的进一步梳理中,我们可以发现批判性思维技能处于最重要的位置上(图 13-1)。

美国教育战略家托尼·瓦格纳(Tony Wagner)提出 21 世纪的"七大生存技能" (Seven Survival Skills),同样把批判性思维放在首要的位置:(1)批判性思维和问题解决;(2)合作与领导力;(3)机敏与应变力;(4)首创精神与企业家精神;(5)有效的书面

---

① 邓莉,彭正梅.美国学校如何落实 21 世纪技能——21 世纪学习示范学校研究[J].外国教育研究,2017,44(9):52.
② American Management Association. AMA 2012 Critical Skills Survey[EB/OL]. https://www.amanet.org/assets/1/6/2012-critical-skills-survey.pdf.

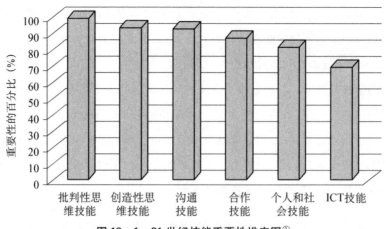

图 13-1 21 世纪技能重要性排序图①

与口头沟通能力;(6)信息的获取与分析;(7)好奇心与想象力。瓦格纳这份源于商业领袖、政治家、学者、教育家所提出的 21 世纪技能清单,显示了他们担心 21 世纪的学生"不会思考"。②

在不断走向计算机化的知识经济时代,知识更新速度加快,社会对人知识习得数量的要求不是降低而是提高了,但教育不仅是知识的传授,仅靠积累大量知识难以培养具有批判性思维的人才,难以培养创新人才,只有知识不会思考的人脑会逐渐被人工智能所取代。没有思考和高阶技能,知识只是死的知识、惰性的知识,要成为活的知识,要导向知识的深层理解,要学会善于思考并在新情境中使用知识,就必须导向高阶技能,导向批判性思维。这样一种超越基础知识、培养高阶技能的转向,是一个重大的教育范式和课程领导范式的变革。③

因此,美国教育研究机构"课程重构中心"对美国面向 2030 年的课程变革做了细致规划,提出从四个维度,即知识、技能、品格和元学习,来重构面向 2030 年的美国课程。知识维度强调要更加针对地与真实世界相关,以提升思考的基础和现实性;技能维度着重发展以 4C 为核心的 21 世纪技能;品格维度强调从价值观和信念来帮助学习者做决策;元学习维度包含元认知和成长型思维,强调对学习的反思性的调控。④ 这

---

① Queensland Curriculum and Assessment Authority. 21st Century Skills for Senior Education: An Analysis of Educational Trends [EB/OL]. (2015-11). [2017-11-20]. https://www.qcaa.qld.edu.au/downloads/publications/paper_snr_21c_skills.pdf.
② 托尼·瓦格纳. 教育大未来[M]. 余燕,译. 广州:南海出版社,2013:27—52.
③ 邓莉,彭正梅. 美国学校如何落实 21 世纪技能——21 世纪学习示范学校研究[J]. 外国教育研究,2017,44(9):52.
④ Fadel C, Bialik M, Trilling B. Four-dimensional Education: The Competencies Learners Need to Succeed [R]. Boston: Center for Curriculum Redesign, 2015:43.

四个维度课程的核心就是批判性思维。

相应地,21世纪技能的教学和评价也是以批判性思维作为核心。比如美国的21世纪学习示范学校(The 21st Century Learning Exemplar Schools)使用"21世纪技能"量表来监控和评价教学过程和学习结果(表13-2),该量表既是教学工具,也是评价工具。教学主要是基于项目式学习,评价任务力求让学生的推理和思维可见。在21世纪技能中,批判性思维与问题解决和决策紧密相关,学习者需要运用批判性思维来规划学习与研究、管理项目、解决问题和做出明智决策。批判性思维是创新和创造力的前提,交流与合作也离不开批判性思维。

表13-2 "21世纪技能"评价量表[①]

21世纪技能	卓越	熟练	基本	新手	计分
批判性思维技能	在评价、分析与综合方面持续展示多种技能	经常应用批判性思维	发展多种批判性思维技能	在评价和分析方面,存在困难	
问题解决技能	准确确定解决问题的顺序,在多种情境中应用问题解决技能	通常能以考虑周到的顺序解决问题	能够识别各部分问题,但需要得到帮助才能解决问题	感到跟随问题解决步骤和得出答案具有挑战性	
创造力和创新技能	始终在项目中展示灵活性和原创性,提出很多新问题和做事的方法	通过教师提出一些建议和观点,学生可以创造新事物	喜欢创造性地思考,但有时不能提出很多新观点	自己很难提出新的和原创性的观点	
交流与合作技能	当与他人分享观点以及合作学习时,会很激动,参与感强	是一个很好的团队成员——倾听他人的观点,把自己的观点解释得很清楚	喜欢成为团队的一部分,但遇到太多不同观点或他人不认同某一观点时,会很困惑	有时很难与他人合作并接受他人的观点。喜欢以自己的方式做事	
评论					总分

批判性思维技能成为21世纪技能教育改革运动的核心,不仅有着其所强调的经济、社会、文化甚至政治意义,同时也在显示,从人类批判精神的发展史来看,这种核心

---

① Laura Greenstein. Assessing 21st century skills: a guide to evaluating mastery and authentic learning [M]. Corwin: A Sage Company, 2012: 198.

恰恰也是人的更高发展的核心,体现了人的尊严和价值的普遍提高。

二、迈向理性的普遍使用：批判性思维精神史的考察

批判性思维的精神源泉可以追溯到 2500 年前苏格拉底的教学实践。苏格拉底认为,未经批判的生活是不值得生活的。他在自己的教学中不断去追问别人所主张的信条,发现即使那些权威所声称的信条,也存在证据不充分、思维不清晰和逻辑不一致等问题。苏格拉底之后的柏拉图、亚里士多德以及后来的怀疑主义者都强调系统且理性的思考,借以超越表象,探讨事物表面之下更为深层的现实。

黑暗的中世纪之后,文艺复兴时期涌现了一大批学者,开始对宗教、艺术、社会、人性、法律和自由进行批判性思考。其中明确探讨理智误用的是培根于 1605 年出版的《学术的进展》,该书可以被视为批判性思维的第一本教科书。培根强调,理智是人的最高级部分,能指导意志的活动。因此,学问和知识具有至高无上的价值。在他看来,学问受到轻蔑有三种原因：宗教狂热和猜忌；政治傲慢；学者本身的错误和不成熟。

笛卡尔于 1628 年写成的《指导心灵的规则》,可以被认为是第二本批判性思维的教科书。他强调直觉和演绎是人类理性的运用方式,是获得一切真知的唯一正确的方法。思维要清晰和精确,思考的每个部分都需要进行质疑和检验。

托马斯·莫尔在其《乌托邦》中提出了一种新的社会秩序模式,认为现存世界的每个领域都要受到批判。霍布斯认为每个事物都应该基于证据和理性来进行阐释。洛克则强调为了捍卫人的基本权利,政府应该接受其公民的理性批判。法国的孟德斯鸠、伏尔泰和狄德罗认为,所有的权威都必须接受批判性思维的检验,一切都必须经由理性的称量,并在理性的法庭面前寻求自己的合法性。

波义耳的《怀疑派的化学家》批判了之前的化学理论,把化学从炼金术中脱离开来,使之成为一门科学。之后,哥白尼、伽利略、开普勒以及牛顿都批判了自我中心的世界观,强调明智的、基于细心收集证据的推理。

在 18 世纪,亚当·斯密的《国富论》开始将批判性思维运用于经济学。康德的《纯粹理性批判》则指向了理性自身。随后的 19 世纪,马克思开始批判性地思考资本主义的问题,提出了著名的社会学、经济学和哲学的批判。达尔文在《人类的由来》中把批判性思维应用于人类文化史和生物生命的基础。弗洛伊德把批判性思维应用到人的无意识领域。

20 世纪,美国社会学家萨姆纳(W. Sumner)于 1906 年出版了关于社会学人类学

基础的研究成果——《民俗论》,记述了人类思考中的社会中心倾向,以及把学校作为一种社会灌输的工具。他发现,学校按照一个模式来培养所有学生,使所有学生接受所谓的正统观念,而这些正统观念充满了大量的错误、一知半解和肤浅的概括,因此,要对任何被接受的信条和主张进行检验和验证,以判断它们是否符合现实。萨姆纳进而指出,批判能力是教育的产品,是一种精神的习惯和力量,是人类福祉的基本条件,是人类对抗谬见、欺骗、迷信和对我们自己和生活环境的错误理解的唯一保障。教育的目的就在于培养具有良好批判能力的公民。[①]

杜威在其1910年出版的《我们如何思考》中深入地探讨了批判性思维和教育过程的关系,把它界定为教育的首要目的,在1916年出版的《民主主义与教育》中对其进行了系统探讨,并按照批判性思维的过程来界定教学过程,把批判性思维与问题解决密切联系起来。杜威在其1938年的《逻辑:探究的理论》进一步发展了这种工具主义的批判性思维观,即探究观。第一,探究是一种有机体的生存行为和成长行为,是有机体与环境互动的根本方式及工具。第二,探究不是盲目和随意的,而是一种受控的或定向的、带有逻辑性的转变,从一种不确定的情境转向一种其成分的差异和关系都是确定的情境,从而把初始情境的各要素转换为统一的整体。第三,这种为达到某种结果的有控制的探究努力,存在于人类活动的方方面面,既包括常识探究,也包括科学探究。第四,探究的逻辑并非一种超越性和先验性的工具,而是在各类探究行为中所产生的并不断发展的工具,是可以改善和发展的,具有人为性和契约性。逻辑探究的结果,即作为"有根据的、可断言性"的知识,也是动态的、过程性的,也具有工具性。

从这个角度来看,杜威把民主作为一种联合的生活方式,在某种程度上也是一种联合的反省思维。民主是一种理智保障,保障个体和群体的经验交流和经验开放。因此,民主的程度的标准,也就是保障反省思维的标准,"群体内成员有意识地分享的利益是否丰富和多样","与其他团体的相互作用达到何种程度的充分和自由"。形成反省和探究的共同体,是杜威终身的教育和社会理想。[②]

杜威之后,批判性思维的培养不仅成为教育的基本目标,批判性思维还逐渐发展成为一门独立的学科。其中,对批判性思维的研究和实践贡献较大的学者有恩尼斯(Robert Ennis)、麦克佩克(John McPeck)、保罗(Richard Paul)、谢夫勒(Israel Scheffler)和西格尔(Harvey Siegel)等。在这些人的推动下,批判性思维研究及培养在

[①] Sumner W. Folkways. Salem [M]. New Hampshire: Ayer Company, 1940: 630 - 633.
[②] 彭正梅. 经验不断改造如何可能:杜威的自我发展哲学及其与儒家修身传统的比较[J]. 湖南师范大学教育科学学报,2016,(3): 5—13.

美国获得长足进展。

在 1970—1997 年期间,美国出现了批判性思维运动,在研究和实践上经历了三次浪潮。① 第一次浪潮主要由哲学家主导,专注于逻辑、论证和推理,批判性思维被发展为一个独立领域,并出现了以批判性思维理念为基础的考试模式。不过,这个时期主要从相对狭隘和技术的角度来看待推理和逻辑,忽视了逻辑的广阔运用。第二次浪潮出现在 20 世纪 80 年代,人们从不同的角度看待批判性思维,并形成了松散的群体。有的从认知心理学、批判教育学和女性主义来研究批判性思维,也有的从生物学、商业和护理等角度来研究和实践批判性思维,并探讨了被第一次浪潮所忽视的要素:情感、直觉、想象和创造力。总的来说,第二次浪潮要比第一次更加综合,更多从传统的逻辑和修辞之外来看批判性思维。但由于缺乏共享的智力传统,第二次浪潮呈现出一种模糊的综合性,比较松散,不够整合,不够一致,也不够深入和严谨。但是,有关批判性思维的会议和倡议文件最终促使批判性思维在教育中的发展。其中在高等教育层面尤为显著,很多大学开始增设批判性思维的通识课。而在中小学,美国部分州的教育部门开始将批判性思维纳入到课程框架中,教师也开始修改他们的教学计划。批判性思维的教科书和培训项目成为了一个快速发展的行业。

第三次浪潮开始于 20 世纪 90 年代,试图超越严谨而不综合的第一次浪潮与综合而不严谨的第二次浪潮,尽管真正的理论建树不多。值得一提的是 1990 年发布的一项关于批判性思维专家共识的研究。来自教育学、哲学、社会科学和物理学等领域的 46 位专家基于量化研究方法,从认知技能和情感特质两方面对批判性思维进行了理论建构,达成了有关批判性思维的专家共识。他们认为批判性思维的特征是:有目的的、自我调整的判断,这种判断是理解、分析、评价和推理的结果,也是基于证据、概念、标准和情境的考虑而得出的。在此以后,批判性思维的专家与学校的教师合作开展了很多研究项目,批判性思维研究的重心下移,逐渐成为 90 年代后的主流。②

这里可以把 21 世纪技能运动对批判性思维的强调视为第四次浪潮。不过,这一次主要是从经济竞争和技术发展的角度把批判性思维技能视为 21 世纪个体生存和社会繁荣的第一技能,并把它作为教育改革的核心。

因此,可以看出,批判性思维和问题解决技能一直是人类进程的基本部分,至少在

---

① Richard P. Critical Thinking Movement: 3 Waves [EB/OL]. http://www.criticalthinking.org/pages/critical-thinking-movement-3-waves/856.

② Facione P A. Critical thinking: A statement of expert consensus for purposes of educational assessment and instruction, The Complete American Philosophical Association Delphi Research Report [R]. The California Academic Press, 1990: 2-18.

不同社会的精英阶层的教育中一直受到不同程度的重视。批判性思维这个 21 世纪技能同时也是柏拉图的《理想国》于公元前 3 世纪所提出的技能。当然,不同的是,今天的思维技能更加具有跨学科性、多维性、合作性和高阶性,并且是对每个人的要求。批判性思维和问题解决技能,已不再是教育和教学偶然的、附带的点缀,而必须成为我们教育体系中普遍的刻意行为。如果要致力于更加公平和有效的教育,那么我们就必须普遍教授儿童如何去思考,帮助所有儿童去习得批判性思维技能。也就是说,在柏拉图时代,作为精英阶层的"奢侈品"的批判性思维技能,在 21 世纪的全球知识经济时代,必须走向每个人。

马克思认为,人并不满足于像畜类那样吃饱饭,还要求富有尊严的和创造性的劳动和生活,人类必然会克服其所经历的异化,迈向自由的境界。在康德看来,人的自由核心是精神的自由,使用理性的自由。人,作为大地之上唯一有理性的被创造物,其自然禀赋的目的在于使用其理性;其自然禀赋将会充分地发展出来,这是大自然的一项隐蔽计划。① 相反,人类若是也像他们所畜牧的羊群那样温顺驯良,羞于或怯于使用自己的大脑,就难以为自己的生活创造出比自己家畜的生活更大的价值来。在当今的全球化知识经济时代,批判性思维技能作为 21 世纪第一技能意味着理性的普遍使用,意味着人的自由和高贵的更高发展。

毫无疑问,批判性思维应该成为教育改革的核心。如果我们的教育能够帮助个体娴于批判思考,善于收集、分析、总结和评价信息,同时能够辨别和鉴别错误信息、自己的固执片面、所属社会和文化中不自觉的狭隘和偏见以及政治集团故意的意识形态烟雾,那么在今天这个海量信息的时代,在这个流动的、不确定的时代,在这个日益复杂、日益多元以及日益令人困惑的世界里,他们就会拥有一双慧眼来把这个世界看个清楚明白,去过一种属于自己的明智的幸福生活,并能理智和明智地促进共同体、社会、国家和全球的持续发展和繁荣。今天,面对琳琅满目的商品,连家庭主妇也不禁轻轻地自问:"我到底该买什么呢?"

毫无疑问,批判性思维已经成为 21 世纪以来世界各国教育改革的核心,被视为 21 世纪成功地生活、成功地工作的第一技能,并被纳入到各自的经济和社会发展战略之中,作为其核心竞争力的核心标志。

毫无疑问,那些还不重视批判性思维、没有把它作为教育改革核心的国家,包括中国,应该认真地对待它、思考它,以自己的方式跟随这一浩浩荡荡的潮流,提升其在全

---

① 康德. 历史理性批判文集[M]. 何兆武,译. 上海:商务印书馆,1990:1—21.

球化的知识经济时代的竞争力,提升人之作为人的高贵性,实现大自然隐蔽的计划。

三、服务国家战略:批判性思维技能应该成为中国教育改革的核心

21世纪以来,中国逐渐走向外向,中国经济和社会发展及战略已深度融入世界及其全球化进程之中。但是,这种外向发展措施如"一带一路"倡议的成功实施,需要人才的保障,如特别需要"拔尖创新人才"、"非通用语人才"、"国际组织人才"、"优秀来华留学生"、"国别问题研究人才"五类人才。因此,外向的国家发展战略必然要求我们在人才培养上与国际接轨,把培养批判性思维技能作为教育改革的核心,因为批判性思维技能已经成为一个国家在全球化知识经济时代的核心竞争力和创新能力的根本标志和指标。

但是,我国当前的转变经济发展模式、规避中等发达陷阱、迈向世界甚至领导世界等战略尝试,遭遇到国内创新和创造力不足的不利局面,所培养的人才规格和数量还不能满足党和国家战略大局的需求。PISA 测试显示,上海学生在批判性思维、合作性问题解决技能等高阶技能方面存在着不足,在问题解决的计划性和彻底性方面与欧美学生存在着差距,在真实性学习体验方面也比较贫乏。① 而且,PISA 的数据还表明,同样数量的学生,在具有较高问题解决技能的人数方面,上海也相对较少。② 显然,相比之下,我们的教育没有很好地提升学生的高阶技能,没有培养数量众多的具有高阶技能的学生。

与美国相比,我们的教育还没有把批判性思维作为教育的目的,并贯穿到学科学习之中。我们的课程、课本、教学和评价仍然集中于传统的知识层面。在美任职的华人教授赵勇认为,中国教育强调学习知识,美国教育强调学习思考。他极力推崇美国教育,认为中国教育泯灭了孩子的批判精神和创造力。③

对此,尽管自近代以来,一些先进的中国人尝试引进西方的技术、科学和民主来改造我们的对批判性思维不太友好的文化传统,但取得的效果有限。随着中国的逐渐崛起,人们同时也越来越认识到,中国的现代化不仅需要德先生和赛先生,还需要逻先生(logic,即逻辑)。没有批判性思维,民主和科学也很难真正推进,德先生和赛先生很难在中国立足。因为民主和科学,实际上就是理性反思的事业。民主需要温和、理性和开放的公民,科学需要质疑和探究精神。

---

① 王洁. PISA2012 问题解决模块测试及上海学生表现评析[J]. 上海教育科研,2015(2):11—15.
② 陆璟. 审慎、理性、公正:用专业视角看待上海 PISA 测评结果[J]. 外国中小学教育,2014(7):1—4.
③ Zhao Y. Who's Afraid of the Big Bad Dragon? Why China has the Best (and Worst) Education System in the World [M]. New York: Jossey Bass, 2014:165-190.

但是强调"教育即思考"的教育改革,总是遭受来自我们传统中"教育即道德"、"教育即知识"的阻碍和质疑。"教育即道德"的传统认为,教育是培养一种仁厚深沉的德性,强调"教育即思考"会把道德变成算计,培养出琐碎的斤斤计较的精致的利己主义者。"教育即知识"的传统认为,教育首先是学习知识,特别是扎实的系统的知识,强调"教育即思考"会导致表面热闹、实际上"搞乱课堂"、什么都学不到的结果。

这两种观点都是对批判性思维的本质的误解,也并未看到,社会生活越来越复杂,道德必然需要源于理性思考,知识学习固然重要,但知识并不自动迈向思考,而且以培养批判性思维作为目标,知识会得到大量积聚、评估和使用,成为真正的活的知识。

培养批判性思维的教育,要求把 4C 与 3R 整合起来,不是不强调知识,而是强调超越知识,培养技能。高水平的批判性思维需要深层次的学科和跨学科的知识和理解,否则谈不上去理解和思考一个问题。但是,我们要知道,学校教育不仅是培养物理学家和文学家,而更是培养具有批判性思维技能、致力于文化变革和社会变革的公民,进而使我们的社会成为一个探究的共同体、创新的共同体和致力于人的更高发展的共同体。

因此,对于中国的教育改革来说,可以考虑把批判性思维纳入到教育改革的核心,并依据这个核心,也就是说,依据思考品质和理性精神来改革我们的"教育即知识"、"教育即道德"的教育传统,把知识、思考和道德以思考为中心统一起来,走出一条不同于西方的批判性思维培养之路。

有些人出于意识形态安全和保护中国固有文化的角度,对于学校教育转向批判性思维以及批判性思维在公共领域的运用抱有疑虑,甚至敌意。对此,我们要认识到,同时历史也多次证明,不经过理性探讨和确认来捍卫意识形态安全以及文化特色的防护堤是虚假的、脆弱的,也容易被攻破。在一个数字化、多元化的全球化时代,我们必然要走出去,实际上我们已经走出去,我们必然要遭遇对手,必然要卷入世界之中,与世界竞争,进行伟大的搏斗,提升我们的竞争地位,因此,我们只有跟随 21 世纪技能教育运动的浪潮,结合自身的特点,勇敢地把批判性思维纳入到教育改革的核心,才能建构真实的理性的防护堤。

这里需要再次强调,"教学生知识"和"教学生思考"是两种不同的应对世界的教育策略,前者指向很少变化的依靠常规运转的社会,而后者则指向应对不确定的高度变化的世界。根据一项针对批判性思维的元分析表明,当批判性思维作为特定课程内容中一个独立领域来教授时,会产生最大的学习效果,但如果只是将批判性思维作为"教学的副产品"来教授的话,则会产生最小的效果。① 因而,有目的地进行批判性思维教学被看作是教会学生使用该技能的最强有力的方法,批判性思维技能应成为教育教学的核心目标,而不是副产品。

另一方面,我们也要认识到,即使我们的学校教育倡导培养批判性思维技能,但如果在学校之外得不到锻炼和使用的话,就会成为"屠龙之技",并逐渐丧失。如果批判性思维的每次使用都给个体带来不利的结果,个体就会选择消极顺从的人生策略。一个强大的中国和中国教育需要扎根于新文化,否则批判性思维就没有土壤,得不到滋养,也没有施展的机会和舞台。

我们要从战略上认真对待和决然转向培养批判性思维为核心的教育改革。中华民族的未来和中国21世纪的全球竞争力,取决于每个人、每个人的大脑和思考技能。培养理性、仁爱和力行的国民是中国梦的基石。我们要信任大脑的理性使用。任性的决策与呼天抢地的申诉方式,则会成为中国梦的障碍。

同时,作为一个以马克思主义作为意识形态的国家,我们要有更大的理论气度和人类情怀,去把批判性思维技能视为个体自由和社会进步的标志,发展每一个人自由发展所需要的批判性思维技能,实现《共产党宣言》所憧憬的"每个人的自由发展是一切人自由发展的条件"的人类理想。

因此,我们的教育改革要勇敢地把培养批判性思维技能作为教育改革的核心,把德性转化理智德性,把学习知识提升为学习思维。就目前而言,这几点是必要的:(1)确立从幼儿园到大学的整体性和各年级的批判性思维培养计划,开设独立的批判性思维课程;(2)加强课程的理性思维品质,探讨并强调学科和跨学科中的批判性思维;(3)增加探究性教学方式,把发展工具性和解放性的批判性思维技能落实到每次的教学之中;(4)把高阶思维能力作为学习评价的重点;(5)建立欢迎不同观点甚至错误的班级文化和学校文化;(6)利用现代技术,促进学生思维技能的发展;(7)教师教育中加强批判性思维课程,教师要首先使自己成为一个具有批判性思维技能的人,并能够示范和引领这一技能的发展。这些措施不是忽视德性和忽视知识的教育改革,知识和道德会在思考中得到增值和提升,并进而提升我们的全球竞争力,推动建立一个正义和包容的世界。

(彭正梅 邓 莉)

---

① Abrami P C, Bernard R M, Borokhovski E, Wade A, Surkes M A, Tamim R, Zhang D. Instructional interventions affecting critical thinking skills and dispositions: A stage 1 meta-analysis [J]. Review of Educational Research,2008,78(4): 1121.

第十四章 全球竞争力教育指标国际比较及政策建议
——基于世界经济论坛《2018年全球竞争力报告》的数据

一、引言

在衡量全球竞争力的指标中,教育是主要的指标之一。教育是衡量人力资本的关键指标,也是提升其他指标水平的关键。为了参与全球竞争,世界各国纷纷制定培养高层次人才的教育战略或推行相应的教育变革。我国也不例外。在新的全球化时代,了解中国的教育竞争力,探索如何提升教育竞争力,进而提升我国的全球竞争力,至关重要。

世界经济论坛自1979年始对全球大多数国家的竞争力进行评判,是全球竞争力评判的著名机构之一。该论坛每年发布《全球竞争力报告》,逐渐建立了较为科学的全球竞争力评价体系,"是衡量全球各经济体促进生产力发展和经济繁荣程度的重要参考"。[①] 2018年10月17日发布的《2018年全球竞争力报告》,对全球140个经济体的竞争力进行了排名。报告显示,美国自2007—2009年金融危机以来,取代连续九年蝉联榜首的瑞士,重回世界第一,再次成为全球最具竞争力和创造力的经济体;中国的排名较稳定,排在第28位。该报告所涉及的"技能"支柱及其下位的9项教育指标分数与排名,为我们了解140个经济体的教育发展和我国教育在国际坐标中的位置提供了最新数据支持。

本章选取全球竞争力排名前28位的经济体,对影响全球竞争力的"技能"支柱及其所包含的9项教育指标数据进行比较,并分别统计9项教育指标的28国(地区)平均值,了解全球竞争力排名前28位的国家或地区的教育发展水平,并分析我国与他国的差距和所面临的挑战,以期为改善我国教育水平进而提升我国的全球竞争力提供政策建议。

二、竞争力指标内涵及构成

(一) 全球竞争力指标体系构成

2018年,世界经济论坛首次采用全球竞争力4.0评价体系,用于评估影响经济生

[①] 中国商务部.世界经济论坛发布《2018年全球竞争力报告》[EB/OL].[2018-10-19]. http://www.mofcom.gov.cn/article/i/jyjl/m/201810/20181002796960.shtml.

产力水平及长期发展的决定性因素。报告采用全新的研究方法捕捉第四次工业革命带来的全球经济动态,通过构成十二大支柱的98项指标,绘制了140个经济体的竞争力态势。①

与以前的全球竞争力指数相比,2018年全球竞争力指数4.0最大的变化在于支柱与权重以及概念界定与测量的方式。全球竞争力指数4.0框架围绕四个维度12个支柱组建,具体包括:(1)有利环境:机构、基础设施、ICT采用、宏观经济稳定性;(2)人力资本:健康、技能;(3)市场:产品市场、劳动力市场、金融系统、市场规模;(4)创新生态系统:商业活力、创新能力。下分98项指标,每项指标均采用0到100的评分值,反映实际经济与理想状态(又称"竞争力前沿")之间的差距。"竞争力前沿"(100分)对应每个指标的目标位置,通常代表一项政策目标。每个国家都应争取每项指标取得最大的分值,这一分值表明它目前朝着"竞争力前沿"努力取得的进展及存在的差距。这种方法强调,竞争力不是国与国之间的零和游戏,而是所有国家都可以实现,各国之间可以互相学习的。随着工业革命4.0的发展,人力资本、创新、适应力和敏捷性等因素日益重要,全球竞争力指数4.0为人们理解这些因素提供了更加新颖和全面的视角。② 在12个支柱中,教育归属"技能"支柱(见表14-1)。

表14-1 "全球竞争力指数4.0"的教育指标③

全球竞争力指数4.0中的9项教育指标		
支柱(总体权重)	指标(权重)	下位指标
技能(8.3%)	A. 现有劳动力(50%)	
	现有劳动力的教育(50%)	平均受教育年限
	现有劳动力的技能(50%)	员工培训程度
		职业培训质量
		毕业生技能组合(skillset)
		活动人口的数字技能
		找到熟练员工的容易程度
	B. 未来劳动力(50%)	
	未来劳动力的教育(50%)	预期受教育年限
	未来劳动力的技能(50%)	教学中的批判性思维
		初等教育生师比

---

① 世界经济论坛.世界经济论坛《全球竞争力报告》发布[EB/OL].[2018-10-17]. https://mp.weixin.qq.com/s/yFRuFIKWZeADnDnAQlL2hQ.
② 熊一舟.世界经济论坛发布最新报告——全球经济动态:提升经济体综合竞争力[N].社会科学报,2018-11-09(1).
③ World Economic Forum. The Global Competitiveness Report 2018[R]. Switzerland:WEF Publishing, 2018:632.

(二) 教育指标体系构成

构成全球竞争力的 12 个支柱息息相关,"技能"支柱主要衡量人力资本,是支撑全球竞争力的核心支柱之一。技能与教育直接相关,"技能"支柱共涉及 9 项教育指标,占全球竞争力整体权重的 8.3%(见表 14-1)。

世界经济论坛指出,"技能"支柱反映了劳动力技能的总体水平及教育的数量和质量。如今评价教育质量的重要因素包括:发展数字素养、人际交往技能以及批判性思维和创造性思维能力。[①] 值得注意的是,世界经济论坛提到的技能和能力正是世界各国兴起的 21 世纪技能教育改革运动中所重视的关键能力。[②]

三、全球竞争力教育指标比较

为了清晰地了解和比较全球竞争力排名前 28 位国家或地区的劳动力技能水平和教育指标,本章基于《2018 年全球竞争力报告》的数据,绘制了呈现 28 国(地区)的"技能"支柱和 9 项教育指标分值及其在 140 个经济体中的排名(把相近的指标放在同一图表),并针对"技能"支柱和 9 项教育指标,对比中国大陆、美国和 28 国(地区)平均值。

(一)"技能"支柱比较

从现有劳动力和未来劳动力技能水平看,欧洲与北美地区劳动力的技能水平在 140 个经济体中排名最高(见图 14-1)。除美国和新西兰外,技能水平排名前十的都集中于欧洲。在全球竞争力排名前 28 位的经济体中,劳动力技能水平最高的是芬兰,其次是瑞士、美国、德国、丹麦、荷兰、瑞典、挪威、冰岛、新西兰等。在东亚地区,中国香港的劳动力技能水平高于中国台湾、日本、韩国和中国大陆的技能水平。中国大陆劳动力的技能水平在 140 个经济体中排名第 63 位,仅 64 分,为 28 国(地区)最低,也与 28 国(地区)的平均技能水平差距较大,也未达到东亚与太平洋地区的平均技能水平。

(二) 平均受教育年限、预期受教育年限比较

平均受教育年限是衡量一个国家 25 岁以上人口的平均受教育年限(不包含留级年份)。在劳动力技能水平排名靠前的国家和地区中,通常其 25 岁以上人口的平均受教育年限也较高(见图 14-2)。劳动力技能水平排名第一的芬兰,其 25 岁以上人口平均受教育年限也最高,为 14.2 年,其次是德国 14.1 年、加拿大 13.8 年、瑞士 13.7 年、

---

① World Economic Forum. The Global Competitiveness Report 2018[R]. Switzerland: WEF Publishing: 41.
② 邓莉,彭正梅. 美国学校如何落实 21 世纪技能——21 世纪学习示范学校研究[J]. 外国教育研究,2017,44(9): 52.

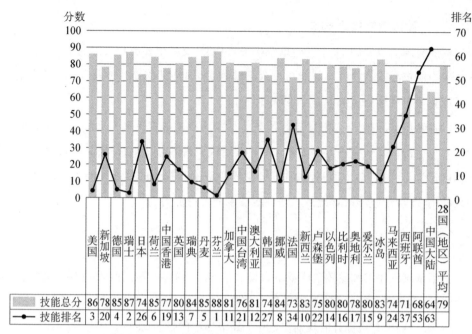

图 14-1 28 国(地区)"技能"总分与排名(2018 年)

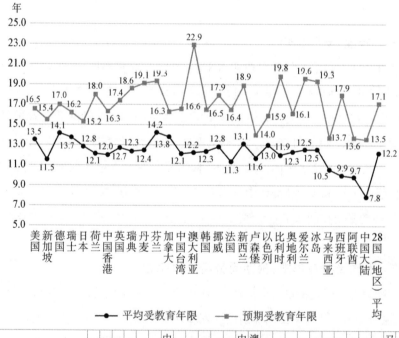

图 14-2 28 国(地区)平均受教育年限和预期受教育年限(2015 年)

美国 13.5 年、新西兰 13.1 年、以色列 13.0 年。在 28 国（地区）中，大多数国家（地区）的 25 岁以上人口平均受教育年限为 10 年以上，中国大陆仅为 7.8 年，在 140 个经济体中排 97 位，为 28 国（地区）最低，比 28 国（地区）平均值低 4.4 年。

人口平均受教育年限影响一个国家整体的教育竞争力和人力资本水平。在这方面，中国远远落后于发达国家。原因很大一部分是历史造成的，如 20 世纪的战争、经济落后等导致很多国民未接受好的教育。改革开放后，中国大陆的教育规模得到了扩张，教育水平得到了大幅提升，但义务教育年限是 9 年，而美国、英国、德国等大部分发达国家都实现了 12 年或 13 年的义务教育，这也是造成中国大陆 25 岁以上人口受教育年限偏低的重要原因。

预期受教育年限是指入学适龄儿童预期获得的学校教育（从小学到高等教育）年数，该指标假设一个人在未来某个特定年龄入学的概率等于该年龄当前的入学率，是反映未来劳动力素质高低的重要指标。与当前的平均受教育年限相比，28 国（地区）的预期受教育年限都有大幅提升，平均值达到了 17.1 年（见图 14－2）。澳大利亚达 22.9 年，增幅 10.8 年，显示其未来强大的高素质劳动力储备与竞争力，其次是比利时 19.8 年、爱尔兰 19.6 年、冰岛 19.3 年、芬兰 19.3 年、丹麦 19.1 年、新西兰 18.9 年、瑞典 18.6 年、荷兰 18.0 年、西班牙 17.9 年。中国大陆的预期受教育年限为 13.5 年，比当前的受教育年限提升了 5.7 年，但与其他 27 国（地区）相比，中国大陆仍较低，比 28 国（地区）平均值低 3.6 年，在 140 个经济体中排名 77 位。

（三）员工培训程度、职业培训质量、找到熟练员工的容易程度比较

员工培训程度反映了公司在员工培训和发展方面的投入程度，该指标的得分越高，表示公司为员工培训提供机会与支持越多。员工培训能增加人力资本存量，提高劳动力素质，进而提高劳动生产率，增加全社会经济总量。由图 14－3 可知，在 140 个经济体中，瑞士的员工培训程度排第 1 位，其次是美国、卢森堡、马来西亚、荷兰、新加坡、瑞典、丹麦、芬兰。28 国（地区）平均值为 67.4 分，中国大陆为 58.3 分，排 140 个经济体的第 35 名，在 28 国（地区）中，仅高于韩国和西班牙。

在 28 国（地区）中，职业培训质量与员工培训程度的得分趋势大致接近，员工培训程度排前的国家或地区在职业培训质量上也表现较好。瑞士的职业培训质量很高，是 28 国（地区）中唯一接近满分的国家，其次为美国、荷兰、奥地利、丹麦、芬兰、德国、新加坡、马来西亚等。瑞士比其他 27 国（地区）的职业培训质量都高出不少，比排第二名的美国高 13.7 分，比 28 国（地区）平均值高 24 分。可见，除了瑞士，即使是全球最富

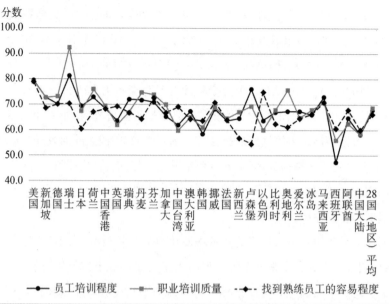

图 14-3　28 国(地区)员工培训程度、职业培训质量、找到熟练员工的容易程度及其排名 (2017—2018 年)

指标排名	美国	新加坡	德国	瑞士	日本	荷兰	中国香港	英国	瑞典	丹麦	芬兰	加拿大	中国台湾	澳大利亚	韩国	挪威	法国	新西兰	卢森堡	以色列	比利时	奥地利	爱尔兰	冰岛	马来西亚	西班牙	阿联酋	中国大陆
── 员工培训程度排名	2	6	11	1	12	5	13	24	7	9	10	20	30	15	36	14	25	21	3	23	18	17	16	19	4	70	22	35
── 职业培训质量排名	2	8	7	1	16	3	13	28	19	5	6	11	36	21	32	10	23	18	12	37	15	4	22	14	9	50	27	40
┄ 找到熟练员工的容易程度排名	1	9	7	6	43	15	11	8	18	22	3	16	14	26	27	5	28	51	62	2	30	36	12	17	4	41	10	44

竞争力的一批经济体,其职业培训质量也并不高,有较大的改进空间。中国大陆为 58.9 分,比瑞士低 33.4 分,比 28 国(地区)平均值低 10 分,仅高于西班牙。这表明,中国大陆在职业培训质量上与发达国家有很大差距。

找到熟练员工的容易程度反映了公司在多大程度上能够找到满足要求的技能员工的程度,一定程度上反映一个国家的人力资本存量。美国以 79.2 分居第一,表明美国人力资本投资的长期效益。以色列排名第二,表明以色列为国民提供充分的教育机会并教授各阶段年龄层技能,使劳动力胜任从事高薪和高科技工作,其次是芬兰。芬兰在 0—14 岁、15—24 岁、25—54 岁年龄阶段的人力资本潜力指数最佳,25—54 岁、55—64 岁、65 岁及以上年龄段有世界最高的接受高等教育率,[①]并强调持续的人力资本投资。接着是马来西亚、挪威、瑞士、德国、英国、新加坡、阿联酋。28 国(地区)的平均值为 66.0 分,中国大陆为 59.7 分,在 140 个经济体中排名第 44 位,在 28 国(地区)

---

① World Economic Forum. The Human Capital Report 2016 [R]. Switzerland: WEF publishing, 2017: 3.

中仅高于新西兰。

与其他指标相比,员工培训程度、职业培训质量、找到熟练员工的容易程度的整体表现欠佳,28国(地区)三项指标平均值均低于70分,表明大多数国家(除瑞士、美国等国外)对劳动力的再教育和再培训相对缺乏,学校毕业生技能难以满足企业需求,学校教育与市场需求存在一定程度的脱节。而我国在这三项指标上的得分均低于60分,与大多数国家差距较大,表明我国在这三方面面临更大的挑战。

(四) 毕业生的技能组合、活动人口的数字技能的比较

毕业生技能组合反映了中学和高校毕业生在多大程度上具备企业所需的一套技能。在28国(地区)中,毕业生技能组合与职业培训质量、员工培训程度两个指标趋势接近,不同的是毕业生技能组合更强调劳动力在就业前所具备的技能。可见,在学校教育中重视与职业相关技能的国家或地区,通常在企业中也重视员工的职业教育与培训。数据显示,瑞士、美国与荷兰排列前三(见图14-4),与"职业培训质量"前三位排名相同。之后为芬兰、新加坡、马来西亚、德国、冰岛、以色列和瑞典。中国大陆、日本、韩国、中国台湾等东亚国家和地区的毕业生技能组合表现不佳,均低于28国(地区)毕业生平均技能水平。在140个经济体中,中国大陆排名第37位,得分高于日本、韩国、中国台湾,但低于28国(地区)平均水平,与排名前十的国家差距较大。这说明我国毕业生的技能水平不能很好地适应市场需求。

活动人口指一个国家或地区总人口中已参加或要求参加经济活动的人口(包括就业人口与失业人口)。活动人口的数字技能体现了一国活动人口在多大程度上掌握电脑技能、基本编码、数字化阅读等数字技能。第四次工业革命进程中的人工智能、机器人技术等深刻改变了就业市场,越来越多的工作岗位需要数字技能。在该指标上,瑞士排名第一,美国以相同得分排名第二,随后为芬兰、荷兰、冰岛、新加坡与瑞典。在140个经济体中,中国大陆排名第45名,比28国(地区)平均值低近10分(见图14-4),反映了我国活动人口的数字技能欠缺,但得分高于日本、法国和西班牙。

(五) 教学中的批判性思维比较

教学中的批判性思维反映了一个国家的教学风格更偏向直接教学、教师中心、注重记忆还是鼓励个人的创造性和批判性思维。批判性思维是21世纪技能的核心,是21世纪个体生存力、社会创新力和国家竞争力的核心以及个体自由和社会进

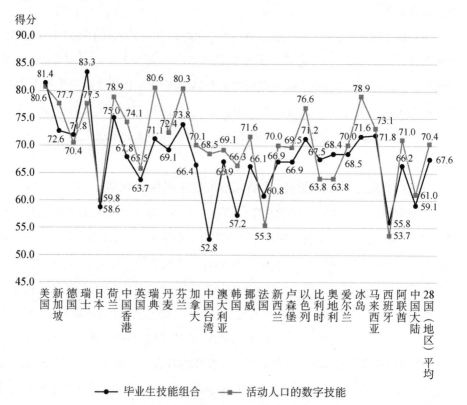

图14-4 28国(地区)毕业生技能组合、活动人口的数字技能(2017—2018年)

步的标志。① 总体而言,28国(地区)在该指标上的分值偏低,仅为59.2分,表明大多数国家的课堂教学还是以直接教学为主,以教师为中心,注重知识记忆,相对忽视创造性和批判性思维的培养(见图14-5)。美国的分值最高,其次是丹麦、瑞士、芬兰、新西兰、瑞典、荷兰、德国、英国。西班牙、韩国、日本、中国台湾等国家和地区更偏重使用直接教学、教师中心、注重记忆。中国大陆为56.1分,在140个经济体中排第24名,高于卢森堡、爱尔兰、比利时、中国香港、中国台湾、日本、韩国、西班牙,但低于28国(地区)平均值,尤其与美国等国相比,差距较大。

---

① 彭正梅,邓莉.迈向教育改革的核心:培养作为21世纪技能核心的批判性思维技能[J].教育发展研究,2017(24):57—63.

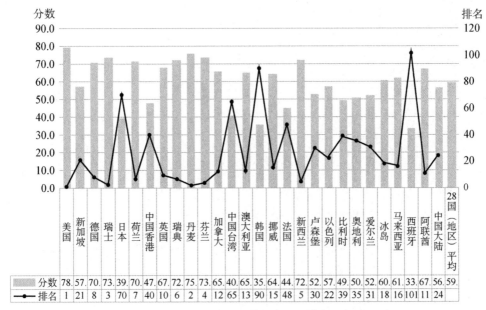

图 14-5　28 国(地区)教学中的批判性思维(2017—2018 年)

(六) 初等教育生师比比较

生师比指学校在校学生数与学校专任教师数比,是衡量教育资源和教育质量的重要指标。生师比越小,表明该国教师人力资源越充足,平均每位教师所带学生数越少,更能照顾到每位学生,取得更好的教学效果。但生师比是学校办学结构的一把"双刃剑",过高或过低都不利于学校教育教学质量的提升。[①]

在 140 个经济体中,卢森堡初等教育生师比最低(见图 14-6)。在 28 国(地区)中,除挪威、瑞士、冰岛、奥地利与丹麦外,生师比都较高。28 国(地区)平均值为 13.8,中国大陆为 16.5,在 140 个经济体中排第 52 位。中国大陆的生师比在逐年下降,在 28 国(地区)中低于阿联酋、法国、英国、新加坡、加拿大、韩国。与这些国家或地区相比,有一定优势,这与中国大陆师资投入增加、生育率下降及小学采用分科教学,不同学科配备不同教师等因素有关。

(七) 中国大陆、美国和 28 国(地区)平均值比较

中国参与全球竞争,实际上主要是与美国之间的竞争。美国劳动力的总体技能水平和 9 项教育指标都居于 140 个经济体的前列。除初等教育生师比、预期受教育年限两个指标,美国的得分稍低于 28 国(地区)平均值外,其他 7 项指标都明显高于 28 国

[①] 冯芳.从生师比和平均班额看我国中小学教育现状——从我国与部分 OECD 国家的比较角度[J].教学与管理,2014(30):35.

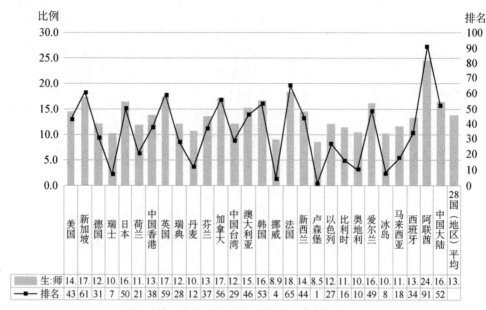

图 14-6　28 国(地区)初等教育生师比(2016 年)

(地区)平均值(见图 14-7)。中国大陆除了"教学中的批判性思维"、"初等教育生师比"两个指标与 28 国(地区)平均值差距不大外,其他指标都明显低于 28 国(地区)平均值。与美国相比,中国大陆除"初等教育生师比"指标与美国相差不大外,其他 8 项指标和总体技能水平明显低于美国,通常低 20 分以上。可见,中国大陆现有劳动力和未来劳动力技能水平与美国相差较大,在各项教育指标上与美国存在较大差距。

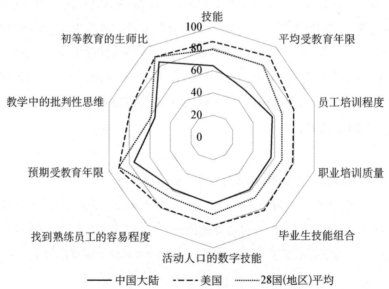

图 14-7　中国大陆、美国与 28 国(地区)平均值

四、讨论与政策建议

中国改革开放 40 年以来,从贫穷落后的国家发展成为全球第二大经济体,全球竞争力得到极大提升,教育事业进步显著:普及了 9 年义务教育,各阶段入学率显著提升,高等教育从精英化过渡到大众化阶段;教育经费占 GDP 比例超过 4%;素质教育取得了一定成效;教育质量和公平得到提升……40 年来,我国教育事业发展为服务国家战略、经济建设培养了大量人才,从人口大国发展成为人力资源大国。但《2018 年全球竞争力报告》的数据显示,我国的教育水平和人才质量与发达国家还存在较大差距,与其他影响生产力的支柱相比,涉及人力资本的"技能"支柱存在劣势,这对我国成为人力资源强国、建设教育强国、提升全球竞争力提出了挑战。

数据显示,总体的技能支柱及其 9 项下位的教育指标得分较高的国家为芬兰、瑞士、美国、德国、丹麦、荷兰、瑞典、卢森堡、新加坡等国。在 140 个经济体中,中国大陆的劳动力技能水平排在第 63 位,8 项教育指标(除"教学中的批判性思维")均排在 35 位后,且主要集中在第 60 位左右,尤其是平均受教育年限排第 97 位,预期受教育年限排第 77 位。在全球竞争力排名前 28 位的经济体中,中国大陆的劳动力技能水平和 9 项教育指标,均低于甚至显著低于大多数国家和 28 国(地区)平均值。这些表明,"教育和技能"成为影响我国全球竞争力总体排名的"短板"。

有学者指出,"在第四次工业革命模型的背景下,技术和资本的成功使用依赖于许多其他因素。一根支柱的强劲表现无法弥补另一根支柱的疲弱表现。例如,投资于技术而不投资于数字技能,将不会产生有意义的生产率收益。为了提高竞争力,任何领域都不能被忽视。未来竞争是全方位综合对抗,要综合平衡发展,努力补短板"。[①] 教育是实现其他诸多可持续发展目标的关键。[②]

在全球竞争力排名前 28 位的经济体中,除新加坡、中国香港、中国台湾、马来西亚、阿联酋和中国大陆外,其他国家都是 OECD 成员国。教育对于经济的重要性是 OECD 国家教育改革的普遍话语和共同的政策框架基础。实际上,教育政策已成为经济政策的一个"子集",服务于国家参与全球经济竞争和世界强国建设。知识经济实际上就是人才经济,人才是世界各国最重要的资源。但现在世界各国的人才战略已经不是培养具备基本技能的人才,而是转向高阶技能人才的培养。全球经济竞争实际上是

[①] 世界经济论坛. 世界经济论坛《全球竞争力报告》发布[EB/OL]. [2018-10-17]. https://mp.weixin.qq.com/s/yFRuFIKWZeADnDnAQlL2hQ.

[②] 联合国教科文组织. 可持续发展目标[EB/OL]. https://www.un.org/sustainabledevelopment/education/.

高阶人才的竞争,教育是培养高阶人才和扩大经济机会的关键。①

2018年世界经济论坛用于评判全球竞争力的支柱和指标的变化正反映了对高阶技能的重视,这与世界多国正在推动的21世纪技能教育改革运动以及世界银行、OECD等国际组织的关切一致,即除了3R基本技能,具备4C技能、数字技能、适应能力等高阶技能的高级人力资本愈发重要。② 世界银行于2018年发布的《2019年世界发展报告》也提出人力资本投资迫在眉睫,领导力、团队合作能力、创造力等软实力尤为重要。③

世界经济论坛认为,改善教育和技能的关键包括:教育创新、终身学习路径、超越基础阶段的教育、21世纪课程规划、优质的基础教育、数字流畅度与STEM技能。④ 结合世界经济论坛提出的关键议题,本研究基于我国实际,提出以下十条政策建议。

(一) 试点延长义务教育年限

国民受教育程度与技能水平紧密相关。OECD的调查数据表明,教育和技能是就业能力的关键。高中学历通常被认为是成功进入劳动力市场和持续就业的最低要求。受教育程度高的人技能水平更高,教育更能确保技能的持续性发展。⑤ 数据显示,我国25岁以上人口的受教育年限和适龄儿童的预期受教育年限显著低于其他27国(地区),其重要原因之一在于义务教育年限低于其他国家。义务教育年限是影响国民平均受教育年限和预期受教育年限的重要因素。

我国学者基于PISA2015测试数据的分析发现,义务教育年限是造成学生素养成绩差异的重要因素:对发达国家来说,义务教育年限延长至12年对学生科学、数学及阅读素养成绩具有最大的正向效应,但对于部分将义务教育年限延长至13年甚至14年的发展中国家来说,学生的科学、数学及阅读素养成绩却显著更低。⑥ 因此,对于是否通过延长义务教育年限来提升我国未来劳动力的受教育年限,进而提升我国劳动力的技能水平,应根据我国国情,试点探索,稳步推进,以适应我国社会经济发展需求。

---

① 邓莉,彭正梅.迈向2030年的课程变革:以美国和芬兰为例[J].湖南师范大学教育科学学报,2018,17(1):106.
② 邓莉,彭正梅.面向未来的教学蓝图——美国《教学2030》述评[J].开放教育研究,2017,23(1):37.
③ 世界银行.2019年世界发展报告:工作性质的变革[R].世界银行集团,2018:4.
④ World Economic Forum. Education and skills [EB/OL]. https://toplink.weforum.org/knowledge/insight/a1Gb0000000LPFfEAO/explore/summary.
⑤ OECD. What are the advantages today of having an upper secondary qualification? [EB/OL]. http://dx.doi.org/10.1787/5jrw5p4jn426-en.
⑥ 陈纯槿,顾小清.义务教育年限延长与基础教育发展——基于PISA 2015数据的实证研究[J].华东师范大学学报(教育科学版),2018,36(5):71—82.

（二）合理扩大高等教育规模并提高质量

最近几十年来,世界各国的高等教育规模不断扩大。但OECD的数据表明,高等教育扩张并未引起"膨胀",与未受过高等教育者相比,受过高等教育者尤其是受过硕士或博士教育者的就业率更高、收入优势更明显,高等教育的总收益远高于总成本。即使接受高等教育的人数增加,受过高等教育者的社会竞争力仍会处于有利地位,高等教育的效益仍将继续增长。而且,高等教育还具有其他社会效益。[①]

2017年,我国高等教育毛入学率为45.7%,[②]已处于高等教育大众化阶段。OECD的数据显示,2015年,OECD国家25—64岁受过高等教育的比例平均为36%,其中加拿大、俄罗斯和日本达到了50%以上,而我国只有10%；2016年,OECD国家的本科生教育完成率、硕士生教育完成率、博士生教育完成率分别为58%、24%、2.5%,相对应的比例我国只有34%、4%、0.4%；OECD国家的短期高等教育完成率为16%,我国为38%。[③] 可见,虽然我国高等教育已进入大众化阶段,但与OECD国家相比,存在显著差距,还有很大发展空间。[④] 我国高等教育在取得很大成就的同时,也面临诸多问题,高等教育质量亟待提升。[⑤]

因此,我国应继续加大对高等教育的投资力度,更多地分担个人接受高等教育的直接成本,并完善助学贷款制度；[⑥]提高四年制本科以及研究生尤其是博士生的入学比例；提高高等教育质量,更多服务于科技创新,培养学生的高阶技能,使毕业生与劳动力市场需求匹配度更高。

（三）强化职业教育和技能培训

员工培训程度、职业培训质量、找到熟练员工的容易程度反映了我国企业和学校在职业培训和教育上还存在较大欠缺,与发达国家存在较大的差距。21世纪以来,全球制造业发生革命性变革。美国"再工业化"、德国"工业4.0"、英国"工业2050"、"新工业法国"等战略的实施,预示着人类工业文明发展到了新的转折点。[⑦] 2015年,我国发布的《中国制造2025》,提出通过"三步走"实现制造强国的战略目标,

---

① 邓莉. 高等教育真的无力吗——基于OECD国家调查数据的分析[J]. 湖南师范大学教育科学学报,2017,16(1)：114—119.
② 中华人民共和国教育部. 2017年全国教育事业发展统计公报[EB/OL]. [2018-07-19]. http://www.moe.edu.cn/jyb_sjzl/sjzl_fztjgb/201807/t20180719_343508.html.
③ OECD. Education at a glance 2018：OECD indicators [R]. Paris：OECD Publishing, 2018：357.
④ 邓莉. 高等教育真的无力吗——基于OECD国家调查数据的分析[J]. 湖南师范大学教育科学学报,2017,16(1)：119.
⑤ 刘宝存,肖年. 改革开放40年高等教育的成就与展望[J]. 河北师范大学学报(教育科学版),2018,20(5)：8.
⑥ 邓莉. 高等教育真的无力吗——基于OECD国家调查数据的分析[J]. 湖南师范大学教育科学学报,2017,16(1)：119.
⑦ 陈鹏,薛寒. "中国制造2025"与职业教育人才培养的新使命[J]. 西南大学学报(社会科学报),2018(1)：77.

但我国职业教育人才培养结构、模式和体系等方面与《中国制造 2025》的要求存在诸多不适应。①

在此背景下,职业教育与培训需要主动适应国家战略部署与经济社会发展需要,围绕教育精准脱贫和中国制造转型升级所需的技能型劳动者进行改革,更加紧密地服务于中国制造的需求。② 政府、学校、企业应通力合作,推动产学研结合,为学习者和劳动者提供更多发展机会,着力加强创新人才和高技能人才的培养和培训,比如,强化高等教育机构作为创新中心的功能,政府可通过必要的地方基础设施、扩大研发支出、将大学与高素质研究人员及私营部门的创新活动联系起来。③ 针对大学生,政府要采取援助措施提升其职业核心能力,大学和产业界共同确定大学生职业核心能力要素,制定非教学活动职业核心能力教育训练计划;④对于低学历的年轻人,应该鼓励他们通过二次教育机会项目重新接受教育或培训。

(四) 加强中小学生涯教育

毕业生技能组合反映了我国中学和高校毕业生的职业技能偏低,学校教育与市场需求存在较大程度的脱节。我国中小学教育注重书本知识的教学,学生对社会职场生活和职业需求了解较少。高质量、及时的职业建议和指导可以支持年轻人从学生生涯向就业成功过渡,确保年轻人根据真实的劳动力市场数据和需求了解自己的选择。积极的职业指导还可以帮助规避陈腐的性别定型观念和社会经济机会差距,避免年轻人无法选择某些职业。⑤

为了加强中学和高校毕业生从学校教育向工作场所成功过渡,除了培养学生适应社会生活和职场生活的 4C 技能、数字技能、适应能力、领导力、社交能力,以及强化培养通用技能和技术技能的组合以外,还需从小学开始渗透生涯教育,加强对学生自我认知、职业兴趣、工作态度、人际关系、职业选择技巧和实际工作技能等的培养和指导,"确保所有年轻人离开学校时都具备能够在劳动力市场上取得成功和发挥最大潜力所需要的各种技能"。⑥

---

① 陈鹏,薛寒."中国制造 2025"与职业教育人才培养的新使命[J]. 西南大学学报(社会科学学报),2018(1):79.
② 庞丽娟. 教育供给侧结构性改革:改什么,如何改[N]. 光明日报,2017-07-27(14).
③ 世界银行. 2019 年世界发展报告:工作性质的变革[R]. 世界银行集团,2018:74.
④ 朴京玉,徐程成. 韩国和日本大学生职业核心能力提升援助体系研究[J]. 外国教育研究,2018(11):95.
⑤ World Economic Forum. Education and skills [EB/OL]. http://toplink.weforum.org/knowledge/insight/a1Gb0000000LPFfEAO/explore/summary.
⑥ OECD. OECD skills outlook 2015: Youth, skills and employ ability [EB/OL]. [2015-05-27]. http://dx.doi.org/10.1787/9789264234178-en.

(五) 继续增加并均衡教育经费投入

随着我国基础教育改革的深入开展,以及中小学适龄入学儿童数量的变化,我国基础教育师资相对在校学生数而言越来越丰富,教育人力资源的配置相对越来越充足。[①] 但数据显示,我国初等教育的生师比仍偏高,高于28国(地区)平均值。另一方面,中国的基础教育班额很大,小学平均班额为37.6人,[②]OECD国家平均小学班额仅21人。[③] 而且中国城乡学校差距大,城镇学校人满为患,班额较大,乡村学校生源则不断减少。城乡之间、区域之间的教育资源分配不均,相应地,我国农村和偏远地区的师资力量非常薄弱。

尽管2017年我国教育经费已达到4.26%,[④]但与27国(地区)相比,还是偏低。2015年,OECD国家教育经费占GDP比重为5.03%,28国(地区)中可获取数据的20国(地区)达到了5.35%。[⑤] 如果从生均经费比较,OECD国家小学生均经费为8 631美元,我国小学生均经费仅为11 397.25元,差距非常大。另一方面,我国地区之间的生均经费差距也非常大。2016年北京市小学生均经费为38 119.95元,河南省小学生均经费仅为6 492.32元。[⑥] 为了保障教育的质量与公平,国家应继续加大教育经费投入,均衡教育教学资源,重点支持薄弱地区。

(六) 利用技术创新加强教育的多样化供给

教育机会不平等可能永久阻碍学生未来学习新技能的潜力。[⑦] 通过技术,可为农村或偏远地区的学生提供在线课程,有助于减少教育机会不平等。技术能以新型、游戏化和个性化的方式提供丰富多样的学习机会,满足不同人群的学习需要。技术还能改变传统教师角色,为学生提供混合学习经验。[⑧]

为此,政府要加大教育技术投入与创新,并加强公私合作;改革教育供给侧,利用

---

① 冯芳. 从生师比和平均班额看我国中小学教育现状——从我国与部分OECD国家的比较角度[J]. 教学与管理,2014(30):35.
② 中华人民共和国发展规划司. 中国教育统计年鉴2016[M]. 北京:中国统计出版社,2017:151.
③ OECD. Education at a glance 2018:OECD indicators [R]. Paris:OECD Publishing,2018:254.
④ 中华人民共和国教育部. 2017年全国教育事业发展统计公报[EB/OL]. [2018-07-19]. http://www.moe.edu.cn/jyb_sjzl/sjzl_fztjgb/201807/t20180719_343508.html.
⑤ OECD. Education at a glance 2018:OECD indicators [R]. Paris:OECD Publishing,2018:205.
⑥ 教育部财务司,国家统计局社会科技和文化产业统计司. 2017中国教育经费统计年鉴[M]. 中国统计出版社,2018:620.
⑦ World Economic Forum. Education and skills [EB/OL]. https://toplink.weforum.org/knowledge/insight/a1Gb0000000LPFfEAO/explore/summary,2018.
⑧ World Economic Forum. Education and skills [EB/OL]. https://toplink.weforum.org/knowledge/insight/a1Gb0000000LPFfEAO/explore/summary,2018.

教育互联网技术等丰富教育形态,实施教育资源和服务的差异化、共享式、开放性供给。① 尤其要改善落后地区和学校的基础设施,加大电子设备和宽带网络的覆盖,并确保这些设备的充分利用,不仅要减少数字学习机会的不平等,还要缩小数字使用鸿沟,促使所有学生理解如何运用技术(如媒体制作、与专家互动、全球联系、设计、同伴合作、编程、沉浸式虚拟)创造、设计、建构、探索、合作来参与创造性的、富有成效的终身学习,而不是简单地被动消费信息。②

(七) 加强 STEM 和计算机科学教育

STEM 技能是第四次工业革命的支柱。③ 技术对全球经济的驱动作用越来越大,越来越多的工作岗位需要 STEM 技能,尤其是计算机科学。全球经济竞争是由 STEM 领域的熟练度和能力衡量的。④ 在后工业社会中,STEM 技能是刺激经济增长的根本,是高级人力资本的核心。美国历届政府都非常重视 STEM 教育。美国特朗普政府上台便提出要加快培养 STEM 领域人才,将高质量的 STEM 教育和计算机科学教育作为教育部优先任务。美国的 STEM 教育不仅旨在培养高级人力资本,即培养具有高端制造和创造能力的人才,也旨在培养新时代的技术工人,这是美国重塑制造业的重要举措。⑤

我国发布的《2017 年中国 STEM 教育白皮书》和《义务教育小学科学课程标准》将 STEM 教育列为重要学习内容,东部地区的中小学正轰轰烈烈探索 STEM 教育。作为跨学科的 STEM 教育对师资要求较高,也要求课程设置做出变化,但学校课程仍以分科为主,STEM 教育师资力量匮乏。因此,要提升学习者的 STEM 技能,政府需要加强对 STEM 教育的引导和投入,优化 STEM 教育的顶层设计,争取各省市政府、教育部门、委员会、基金会、民间机构和社会各界力量协调推进 STEM 教育,并推进 STEM 教师专业发展。⑥

同时,数字技能至关重要,入门级的数字技能是新的基本技能,与 3R 并列,高级

---

① 庞丽娟. 教育供给侧结构性改革:改什么,如何改[N]. 光明日报,2017-07-27(14).
② 邓莉,彭正梅. 全球学习战略 2030 与中国教育的回应[J]. 开放教育研究,2017,23(3):26.
③ World Economic Forum. Education and skills [EB/OL]. https://toplink.weforum.org/knowledge/insight/a1Gb0000000 LPFfEAO/explore/summary,2018.
④ National Academies. Rising above the gathering storm: Energizing and employing America for a brighter economic future [M]. Washington, D. C.: National Academies Press, 2005:9.
⑤ 彭正梅,邓莉. 培养具有全球竞争力的美国人——基于 21 世纪美国四大教育强国战略的考察[J]. 比较教育研究,2018, 40(7):15.
⑥ 李欢欢,黄瑾. 我国 STEM 教育十年发展规律探析(2009-2018 年)[J]. 基础教育,2018,15(5):70.

数字技能比如 ICT 技能能让劳动者实现赋权,会极大地增加其就业机会和收入。劳动者掌握的数字技能越多越高级,收入越高。即使考虑受教育程度的因素,这种差别还是存在。① 但要最大程度实现数字技能的潜力,还需要与 4C 等高阶技能一起发挥作用。因此,在学校教育中,应将计算机科学作为一门重点学科来教授,同时也要整合进其他学科的学习之中。

(八) 将技能组合作为课程目标和评价的核心

数据显示,我国的毕业生技能与市场需求存在脱节,其重要原因在于课程内容以学科知识为中心。随着学业技能、技术技能和生活/就业技能之间的界限日益模糊,职场对知识和技能的要求更多、更高,仅掌握少数技能已不能满足需求,毕业生需要掌握一系列技能组合。自动化提高了发达经济体和新兴经济体中高阶认知技能的溢价,②很多常规性工作将被技术替代,新职业要求发展人的高阶技能。③

为了适应社会经济技术变革,世界各国的课程改革都在探讨 21 世纪的学生应该学什么。美国、芬兰、加拿大、英国、新加坡、韩国、日本、澳大利亚等国所推动的课程变革聚焦于 21 世纪技能,课程目标和内容从 3R 转向 4C 技能,④同时强调信息与技术技能以及适应力、领导力等职业与生活技能。我国研制了核心素养体系,并基于核心素养体系修订了高中 14 门学科的课程标准,实施基于核心素养的高中课程改革,但我国的核心素养体系更关注人的全面素养和价值观,对高阶技能或能力强调不够,在实践中,通用的核心素养被缩减为学科的核心素养。为了提升我国毕业生的技能水平和适应 21 世纪挑战的竞争力,我国的课程目标和内容应以技能和能力为核心,加强对这些技能和能力的教学与评价,培养学生掌握学业技能、通用技能、技术技能、社会情感技能等技能组合。

(九) 结合直接教学与探究性学习,鼓励批判性思维和创造性思维

数据显示,我国"教学中的批判性思维"得分低于 28 国(地区)平均值,远低于美国,总体偏向直接教学、教师中心、知识记忆,忽视批判性思维和创造性思维的培养。随着机器和软件算法取代大量常规性工作,人的高阶思维技能越来越重要,再加上信

---

① Muro M, Liu S, Whiton J, Kulkarni S. Digitalization and the American workforce[R]. Brookings Institution, 2017: 39.
② 世界银行. 2019 年世界发展报告: 工作性质的变革[R]. 世界银行集团, 2018: 3.
③ 邓莉. 美国 21 世纪技能教育改革研究[D]. 上海: 华东师范大学, 2018: 36.
④ 邓莉, 彭正梅. 美国学校如何落实 21 世纪技能——21 世纪学习示范学校研究[J]. 外国教育研究, 2017, 44(9): 52.

息技术的支持,知识的获取渠道和途径变得容易,学校教育恰恰更需要关注和教授高阶技能。① 在这样的形势下,OECD 主导的 PISA 测试将在 2021 年测试创造性思维。

思维是由问题驱动,而不是由答案驱动的。神经科学和认知科学的研究发现,探究性学习适合高阶思维技能的教育,②探究性学习的核心是探究性问题,高阶技能的形成是在真实性的环境中解决真实性的问题以及通过交流互动、协同合作形成的。③ 因此,我国的课堂教学应该探索结合直接教学与探究性学习,鼓励并发展学生的批判性思维与创造性思维,这对培养我国学生的创新、合作、交流、问题解决能力具有关键作用。

(十) 扩展终身学习路径

劳动力资源是经济增长的基石。④ 根据 OECD 的调查,如果不继续接受教育或不使用技能,技能水平就会退化。⑤ 在 21 世纪,知识更新持续加快,市场对劳动力的技能水平需求提升,工作性质的演变和多样化发展要求人们持续更新技能。终身学习力是在 21 世纪生存和成功的关键。⑥ 随着第四次工业革命的发展,学习与获取信息的方式变得多样,教育系统需要通过多种机制激励个人参与主动学习,培养自主学习能力;政府、教育机构和私营部门应展开合作,为各年龄段劳动力扩大参加校内外学习的途径,发展所需的基础设施(如世界银行调查显示,通过移动应用程序和手机提供的短期性模块培训计划前景可观),⑦为劳动力在职业生涯的各个阶段提供高质量的学习和培训机会,并合理开发利用老年人力资源。

我国是人口老龄化发展进程最快的国家之一,人口红利在逐渐消失。2017 年末,我国 60 周岁及以上人口数占全国总人口的 17.3%,65 周岁及以上人口占全国总人口的 11.4%,⑧且该比例还将继续增长。尽管我国对年轻一代的教育投资取得了很大进展,但相对忽视对在职劳动力、失业人口和老年一代的继续教育与培训投资,尤其是农

---

① 邓莉. 美国 21 世纪技能教育改革研究[D]. 上海:华东师范大学,2018:36.
② OECD. Innovating to learn: Learning to innovate [EB/OL]. https://www.oecd.org/edu/ceri/41656508.pdf.
③ 彭正梅,邓莉. 迈向教育改革的核心:培养作为 21 世纪技能核心的批判性思维技能[J]. 教育发展研究,2017(24):57-63.
④ 国家统计局. 统筹人口发展战略,实现人口均衡发展——改革开放 40 年经济社会发展成就系列报告之二十一[EB/OL]. [2018-09-18]. http://www.stats.gov.cn/ztjc/ztfx/ggkf40n/201809/t20180918_1623598.html.
⑤ OECD. Transition from school to work: How hard is it across different age groups? [EB/OL]. [2017-08-31]. https://www.oecd-ilibrary.org/education/transition-from-school-to-work_1e604198-en.
⑥ 邓莉,彭正梅. 全球学习战略 2030 与中国教育的回应[J]. 开放教育研究,2017,23(3):26.
⑦ 世界银行. 2019 年世界发展报告:工作性质的变革[R]. 世界银行集团,2018:78.
⑧ 国家统计局. 中华人民共和国 2017 年国民经济和社会发展统计公报[EB/OL]. [2018-02-28]. http://www.stats.gov.cn/tjsj/zxfb/201802/t20180228_1585631.html.

村的中老年人往往不具备农业以外的知识、技能和技术,且不少人闲散在家。因此,拓展终身学习机会和路径,对于提升我国的人力资源水平和全球竞争力,已经刻不容缓。

总之,正如世界银行指出的,"在全球各地,工作性质在迅速变化,对高阶技能(解决复杂问题、批判性思维、创造性思维、合作、交流等技能)的需求迅速增加。……应该认识到投资于人就是投资包容性增长。在这个相互关联的世界上,对各国、各经济体、领导人和公民的信息非常明确:如果现在不把注意力转向更好、更具战略性的人力资本投资,未来各国和各经济体将付出沉重的代价。强有力的证据表明,大力推动人力资本,就能很快取得进展。成功的根基在于专注的领导、各利益相关方的参与以及整合全政府的方式"。① 要提升我国的全球竞争力,同样需要重视教育来加强人力资本投资,特别是要提升其他影响全球竞争力的 11 个支柱对教育的影响力,使教育与其他支柱形成合力,提升教育的竞争力;教育必须与社会、经济、技术等形成良好互动,并通过制度保障,来拓展批判性思维、创造性思维等技能在社会上的锻炼和使用空间。

《2018 年全球竞争力报告》显示,我国全球竞争力排名第 28 位,而其中的教育竞争力排名第 63 位,这说明,教育作为全球竞争力的核心要素本应该先于其他指标排名,但实际上却拖累了其他指标,削弱了我们的竞争力。在当前强调教育优先发展的情况下而言,这不得不令我们深思。

(邓　莉　施芳婷　彭正梅)

---

① 中国社会科学院经济研究所.世界银行呼吁重视人力资本[EB/OL].[2018-10-19]. http://ie.cass.cn/academics/economic_trends/201810/t20181022_4721080.html.

第十五章　通向 21 世纪技能的学习环境设计
——美国"21 世纪学习环境路线图"述评

2015 年,美国 21 世纪学习合作组织、美国教育科技主管协会(State Educational Technology Directors Association)和美国有线与通讯教育基金会(Cable Impacts Foundation)联合研制了"21 世纪学习环境路线图"(Roadmap to 21st Century Learning Environments),以帮助教育领导者制定学校教育总体规划。美国 21 世纪学习合作组织的前身为 2002 年成立的 21 世纪技能合作组织,它联合美国教育部、顶尖企业和社会团体组织,试图将 21 世纪技能整合进美国中小学课程教学。至今,美国已有 20 个州实施 21 世纪技能合作计划,[1]对美国教育实践产生了广泛影响。随着"21 世纪学习环境路线图"的制定,很多学校已经开始建构 21 世纪学习环境。

一、制定背景

(一) 呼唤 21 世纪技能

21 世纪,变化无处不在。技术进步、全球化经济正在改变 21 世纪的职业性质和工作场所,沟通、非常规技能(比如抽象推理和合作技能)和分析技能的工作越来越多。劳动力市场需要善于分析和解决问题,具有高度适应能力的知识工作者,需要积极的、受过良好教育的、熟练掌握新素养和 21 世纪技能的劳动力,这意味着学校和社会必须帮助学生做好准备。

美国 21 世纪学习合作组织明确指出:"技术的快速变化和世界经济的全球化,迫使我们需要更好地教育所有学生为成功做准备。21 世纪技能不只是面向顶尖人才,也不只是面向升大学的学生,而是所有学生都必须掌握。随着 21 世纪进入第二个十年,21 世纪技能不再只是一种'抱负',而是向我们敲响了'警钟',提醒我们现在是时候确保所有学生都掌握这些关键技能。"[2]所有学习者都需要并应该获得 21 世纪学习机会,成为未来的领导者、工作者和公民。[3]

---

[1] Partnership for 21st Century Learning. Overview of State Leadership Initiative [EB/OL]. http://www.p21.org/members-states/partner-states/.
[2] Partnership for 21st Century Learning. Our History [EB/OL]. http://www.p21.org/about-us/our-history.
[3] Partnership for 21st Century Learning. Our Vision and Mission [EB/OL]. http://www.p21.org/about-us/our-mission.

这一现实要求教育机构做出变革——从19世纪工业时代注重读写算技能的学校教育转变为鼓励高阶思维、应变能力、创造力和熟练使用技术的21世纪技能学习。[①]美国政策制定者和教育领导者一致认为,技术是迎接这一挑战的关键。然而,单有技术是不够的,为所有学生提供21世纪的学习环境和机会,为他们就业、生活和公民身份做准备,以及保证国家经济的持续创新、民主的健康发展、国际竞争力的提升至关重要。[②]

(二) 呼唤新的学习环境

美国21世纪学习合作组织指出,21世纪的世界处于不断变化中,21世纪学习的共同愿景是保证学生能在21世纪的世界中获得成功。[③] 与以往的学习者相比,21世纪的学习者显著不同。他们是独立的思考者、多任务承担者、合作学习者,是通过诸如手机、平板电脑、手提电脑、电子游戏机等多种数字化计算设备与世界联系的数字化学习者。21世纪的学习者对快速、即时获取信息的期望较高,注意力跨度缩短,多任务需求增加。[④] 同时,美国有很多少数族裔学生、残障学生和低收入家庭学生,他们的成功也要求学校为其提供支持性的学习环境。

在数字化时代,21世纪的学习者仅学习传统的核心课程是不够的。21世纪学习者不仅应掌握传统的读写算技能,还要掌握高阶思维能力,学会运用多种学科知识与高阶思维能力解决问题以及创造新观念、新产品和新服务,成为具有应变能力、适应能力的持续的终身学习者。[⑤]

21世纪学习者的这些特点,要求学校和教育者变革学习环境,建构21世纪的学习环境,为培养学生的21世纪技能以及帮助学生做好升学和就业准备提供有力支持。

二、主要内容

"21世纪学习环境路线图"由美国数十位专家和领导者基于大量调查数据、已有研

---

① Partnership for 21st Century Learning, State Educational Technology Directors Association and Cable Impacts Foundation. Building Your Roadmap to 21st Century Learning Environments [EB/OL]. www.roadmap21.org, 2015: 5.
② Partnership for 21st Century Learning. Our Vision and Mission [EB/OL]. http://www.p21.org/about-us/our-mission.
③ Partnership for 21st Century Learning. Framework for 21st Century Learning [EB/OL]. http:static.battelleforkids.org/documents/p21/P21_Framework_Brief.pdf.
④ Partnership for 21st Century Learning, State Educational Technology Directors Association and Cable Impacts Foundation. Building Your Roadmap to 21st Century Learning Environments [EB/OL]. www.roadmap21.org, 2015: 7-8.
⑤ Partnership for 21st Century Learning, State Educational Technology Directors Association and Cable Impacts Foundation. Building Your Roadmap to 21st Century Learning Environments [EB/OL]. www.roadmap21.org, 2015: 4.

究成果、实践案例联合研制,从学习、教学与专业学习、评价与问责、领导力与文化以及基础设施五个方面进行综合规划,构建了为培养21世纪技能所需要的学习环境支持系统,鼓励各级教育利益相关者展开对话,共同为21世纪的学生做好升学和就业的准备。

路线图不只是强调利用技术和建设基础设施,还强调要考察教育系统的所有因素,其中核心的第一要素是学习。学习的变革还依赖于其他四个要素,旨在帮助学生为升学和就业做准备并成为终身学习者。第二个要素是教学与专业学习,涉及教学策略和方法,以及教师的持续性专业发展。第三个要素是评价与问责,涉及使用有效、可靠的工具测量、监控和优化学习。第四个要素是领导力与文化,涉及组织的理念和普遍规范。第五个要素是基础设施,涉及实物资产、人力资源和技术设施等,用以支持有效的学习环境。这五个要素相互影响,缺一不可。路线图依次提出了五个要素的变革特征、应遵循的指导原则,以及各个要素建设的规划、建构和变革阶段(见图15-1)。变革阶段是21世纪学习环境的理想阶段。路线图完整而清晰地呈现了21世纪学习环境的构想和实施路径,同时指出教育领导者可根据学校自身环境和条件调整目标和实施路径。

图 15-1　21 世纪学习环境路线图[①]

---

① Partnership for 21st Century Learning, State Educational Technology Directors Association and Cable Impacts Foundation. Building Your Roadmap to 21st Century Learning Environments [EB/OL]. www.roadmap21.org, 2015: 18-19.

(一) 学习：21 世纪学习环境的核心要素

技术的发展已极大地改变了全球经济形势和劳动力结构，大量日常工作逐渐被机器所替代，基本的读写算能力已不能满足经济发展和就业的需求。学校必须教授 21 世纪新的技能、品质和素养，运用 21 世纪的学习方法，遵循 21 世纪的学习原则。

1. 21 世纪学习框架

美国 21 世纪学习合作组织认为，学生要进入 21 世纪的劳动力市场，必须掌握最必要、最关键的能力。2009 年，该组织修订了"21 世纪学习框架"（Framework for 21st Century Learning），该框架包含两个部分：一是学习成果；二是支持系统（见图 15-2）。学习成果部分围绕核心学科和 21 世纪主题培养学生的 21 世纪技能，如学习与创新技能（4C），生活与职业技能，信息、媒介与技术技能。其中，尤为强调培养学生的 4C 技能，即批判性思维和问题解决技能、沟通技能、合作技能、创造力和创新技能。[①] 支持系统部分包含标准和评价、课程和教学、教师专业发展和学习环境的支持性策略。

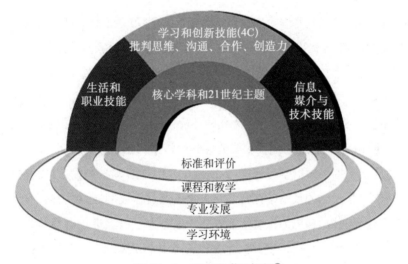

图 15-2　21 世纪学习框架[②]

2. 21 世纪的学习方法

合作和探究学习方法是 21 世纪学习的基础，主要包括以学生为中心的学习、真实

[①] Partnership for 21st Century Learning. Framework for 21st Century Learning [EB/OL]. http://static.battelleforkids.org/documents/p21/P21_Framework_Brief.pdf.

[②] Partnership for 21st Century Learning. Framework for 21st Century Learning [EB/OL]. http://static.battelleforkids.org/documents/p21/P21_Framework_Brief.pdf.

性学习和基于问题的学习三种。① 技术能促进这些学习方法的有效运用。

首先,在基于探究的、充分利用技术的课堂里,传统的教师主导的学习方法需要转化为以学生为中心的学习方法。以学生为中心的学习方法强调个人意义的建构,将新知识联结到已有的理解中,而技术能提供资源和工具形成这些联结。第二,真实性学习或"做中学"运用角色扮演、基于问题的活动、案例研究以及参与虚拟实践社区等,关注真实世界、复杂问题和解决方案。第三,基于问题的学习方法与以上两种学习方法通常是相辅助的。这是一种围绕项目调整学生学习的教育模式,通过个性化、基于项目的学习,将动手实践的学习机会引入课堂,活学活用学科知识,不仅能帮助学生掌握内容知识,能让学生成为创造性的问题解决者、冒险家,从成功和失败中学习,也能培养学生的独立性、纪律和学习责任心。这种学习方法能够与真实世界创造有意义的联结,也能够培养未来劳动力市场所注重的 4C 技能。② 同时,适当的基础设施辅助也是必要的,互联网和教育技术能让学生获得真实性的学习体验。

3. 21 世纪的学习原则

路线图提出,21 世纪的学习遵循以下原则:(1)学习是个性化的。致力于满足每位学生的需求,为学生提供有效且高效的、能够被掌握、因而能激发潜力的学习经验。学生深度、有意义地主动参与学习。(2)学习是严格的。给学生提供挑战,要求他们达到预定的高期望。它包括对学科内容知识、21 世纪技能以及升学、就业和日常生活所需的其他品质的学习。同时,要用多元化的评价方法来强化学习和建构学生的自我意识。(3)学习具有灵活性和适应性。能适应学生将不同的先前知识带入任何学习经验中,并适应于学生不同的学习速度,且随着学生的理解水平的提升,能够快速加以调整。(4)学习是开放的且基于探究。要求学生通过探究问题、解决问题,展开反映真实世界所需要的探究,成为主动学习者。学生有大量机会进行选择并尝试掌控自己的学习经验。学生的学习与当地、全国或全球社区相联系,也有可能融入工作经验,例如参与工作见习和实习。(5)学习是持续性的。学生既参与传统课堂外的学习,也参与课堂内的学习。学生在现实世界中建立联系,并从技术和网络中获取内容而受益。③

---

① Partnership for 21st Century Learning, State Educational Technology Directors Association and Cable Impacts Foundation. Building Your Roadmap to 21st Century Learning Environments [EB/OL]. www.roadmap21.org, 2015: 20.
② Soulé H. Healthy Revision: Defining Learning in the Modern Age [EB/OL]. https://www.educationandcareernews.com/learning-tools/healthy-revision-defining-learning-in-the-morden-age.
③ Partnership for 21st Century Learning, State Educational Technology Directors Association and Cable Impacts Foundation. Building Your Roadmap to 21st Century Learning Environments [EB/OL]. www.roadmap21.org, 2015: 21-23.

4. 21世纪学习的变革阶段

为了变革学习,路线图从十个方面提出了 21 世纪学习的规划、建构和变革阶段。其中,变革阶段是 21 世纪学习的理想状态(见表 15-1)。

表 15-1 学习的变革阶段①

学生的能动性和声音	学生有大量机会创造作品、做出选择以及尝试掌控自己的学习经验。至少在五门学科中或一年至少有四次这样的机会。
参与度	大部分学生(75%或以上)能有深度、有意义地积极参与学习。
严格性	所有学生接受挑战,发挥最大潜力全面发展知识、技能、品质。
深度和广度	学习不仅涉及知识的习得,也涉及 21 世纪 4C 技能、品质如毅力、责任、社会意识以及学生升学、就业和生活所需的全球视野的习得。
灵活性和适应性	学习具有适应性,即学习的过程、架构和实践能根据学生的需求、能力和优先事项进行调整。教学人员、教学和时间结构、模式和政策能灵活适应学生的学习需求。
评价	学生学习采用多样化的评价方法,旨在强化学习、建构自我意识而不是做判断。评价方法包括自我评价、反思、形成性评价、档案袋评价、表现性评价、同伴评价、终结性评价。所有评价方法应与目标匹配且加以有效使用,产生最大化效果。
开放式与自我指导	几乎所有学生的学习要包含开放式的、分散式的、基于探究/问题/项目的学习经验,确保学生提升知识、21 世纪技能和全球性专业知识。
与真实世界相连	学生的学习经验不仅与当地社区相联,也与州、国家和全球性社区相联接。所有学生以多种形式获得真实的经验,包括且不限于工作见习、校内实习、校外实习等形式。
随时随地	学习没有开始和结束时间,或固定场所。在学校等正规场所或在俱乐部或夏令营、在线、在家或图书馆、公园等非正规场所,在午夜或中午,学习会以单独、结对或团体的形式发生。学习组织利用这些无所不在的机会使学生实现最大的潜力。
超链接和移动	最大限度地利用技术进行学习,让学生能瞬时获得信息,用几个按键就可以连接全球,使用数据进行决策。同时保护学生的隐私和安全。技术无缝整合到学习当中,让师生触手可得。

(二) 教学与专业学习: 学习成果的主要支撑

学习并不能凭空发生,它影响其他四个要素,同时也被这些要素所影响。学习的变革在很大程度上依赖于教学的变革。教师必须为学生提供更多的植根于真实世界的学习经验,并有效利用技术进行教学。同时,为了鼓励和实现有效教学,学区必须为教师提供持续、高质量的专业学习机会。

---

① Partnership for 21st Century Learning, State Educational Technology Directors Association and Cable Impacts Foundation. Building Your Roadmap to 21st Century Learning Environments [EB/OL]. www.roadmap21.org, 2015: 28.

1. 转变教师角色

21世纪的课堂已经或正在变得数字化,教师的角色开始发生变化,从"台上的智者"(sage on the stage)转变为"身边的向导"(guide on the side)。① 与知识的传播者不同,"身边的向导"是帮助学生发现知识的指导者。

从根本上说,21世纪的教学是一种学生建构知识的课堂文化。② 作为"身边的向导"的教师,在某种程度上,是学生的学习伙伴,通过主动的学习技巧向学生演示发现知识和批判性思考的过程,③以发展学生的探究能力、创造力和专业知识。研究者、教育工作者和学生一致认同,今天的学生与一个世纪甚至20年前的明显不同。但今天的教学方法并没有相应的改变。④ 要培养学生成为成功的劳动力,教学需要与"做中学"(learning by doing)相结合,强调4C技能的培养,但4C并非取代而是与核心内容和学科知识整合。教师以新的方式进行教授,即通过指导学生分享思想、问题、观点和解决答案,培养学生的沟通技能;指导学生将天赋、专业知识和智慧运用于学习中,共同合作达成目标,培养学生的合作技能;指导学生以新的方式看问题,连接不同主题与学科的学习,培养学生的批判性思维技能;指导学生尝试新的方法学习与做事,鼓励创新与发明,培养学生的创造力。⑤

2. 培养有效的教育者

学校必须不仅要为学生提供学习机会,也要为教师提供学习机会,培养有效的教育者。教师的专业学习不再是采取传统的工作坊形式或一次性培训,而是其教学生涯中持续的、必不可少的部分。有效的教师专业发展需要加以精心规划,投入大量的时间和资源,比如参与和课程相关的实践活动、大量的后续项目,以及运用多种评价方法,获得持续的经费支持等。

在教和学中有效利用技术也是21世纪学习环境需要关注的。当教师变革教学方法时,在很大程度上依赖技术来促进学生的学习,而专业学习是实现该愿景的关键因素。只有通过专业学习机会使教师善于在教学方法中融合不断发展的技术,才能实现教学的变革。

---

① Partnership for 21st Century Learning, State Educational Technology Directors Association and Cable Impacts Foundation. Building Your Roadmap to 21st Century Learning Environments [EB/OL]. www.roadmap21.org, 2015: 28.
② Miller A. 5 Best Practices for the Flipped Classroom. [EB/OL]. [2012-02-24]. http://www.edutopia.org/blog/flipped-classroom-best-practices-andrew-miller.
③ Saulnier B M. From "Sage on the Stage" to "Guide on the Side" Revisited: (Un)Covering the Content in the Learner-Centered Information Systems Course [J]. Information Systems Education Journal, 2008,(7): 3-10.
④ Partnership for 21st Century Learning, State Educational Technology Directors Association and Cable Impacts Foundation. Building Your Roadmap to 21st Century Learning Environments [EB/OL]. www.roadmap21.org, 2015: 31.
⑤ Reynolds P, Reynolds P. Going places [M]. Antheneum Books for Young Readers, 2014.

3. 21世纪的教学原则

路线图指出,21世纪的教学遵循以下原则:(1)教学以学生为中心。学生是所有学习经验的中心,需要与此相适应来设定内容和教学方法。(2)教学是辅助性的。要求教师改变以往内容传递者的角色,精心安排学习经验,为学生学习提供个性化的支持。(3)教学是灵活性的。任何教学方法都不可能对每位学生都有效,要能够运用多种方法帮助学生掌握规定的学习成果。(4)教学是公平的。致力于为所有学生提供有效的学习经验和学习成果,不管学生参与学习经验时的起点如何。(5)教学是合作的。定期开展同伴合作、讨论和发展,鼓励教师综合最佳的教学方法。(6)教学受教师持续的专业学习推动。以满足教师个人需求和与学生的学习目标相一致的方式,给教师提供学习、实践和反思的机会。①

4. 21世纪教学的变革阶段

为了变革教学,路线图从总体描述、内容、教学方法、学习环境四个方面,以及专业学习的内容、教学方法、条件三个方面,对教师提出了教学与专业学习的规划、建构和变革阶段(见表15-2)。

表15-2 教师教学与专业学习的变革阶段②

教学	总体描述	教师能够领导他人,提供专业发展。
	内容	教师掌握内容知识,将数字化工具无缝整合进课程,与标准保持一致。
	教学方法	教师深刻理解有效教学、学习实践,持续不断地调整教学方法,满足学生的个性化需求。
	学习环境	教育者营造积极的学习环境,其中教师是辅助者。技术无缝嵌入学习经验中。学习在校内外都受到鼓励。
专业学习	内容	教育者能清楚地将学生学习和教育者学习联系起来,根据课堂教学实际使用不同的策略。他/她辅助和促进结果导向的、合作的文化,其中,他/她计划、实施、提供持续的支持,并组织高质量的专业学习。
	教学方法	教育者参与、辅助和支持他人进行持续的正规和非正规专业学习,这些专业学习机会包括个性化学习网络,能给教育者和学生带来成功。他/她支持对组织和个人的专业学习需求进行评价,这些学习需求可以通过(形成性和终结性)评价数据获知。可多次监控和调整目标。
	条件	教育者致力于持续改进,为所有学生承担共同责任。他/她帮助并推进结果导向的、合作的文化来为自己和同事支持高质量的专业学习。

---

① Partnership for 21st Century Learning, State Educational Technology Directors Association and Cable Impacts Foundation. Building Your Roadmap to 21st Century Learning Environments [EB/OL]. www.roadmap21.org, 2015: 32-33.
② Partnership for 21st Century Learning, State Educational Technology Directors Association and Cable Impacts Foundation. Building Your Roadmap to 21st Century Learning Environments [EB/OL]. www.roadmap21.org, 2015: 40.

(三) 评价与问责：21世纪学习环境的重要导向

评价和问责系统是让学校监控、调整、改进和沟通教育过程，帮助学生为升学和就业做准备以及成为终身学习者的重要组成部分。① 从理想状态来看，学校必须开发并实施一套平衡终结性评价、形成性评价、阶段性评价的评价系统，促进学校的发展和改进。评价必须与学生所学的知识和技能相一致，问责系统必须与准确衡量进步的关键指标相匹配。

1. 扩展评价的概念

传统上，评价主要针对学科知识。21世纪的学习环境要求教育者拓宽评价范围，从评价孤立的知识转移到评价学生的批判性思维、收集信息、理性决策的能力，进而能更好地促进学生的发展和未来的成功。同时，评价必须有效、可靠、公正。

评价需要学生的参与。与传统的由教师设计和实施的测试不同，在学生参与的评价中，教育经验的中心从以教师为中心转变到以学生为中心。这种转变会促使学生更深入地参与学习过程，同时还能促进学生高阶思维的养成，从根本上创造以学生为中心的学习环境。研究表明，在所有影响学生学业成就的因素中，自评得分能产生最大的效应量，② 自我评价能给学生带来更好的、更深层次的学习，尤其在记叙文写作方面。③

新的评价方法和技术的利用，能够多次提供形成性机会评价和比较学生的表现。例如，一般的标准化测试结果只有在数周或数月后才能得到，而数字化工具能把结果快速传递给学校和教师，及时提供数据帮助教师调整教学。随着形成性评价的增多，以及评价学生表现的工具的增强，必须重新思考评价的概念和运用。

2. 21世纪的评价方法

为了成功地将21世纪的教学方法运用于课堂中，教育者必须更新其评价学习的方法。传统的评价形式是选择—反应型（selected-response）试题评价，比如多项选择题、判断题、填空题，强调记忆技能，通常只需要学生付出低层次的认知努力。但是，论文等建构—反应型（constructed-response）问题，要求学生创建答案，强调问题解决和批判性思维。除了这些传统的评价方法外，表现性评价和档案袋评价、自我评价和同

---

① Partnership for 21st Century Learning, State Educational Technology Directors Association and Cable Impacts Foundation. Building Your Roadmap to 21st Century Learning Environments [EB/OL]. www.roadmap21.org, 2015: 43-45.
② 约翰·哈蒂.可见的学习：对800多项关于学业成就的元分析的综合报告[M].彭正梅，等，译.北京：教育科学出版社，2015：附录.
③ Partnership for 21st Century Learning, State Educational Technology Directors Association and Cable Impacts Foundation. Building Your Roadmap to 21st Century Learning Environments [EB/OL]. www.roadmap21.org, 2015: 45-46.

伴评价、学生应答系统、评价量表等评价方法更能适应学生对 21 世纪技能的掌握。

同时,技术能为教师创造多样化的评价方法。数字化教材、模拟实验和其他学习物件能为教师提供即时的评价机会和工具,虚拟媒体能为学生提供与同伴合作和展示作品的创意方式,另一方面,技术能辅助教师更好地理解学生的思维方式、认知结构。例如,数字化课程中的诊断工具和精心设计的数字化评价有助于明确学生是否偏离正常的"学习轨道"或是否需要帮助,教师进而能提供更具体、更有针对性的学习指导和建议。同时,如果实施新的创新性的评价方法,领导者和教师必须就评价标准达成一致,并与课程、学习标准和教学方法相匹配。

但评价与问责的变革面临挑战。路线图指出,第一,在过去十年中,评价已经成为课堂教学最重要的因素,但教师几乎没有获得有意义的学习机会提升评价方面的知识,以及发展创设评价方法和有效使用评价结果的技能。而这些知识和技能缺乏的原因可以追溯到职前教师教育。第二,高风险、年终测试是主要的数据来源,许多问责政策和措施体现出"数据贫困"(data poverty)。[1] 在今天的"大数据"时代,教师和学校不只需要收集高风险的年终测试数据,还需要在全年收集多项指标和评价信息,从而发挥数据对教育的最大化影响。

3. 21 世纪的评价与问责原则

路线图进而提出,21 世纪的评价与问责遵循以下原则:(1)评价是个性化的且具有适应性。课堂中的技术和数字化课程能够提供差异化的评价选择,为学生在不同领域的表现提供确切信息。(2)评价贯穿整个学年,涉及多个指标。通过多样化指标评价学习成果,将评价指标自然地嵌入课堂中(课堂嵌入式评价)。(3)评价促进学生发展。评价是诊断性和支持性的,通过提供学生过去、当前、近期的技能和知识信息,来确认和强化学生的发展,而不是作为基于单一测试的惩罚措施。(4)评价是真实、情境化的。评价针对知识和高阶思维技能。评价结果包含内容知识和思维习惯(比如毅力),并与教学和学习的方式相匹配。(5)问责促进发展和改进。问责系统的最终目的是促进发展和改进,而不是惩罚。所有利益相关者的丰富数据、诊测工具、有意义的对话能够支持持续性的监督、改进和创新。(6)问责包含多样化的指标。基于上述原则进行的评价而得来的学生成绩是重要的,但只能作为指标之一。多次进行的、多样化的测量,能更好地展现学生的表现。(7)问责要灵活和创新。问责系统要建设或改进

---

[1] Partnership for 21st Century Learning, State Educational Technology Directors Association and Cable Impacts Foundation. Building Your Roadmap to 21st Century Learning Environments [EB/OL]. www.roadmap21.org,2015:47-48.

学校的能力,明确高增长率所在之处和方法,且允许冒险。能让学校领导者灵活地创新、重复、试验和解决问题。(8)问责是透明的。问责系统给教育者、家长和政策制定者提供及时、容易查找、容易理解、可操作的数据。

4. 评价与问责的变革阶段

为了变革评价与问责,路线图从五个方面,提出了21世纪评价与问责的规划、建构和变革阶段(见表15-3)。路线图指出,评价系统要发挥重要作用,教育系统必须在必要的技术、基础设施,以及管理者、教师和学生方面加大投资。

表15-3 评价与问责的变革阶段[①]

评价工具	保持正式和非正式,形成性、阶段性和终结性评价之间的平衡;所有评价要被证实能反映以上原则;评价系统要接受持续评估以确保其与课程相匹配,能传达及时、有用和可操作的数据。
评价者的知识和意愿	给评价者提供辅导和培训,使其具备这样的技能和知识,即能理解和解释评价数据,利用评价结果改进教学、创设和选择有效的评价方法;运用相同的技术和程序评价学生。评价者通过协作的方式有效运用这些技能和知识。
目标和信念	告知家长、政策制定者和媒体采用新的评价系统的原因和优势,以及评价数据的含义。
计划与实施	庆祝和激励成功;利用支持手段、专业知识、资源和培训及时改进领域和提升个人;明确和研究高增长率所在之处和方法,以便重复利用。
要求	平衡、功能性的问责系统要适切且符合联邦、州和当地的要求;消除不必要的、过时的问责结构;评价和问责系统要与课程和教学相匹配。

(四) 领导力与文化:变革学习环境的关键杠杆

尽管教师会在课堂推行21世纪的学习实践,但当整个学校或学区共同致力于21世纪学习愿景时,学生才能获得最大的成就。没有领导力和支持性的文化,教学和专业学习、评价、问责和基础设施的变革都不会产生或不能轻易产生变革。路线图指出,如果有某个因素能够区分成功的21世纪的学校和学区,那么这个要素就是强大的领导力。作为学校文化的一部分,领导力是学校创新必不可少的。[②]

1. 21世纪的教育领导者

成功的教育机构依赖组织内部有效的领导者,包括学区领导者、校长、教师以及与

[①] Partnership for 21st Century Learning, State Educational Technology Directors Association and Cable Impacts Foundation. Building Your Roadmap to 21st Century Learning Environments [EB/OL]. www.roadmap21.org, 2015: 55.
[②] Partnership for 21st Century Learning, State Educational Technology Directors Association and Cable Impacts Foundation. Building Your Roadmap to 21st Century Learning Environments [EB/OL]. www.roadmap21.org, 2015: 58.

该组织相连的强有力的支持系统,即当地的企业和学校社群。这需要重新分配领导力,对学校领导者开展新的培训,并为其提供适当的支持和激励。

教育领导者对于 21 世纪学习环境的能力建设起重要作用,必须与行政人员、教师共同创造"差异化的专业学习、能冒险的与合作的"环境,塑造终身学习的学校文化。21 世纪教育领导者的行为具有这样一些特征:技术融入教学(教师探索新工具);鼓励学生使用技术作业时承担领导角色;帮助教师熟练掌握技术(专业发展);定期观察课堂,以便了解教学在使用技术时所面临的真正挑战。[1]

2. 学校文化的影响

学校文化通过教职工、学生、社区成员之间的互动而得以发展,它是学校全体成员包括学生、家长、教师和行政人员的行为指导,会影响学校成员对教与学的态度。其中,学生的能动性和冒险精神是支持学习文化的两个主要因素。学生的能动性指学生有能力做选择、并践行这些选择,以改进学习和生活。在课堂中,能动性能帮助学习者获得更深的理解和技能,在课堂内外成为更有能力的学习者。

支持冒险和创新的文化同样重要。它鼓励学生冒险、不惧失败,能使学生依靠自己解决问题。教育者也需要可以冒险、实验甚至失败的安全环境。因而,各级领导者应鼓励学生和教师探索和实验,视失败为学习的机会,学会在不确定和变革的氛围中学习和工作。然而,对适当冒险的鼓励需要重新反思教育过程的各个方面,包括评价和问责制。没有获得行政支持而冒险,课堂实践不会发生变革。

3. 教育领导力与文化的原则

路线图指出,要构建 21 世纪学习环境,在教育领导力与文化方面,要遵循以下原则:(1)领导力是分布式的。学校每个人共享领导和文化建设的责任,让包括教师、学生、家长和社区在内的所有利益相关者发出声音。(2)领导力和文化是开放且包容的。接受所有的利益相关者,关注不同的观点,并从中获益。(3)领导力是有远见的。关注未来、关注学生将要生活和工作的世界,旨在持续性地改善学习经验,以帮助学生更好地为未来做好准备。(4)以领导力作为榜样。给教师和学生做榜样,确保教师和学生获得为学生的未来作准备所需的知识与技能。[2]

4. 领导力与文化的变革阶段

为了变革领导力与文化,路线图从九个方面描述了领导力与文化的规划、建构和

---

[1] Nicholson I. Leadership in the 21st Century: The new visionary administrator [EB/OL]. http://www.blackboard.com/CMSPages/GetFile.aspx?guid=0db3eb0a-37ce-4575-8e8f-e8d9b1da2c1f.

[2] Partnership for 21st Century Learning, State Educational Technology Directors Association and Cable Impacts Foundation. Building Your Roadmap to 21st Century Learning Environments [EB/OL]. www.roadmap21.org, 2015: 59-61.

变革阶段(见表15-4)。

表15-4 领导力与文化的变革阶段①

分布式领导力	学校上级到下级的职员,对愿景和任务有共享的责任和贡献,这普遍体现在战略规划文件、改进计划和学校活动、招牌、口号等方面。
自愿参与的支持性团体	教师、学生、家庭、公民和社区组织以及领导者、企业,其他学校和学院组成的团体以深度、有意义的方式参与;团体的需求、资产和支持是学区的强大推动力。
以学生为中心	确保学生不仅获得所需的内容知识,还要获得4Cs等21世纪技能,以及毅力、责任感和社会意识等其他品质。
建立信任、安全和支持的环境	允许冒险,较少服从,更多的是建立学习型组织。
构建集体愿景	让组织在一个包容的、具有前瞻性思维、开放的文化环境中发展、改进和调整。
制定政策和实施框架	让行政人员和教师作为领导者和专业人员在一个与集体愿景和任务相适应的持续性学习环境中发展。
为学生的能动性创设环境	学生被赋权、被激励、积极参与学习并参与到社区中,几乎所有的学习环境都支持学生掌握内容知识和技能,以及全球素养、创新和冒险精神
引领、倡导和管理变革循环包括大规模项目	领导者以适当的技能管理并成功实施所有大规模项目。
积极运用21世纪的工具和资源	学生和教师能使用技术,并有能力系统运用数字化工具。

(五) 基础设施: 21世纪学习环境的物理支撑

与过去几十年的学生相比,21世纪学生的学习方式不同,部分原因在于技术渗透了他们的生活。随着印刷时代到数字化时代的转变,教育的各方面,包含内容、评价、专业学习、学校运转等,都需要有高质量、可靠的技术基础设施作为支撑。需要注意的是,技术支持教学而不是驱动教学。

1. 宽带的变革潜力

为了发挥技术的潜力,高速网络是教育的关键支持。宽带具有最大的教育变革潜力,能为学生、家长、教师和教育领导者提供促使教育的技术创新、服务、应用和教学方法整合的工具。这种创新对于教育从静态、以教师为中心的教学方法转向互动、个性

---

① Partnership for 21st Century Learning, State Educational Technology Directors Association and Cable Impacts Foundation. Building Your Roadmap to 21st Century Learning Environments [EB/OL]. www.roadmap21.org, 2015: 71.

化和开放的以学生为中心的方法是非常重要的。

美国学区的教学资源已经开始向数字资源和数字化教材转型,许多学区也正在使用高速宽带、Wi-Fi 网络、一对一教育设备或"自带移动设备"(Bring Your Own Device,BYOD)。在既定的学校环境中,设备数量有可能超过学生数,因而需要提供让所有学生的设备能够成功使用的足够的宽带网络。

2. 互操作性的利用

互操作性(Interoperability)是另一个对于 21 世纪学校、教师和学习者至关重要的与基础设施相关的因素。互操作性指不同系统共享功能或数据的能力。① 比如,协作内容开发(存储在多个系统)、不同系统间内容的可获得性(重复使用)、跨组织与协同教学、共享评价数据以量身定制学习环境。

在全球互通的时代,互操作性对教育的益处很大。例如,互操作性能让数据无缝地把数字化教材流转到学校的学习管理系统,把评价流转到学生管理系统。互操作性也可以让学校和教师更有效地彼此交换新生或转学生数据。对于学区保持和促进学校之间的互操作性而言,很有必要为信息管理和交流等复杂系统提供宽带网络支持。

3. 基础设施的原则

为了给 21 世纪学习环境提供物理支撑,路线图指出,在基础设施方面,需要遵循以下原则:(1)确保网络连接。为学区提供宽带,包括铜线宽带和光纤宽带以及建筑中的 Wi-Fi 连接。(2)提供设备。具备允许学生创造内容、消费内容和/或与社区或全世界其他人相联系与合作的任何设备。(3)提供技术支持。包括维修损坏设备和线路,维护所有的技术,规划未来的问题和资产管理。(4)关注专业学习。只有当使用基础设施的人有适当的技能,基础设施的运用才能成功,因而要确保为使用基础设施的人提供足够的培训。(5)保护隐私和数据安全。在技术方面,要考虑网络安全的过滤和方式,将供学生使用的设备与保障设施技术安全的其他方式区分开;在人的方面,要认识到什么样的数据被谁使用,为了什么样的目的。(6)关注环境需要和物理需要。协调和确认学校底层基础设施(从物理建筑到电力系统)的功效。②

4. 基础设施的变革阶段

为了支持 21 世纪的学习,路线图从六个方面界定了基础设施的变革阶段所需要

---

① Olmedilla D, Saito N, Simon B. Interoperability of Educational Systems—Editorial of Special Issue [J]. Journal of Educational Technology & Society, 2006(9): 1-3.

② Partnership for 21st Century Learning, State Educational Technology Directors Association and Cable Impacts Foundation. Building Your Roadmap to 21st Century Learning Environments [EB/OL]. www.roadmap21.org, 2015: 72.

的条件(见表15-5)。

表15-5 基础设施的变革阶段①

网络连接	足够的宽带和Wi-Fi网络连接保证完全能够访问所有类型的内容知识并与他人取得联系,从而优化学习。
设备	不同类型的充足的设备能够确保学生访问或创造内容知识,或在任何时刻与每个人联系,学生数与设备数至少是1:1,大部分专业工作对应2或3个设备(智能手机、平板电脑、笔记本电脑以及其他可能的正在创造的设备)。
技术支持	所有技术要始终发挥作用,要有足够的备用设备,以便某一设备坏了,可有另一设备可用。
专业学习	所有教师能够也愿意有效且高效地运用基础设施,当使用方法有效时做出评价,无效时进行调整。
安全和数据隐私	所有数据都是安全的,学生免受欺凌、诈骗和其他危险,同时确保学生能轻易使用优化学习所需的工具和设备。
物理环境	物理建筑、电力系统和其他部件与学习和教学愿景匹配。

学习、教学与专业学习、评价与问责、领导力与文化、基础设施五个要素密切相关、相互作用,共同为21世纪学习的成功提供支持。如果仅调整和变革其中的一个要素,通常不能给学习带来可预见的、持续的改进。过去,人们很少认识到不同要素之间的联系,比如技术和领导力、教学和问责制之间的联系。② 而"21世纪学习环境路线图"把学习置于核心,将技术(宽带、设备、数字化内容)与教育领域的关键因素即教学、学习、评价、问责、领导力、文化和基础设施系统联系起来。这种系统方法带来的结果是,能让学生通过数字化学习为升学、就业、生活、成为积极公民做好准备。路线图还针对每个要素列出了数个激发路线图评价者和实施者思考和讨论的开放性问题,最后还提出了政策和实践建议,并用美国学校的具体实例展现了五个要素的实施情况与效果。

三、 对我国基础教育改革的启示

学习的质量依赖于学习环境的质量。十多年前,经济合作与发展组织(OECD)就提出建构21世纪的学习环境,改进教育设施。③ 但有效的学习环境并不必然是一个特定的场所或空间,而是支持学生最优化学习并能满足每个学生特定学习需求的支持性

---

① Partnership for 21st Century Learning, State Educational Technology Directors Association and Cable Impacts Foundation. Building Your Roadmap to 21st Century Learning Environments [EB/OL]. www.roadmap21.org, 2015: 5.
② Partnership for 21st Century Learning, State Educational Technology Directors Association and Cable Impacts Foundation. Building Your Roadmap to 21st Century Learning Environments [EB/OL]. www.roadmap21.org, 2015: 15.
③ OECD. 21st Century Learning Environments [R]. Paris: OECD Publishing, 2006.

系统。美国"21世纪学习环境路线图"呼吁各个群体联合起来致力于实现21世纪共同的学习愿景,综合考虑了改进学生学习的物理环境和虚拟环境,为支持学生的学习与发展建立了一套生态系统,规划了建构21世纪学习环境的清晰路径。个人和组织可以以多种方式运用该路线图。例如,教师可以参照该路线图评价课堂的教与学,确定需要改进的核心领域;校长可以参照该路线图组织有关学校规划和家长参与的讨论;教育领导者可以参照该路线图勾画出教职工、学校委员会、社区成员和立法者之间的关系。① 对于我国基础教育改革来说,该路线图有很多值得借鉴的地方。

(一) 注重高阶思维能力的培养

路线图旨在建构21世纪学习环境,将21世纪技能整合进学科课程中,培养学生成为有效的交流者、批判性思维者以及具有全球竞争力和技术素养的公民。以高阶思维能力为核心的"21世纪能力"已成为国际基础教育人才培养模式改革的核心目标。从 PISA 测试的国别比较可以看出,长期被西方贴上灌输、填鸭式教学标签的中国教育表现优秀,富有潜力。同时,从 PISA 测试的内在比较可以看出,我国教育在激发和培养高阶思维方式上存在不足,与欧美发达国家的教育存在差距。自 2015 年 1 月开始,我国普通高中课程方案和各科课程标准开始系统修订,教育部充分借鉴国际课程改革的经验,确立了"核心素养"观念,将之作为课程改革的出发点和归宿。② 在计算机化知识经济(computational knowledge economy)时代,③要帮助学生做好升学和就业的准备,在国内以及全球劳动力市场保持竞争力,我国的课程教学必须超越对学科知识的认知性掌握,在核心素养中强调高阶思维能力的培养。而高阶思维能力与核心学科知识是不可分割的,学校需要在所有的核心学科中传授基本的和高阶的思维技能。培养学生的高阶思维能力,需要变革学与教的方式,鼓励学生的发现学习、创造学习、探究学习和合作学习,学、思、做结合,尝试运用项目式、问题式、探究式的教学方式,使学生通过分享思想观点、与同伴合作、将不同学科主题联系起来,用新方法解决问题等方式,来发展高阶思维能力。

---

① Partnership for 21st Century Learning, State Educational Technology Directors Association and Cable Impacts Foundation. Building Your Roadmap to 21st Century Learning Environments [EB/OL]. www.roadmap21.org, 2015: 15.
② 张华. 论核心素养的内涵[J]. 全球教育展望, 2016(4): 10.
③ Wolfram C. Moving to the computational knowledge economy [EB/OL]. http://river-valley.zeeba.tv/moving-to-the-computational-knowledge-economy/, 2010.

(二) 促进教师专业发展

教师是影响学生学习最重要的因素。路线图指出,21世纪的教学实践正在转向以学习者为中心的学习,21世纪的课堂促使教师的角色发生变化,教师是学生学习的辅助者,为学生的学习提供个性化的支持。在技术的支持下,教师的角色也在发生变化,教师应该成为熟练的技术使用者、创造性的合作的问题解决者、适应者、社会感知专家。美国《教学2030》报告指出,教师企业家精神、合作的专业共同体以及技术素养与设计能力被认为是21世纪教师专业发展的关键。到2030年,教师将是一个混合型职业,会成为教师企业家,具备创造力和教学变革能力,其一部分时间用于教学,另一部分时间担当学生的指导专家、教师教育者、社会组织者以及教师网络中的虚拟导师等。[1] 21世纪的教学也要求教师变革教学方法,因而需要给教师提供充足的经费和实践机会参与高质量、持续的专业学习。就我国而言,提高教师质量、转变教师观念是首要任务。首先需要变革教师教育课程,使教师掌握计算机化知识社会所需要的技能和专业知识以及高效的教学方法。例如,给教师提供更多参与数字化学习的机会,使其善于在教学方法中整合技术工具和资源,运用项目式学习、真实情境学习的教学方法,开展学情分析、个性化教学,支持学生自己去探索。同时,鼓励教师在集体备课、互相评价等方式上的合作,促进教师专业共同体建设。

(四) 变革评价方式和内容

路线图指出,美国《不让一个孩子掉队法案》(No Child Left Behind Act,NCLB)的评价数据把关注点放在不同亚群体(例如,英语学习者、特殊学生等)学业成就的广泛差距上,各种因素激励学校关注应试技巧,以牺牲学科内容知识和高阶思维技能为代价。同时,对数学和阅读的强调使得很多学校不再强调其他学科,例如社会研究和人文学科。再者,NCLB过于强调单一测试的熟练度,而没有考虑学生的发展。2015年12月,奥巴马新签署的取代NCLB的《每一个学生成功法案》(Every Student Succeeds Act,ESSA),对评价进行了变革,提出不能只关注标准化测试,而是要使用多重衡量措施来评价学生的学习和进展,减少不必要的、低效的测试。[2] 就我国基础教育而言,也需要改变单一的评价方式,不将标准化测试作为评价学生发展和教师有效性的唯一

---

[1] Berry B, the Teacher Solutions 2030 Team. Teaching 2030: What we must do for our students and our public schools—Now and in the future [M]. Columbia: Teachers College, Columbia University, 2011: 21,45.

[2] U. S. Department of Education, Executive Office of the President. Every Student Succeeds Act: A Progress Report on Elementary and Secondary Education [EB/OL]. https://www.whitehouse.gov/sites/whitehouse.gov/files/documents/ESSA_Progress_Report.pdf, 2015: 1-10.

标准,应该综合运用表现性评价、档案袋评价、自我评价、同伴评价、学生应答系统、评价量表等方法,在正式和非正式评价之间,形成性、阶段性和终结性评价之间取得平衡,依赖多个证据来源,容纳多个成就指标,从多个维度评价学生的学习,致力于学生的发展。同时善于利用技术为基础的评价工具,例如,利用计算机技术对学生的认知结构和认知过程进行个性化的诊断分析,进而向学生、教师和家长提供更丰富的反馈信息;利用计算机设置更真实、丰富的问题情境,进而有效地测试学生实际应用学科知识创造性解决问题的能力;利用大数据提供更为丰富和详细的评价指标和信息,来更好地确定问题,据此进行教学调整。同时需要拓宽评价内容,不仅评价学科知识,也要指向21世纪技能,即评价学生在新情境中应用知识的能力,解决复杂问题的能力,以及参与高阶学习,例如分析、综合、对比、联系、批判以及利用技术解释观点的能力等,更好地发挥评价的导向作用,支持对高阶思维能力的掌握。

(五) 以技术作为基础支撑

路线图以技术作为支撑,将技术与五个要素整合在一起,来不断适应和支持21世纪的学习。美国著名智库胡佛研究所K-12教育特别研究小组组长切斯特·费恩(Chester E. Finn Jr)指出,美国教育改革的三大主要引擎是标准/评价/问责、择校和在线学习。[①] 随着21世纪信息技术的飞速发展,美国不断推动技术在教育中的变革,并将其上升为国家战略。2015年10月,美国发布新版《美国创新战略》,确定了九大优先发展领域,其中包括教育技术,[②]试图为学生的学习提供技术支持,以变革所有学生的学习方式。在12月10日这同一天,美国教育部和奥巴马分别发布和签署了两个重要文件,即《2016国家教育技术计划》(2016 National Educational Technology Plan, 2016NETP)和ESSA。2016NETP以"为未来而准备的学习:重塑技术在教育中的作用"为主题,设置了通过技术促进学习的国家愿景和计划,旨在通过技术对学习、教学、领导力、评价和基础设施五个领域进行变革,来促进学生的学习。[③] 而ESSA则在第四条中明确提出要推进教育技术的使用,帮助建构21世纪的学校。[④] 可见,不断更新的

[①] Finn Jr C E, Sousa R. What Lies Ahead for America's Children and Their Schools [M]. California: Hoover Institution Press, 2014: vii.
[②] The White House. National Economic Council and Office of Science and Technology Policy. A Strategy for American Innovation [R]. The White House, 2015: 99.
[③] U. S. Department of Education, Office of Educational Technology. 2016 National Education Technology Plan [R]. U. S. Department of Education, 2015: 7-78.
[④] U. S. Department of Education, Executive Office of the President. Every Student Succeeds Act: A Progress Report on Elementary and Secondary Education [R]. U. S. Department of Education, 2015: 167-169.

技术在美国教育变革中占据越来越重要的作用。我国的"十三五"规划对教育信息化给予了前所未有的重视,无论是主动还是被动,加快和扩展技术与教育教学的真正融合显得非常迫切。首先,要加大电子设备和宽带网络在学校尤其是落后地区学校的覆盖,并确保这些设备被充分利用,使学生能够利用高速网络随时随地学习。其次,在不远的将来,脑研究和技术的结合将会使教学比以往更加智能化和定制化,[①]在教学中要善于运用技术来减轻学生的认知负荷,提高学习效率,并促进学生的个性化学习。例如,通过技术设置仿真模拟情境,使学生能在"做中学";同时通过人机合理分工,促使教师减少凭感觉的教学或评价,进行精准教学,使学生也能精准学习。同时,加强计算机应用能力的课程教学也非常迫切,需要确保所有学生理解如何运用技术(媒体制作、与专家互动、全球联系、设计、同伴合作、编程、沉浸式虚拟)创造、设计、建构、探索、合作来参与创造性的、富有成效的和终身的学习,而不是简单地被动消费信息。当然,在教学实践中对技术的运用,需要转变社会、学校和教师的观念,对教师的要求也有所提高,需要给教师提供使用技术变革教学实践的专业学习机会,帮助学生从被动消费大量无效信息,到主动获取有效信息,才能发挥技术的全面影响。

(邓　莉　彭正梅)

[①] Berry B, the Teacher Solutions 2030 Tem. Teaching 2030: What we must do for our students and our public schools—Now and in the future [M]. Columbia: Teachers College, Columbia University, 2011: 21,45.

第十六章　培养具有全球竞争力的美国人：基于 21 世纪美国四大教育强国战略的考察

21 世纪以来,随着全球知识经济的进一步推进,美国寻求通过教育变革来提升和维持其经济上的全球竞争力,以回应亚洲和欧洲各国经济竞争力提升,尤其是中国等新兴国家崛起对美国的挑战。从美国当前的教育战略来看,市场竞争、教育技术、STEM 教育和对 4C 技能的强调是美国基础教育强国战略的四大组合部署：通过加强竞争机制来激发教育活力,通过教育技术来建构支持环境,着力培养 STEM 技能和 4C 技能,以提升教育竞争力,培养具有全球竞争力的人才,进而保持和提升美国的国家竞争力,应对未来社会的不确定性。2018 年 3 月 2 日,美国教育部发布了 11 项教育优先要务,[①]其核心关注点也是学校选择、STEM 教育、4C 技能,以及作为整个教育优先要务的支持手段即教育技术,其目的是服务于让美国再次强大的战略。

一、以市场竞争驱动学校教育质量提升

(一) 全球竞争与引入教育券

1990 年,"柏林墙"的倒塌、苏联的解体和东欧社会主义国家的转型,让美国认为自己赢得了"冷战"的胜利,更加坚信个体自由、多元社会和民主政治的力量。有西方学者甚至指出,自由、民主和市场将主导世界,将成为唯一的意识形态,标志着人类社会历史的"终结"。[②] 长达半个世纪的东西方对峙结束了,一种乐观主义向全球扩展。20 世纪 80 年代以来里根政府所推崇的新自由主义,逐步主导了美国对其经济发展和全球化的理解,全球社会、全球市场、全球治理以及普世价值等变成了主流话语。新自由主义所理解的全球化,实际上就是把自由市场扩展到全球。而全球的经济竞争又促进了美国对自己未来劳动力的竞争力以及对教育竞争力的关注和忧虑。

因此,"柏林墙"的倒塌并未削减教育竞争或战争,反而使得这种竞争超越两个阵营而带有全球性。21 世纪以来,美国学生在 PISA、TIMSS 等国际学业成就测试中持

---

① U. S. Department of Education. Secretary's Final Supplemental Priorities and Definitions for Discretionary Grant Programs [EB/OL]. (2018 - 03 - 02). [2018 - 03 - 27]. https://www.federalregister.gov/documents/2018/03/02/2018-04291/secretarys-final-supplemental-priorities-and-definitions-for-discretionary-grant-programs.
② 弗朗西斯·福山. 历史的终结与最后的人[M].陈高华,译. 桂林：广西师范大学出版社,2014：20.

续表现不佳,美国政府和社会担心这些未来劳动力会使美国丧失其在未来全球竞争中的领导位置。与其新自由主义意识形态一致,美国政府和社会对解决其教育危机开出的药方就是把市场竞争引入到教育之中。

芝加哥经济学派米尔顿·弗里德曼(Milton Friedman)的教育券思想对上述决策起到了推动作用。弗里德曼认为,美国公立教育的使命是培养一个稳定社会所必要的共享的价值观,但在美国社会核心价值观已经确立的情况下,其必要性越来越下降,而且,公立教育的垄断地位和竞争的缺乏催生了一系列教育问题——官僚主义倾向加剧,办学成本提高,教育质量和效率逐渐下降,单一教师工资制度导致教师倦怠和平庸化,因此,需要对基础教育进行激进重建,需要把教育系统私有化。[1] 在他看来,激进重建最可行的方式就是引入教育券,即政府把公共教育经费以教育券的形式直接发给学生或家长,让学生自由选择学校,促进教育竞争。

教育券有利于把学校选择权交给家长。有了教育券,父母就可以像选食物、选医生那样为孩子选择学校。教育券也会给教育工作者提供公立学校中所没有的刺激和奖励机制。显然,最吸引学生和家长的学校会繁荣起来,最不吸引人的学校会衰落甚至关闭。教育券思想促进了美国公立学校教育标准、问责和择校制度的建立。

(二) 加强问责与择校

鼓励竞争可以增加效率和提升质量,这几乎成为美国民主党和共和党的共识。2001年,民主党和共和党两党促成了《不让一个孩子掉队法案》立法。《不让一个孩子掉队法案》试图到2014年,使每个学生都达到各州规定的优秀水平。其方法是加强测试,基于测试结果对达到和超过标准的教师和学校给予奖励,对未能达到要求且长期不能改善的教师和学校予以惩罚,甚至关闭学校,并强调家长有择校权。标准、问责、择校政策的提出,目的是为了加强教育竞争,形成一个教育市场。因为很显然,当学生离开原来的学校去更好的学校时,差学校就会逐渐被逐出市场,相应地,低效的不称职的教师,也会离开学校和教育系统。

随着《不让一个孩子掉队法案》的实施,其弊端开始日益凸显。2008年,民主党执政,人们以为这种教育改革会出现转变,但是,奥巴马政府同样真诚地相信,提高教育标准、测试,关闭失败的学校,以及让教师更加努力地工作,就可以提高美国儿童的技能水平。奥巴马在一次讲话中指出:"如果一所学校年复一年地持续不能达标,并且也

---

[1] Friedman M. Public Schools: Make Them Private [J]. Education Economics, 1997, 5(3): 341-344.

没有表现出改善的迹象,那么就必须问责。"①2009年,奥巴马政府更是公布了总金额达40亿美元的"力争上游"(Race to the Top)计划。在计划中,奥巴马政府同样把教育理解为一种竞赛和竞争,并视之为巩固美国国际竞争力、确保经济持续发展的根本。以市场竞争为核心的教育战略获得了来自华尔街、不同层面的民主党和共和党人士以及非政府组织的强有力的支持。

曾任华盛顿特区教育局长的韩裔美国人李洋姬(Michelle Rhee)在华盛顿特区所推行的激进改革就是引入竞争机制,对学校和教师进行绩效管理,奖励绩效良好的学校和教师,惩罚和开除绩效较差的教师和校长,甚至关闭长期表现不佳的学校。在她看来:"没有什么比确保我们的孩子拥有在21世纪竞争所必需的知识和技能,对美国更为重要的事情了……我们不得不再次使美国具有竞争力。公立学校就是最好的开始的地方。教师应该通过竞争来创造最具吸引力的课堂,帮助学生获取最好的学习结果,教师的成功应该受到奖励。学生应该获得成功,如果学生做得好,也应该被奖励。学校应该展开竞争,来吸引学生、获得资金。这样就不再有平庸。平庸正在杀死我们,对平庸的认可和颂扬恰恰是我们公立学校危机的一个方面。"②她的表述明晰地体现了新自由主义促进教育竞争的战略意图。这种战略还体现在美国著名智库胡佛研究所对《美国教育2030》的思考之上。

胡佛研究所在其研究报告《美国教育2030》中指出,美国K-12教育在2030年将更具回应性、有效性、灵活性和创造性。报告预测,到2030年,"私立和半私立的学校将成为主流",③"将近三分之二的美国儿童能够享有某种形式的自主择校权"。④ 报告同时指出,竞争使得学生的测试成绩和其他成果(如高中毕业人数、准备上大学人数)获得大幅进步。

(三) 促进不同类型学校之间的竞争

《不让一个孩子掉队法案》通过强调测试和问责来促进教育竞争,但同时带来了"为考试而教"等弊端,再加上联邦政府对各州教育的控制,因而受到了激烈批判。2015年奥巴马签署《每一个学生成功法案》,把权力下放给州政府和地方,大大削弱了

---

① Nancy K. Obama Weighs in on CP Teacher Firings [EB/OL]. (2015-12-20). [2017-11-20]. www.wpri.com/dpp/news/president-obama-supports-central-falls-teacher-firings.
② Rhee M. Radical: Fighting to Put Students First [M]. New York: Harper Paperbacks, 2014: 272.
③ Finn Jr C E. American Education in 2030[M]. Palo Alto, CA: 2010 Board of Trustees of the Leland Stanford Junior University, 2010: 66.
④ Finn Jr C E. American Education in 2030[M]. Palo Alto, CA: 2010 Board of Trustees of the Leland Stanford Junior University, 2010: 73.

联邦政府对基础教育的影响力。这是 21 世纪以来美国教育政策的重大转折。《每一个学生成功法案》赋予地方和学校更大的自主权,给学生和家长更多的选择,进一步支持特许学校、磁石学校等的发展,提出通过高质量的特许学校扩展学习机会。反之,特许学校进一步成为推崇竞争和择校的自由市场模式的传播者。改革者相信,这些学校与传统公立学校相互抗衡与竞争,能进一步激发各类学校的活力,刺激公立学校教育质量的提升。

2017 年,特朗普上任,更加强调用市场化力量促进教育发展,进一步减少联邦政府对教育的干预。特朗普把美国公立学校称作失败的"政府学校"(government schools),甚至称美国公立学校是"美国大屠杀"(American carnage)的一部分,学生在公立学校中学不到知识,而学校选择才是美国儿童的救赎,是当今时代的公民权利。[1]特朗普在竞选美国总统时曾提出联邦拨款 200 亿美元投入特许学校和教育券项目,在当选之后,任命大力支持自主择校和教育券的贝琪·德沃斯(Betsy DeVos)为教育部部长。自此,美国学校选择运动(school choice movement)进入了一个新时期,自主择校超越学校问责成为美国教育政策的核心内容。

德沃斯把美国传统公立学校称作"死胡同",[2]她主张用公共财政和市场化力量为学生和家长提供多种教育机会的选择,并推动公立学校和其他类型学校充分竞争。在德沃斯提出的教育部 11 项教育优先要务中,第一项便是学校选择,强调为更多学生提供多样化的选择项目,包括特许学校、虚拟学校和多种不同形式的私立学校,并提出给予弱势群体学生优先教育选择权。[3]

把市场经济引入教育看似激进,却非常符合美国人心中的自由、个人主义和自我实现的传统。如同在其他领域一样,美国人认为私人提供教育会产生更好的结果。支持自主择校的人认为,公立学校应该像企业那样管理,与其他教育机构展开竞争,如果办得不好,就必须关闭。[4] 公立教育和私立教育之间存在竞争和张力,是美国学校教

---

[1] Strauss V. Trump: Public Schools Are Part of 'American Carnage'[EB/OL]. (2017 - 01 - 20). [2018 - 04 - 01]. https://www.washingtonpost.com/news/answer-sheet/wp/2017/01/20/in-his-inaugural-address-trump-groups-public-schools-with-gangs-drugs-and-rusted-out-factories/?utm_term=.37e974b8f5fb.

[2] Strauss V. What 'School Choice' Means in the Era of Trump and DeVos [EB/OL]. (2017 - 05 - 22). [2018 - 04 - 01]. https://www.washingtonpost.com/news/answer-sheet/wp/2017/05/22/what-school-choice-means-in-the-era-of-trump-and-devos/?utm_term=.45fe72339573.

[3] U. S. Department of Education. Secretary's Final Supplemental Priorities and Definitions for Discretionary Grant Programs [EB/OL]. (2018 - 03 - 02). [2018 - 03 - 27]. https://www.federalregister.gov/documents/2018/03/02/2018-04291/secretarys-final-supplemental-priorities-and-definitions-for-discretionary-grant-programs.

[4] Strauss V. What 'School Choice' Means in the Era of Trump and DeVos [EB/OL]. (2017 - 05 - 22). [2018 - 04 - 01]. https://www.washingtonpost.com/news/answer-sheet/wp/2017/05/22/what-school-choice-means-in-the-era-of-trump-and-devos/?utm_term=.45fe72339573.

育系统保持创新与活力的关键。

二、通过技术支撑学校教育变革

（一）发布《国家教育技术计划》

美国的教育强国战略一方面利用市场竞争促进学校之间的竞争，进而在整体上变革学校，提升学校质量；另一方面，也极为重视利用教育技术促进学校内部课程与教学的变革。脸书（Facebook）、谷歌和微软公司负责人曾联名给美国联邦通信委员会写信，建议在学校和图书馆接通高速宽带，并提出，"如果我们的学校不利用技术和互联网，那么我们的学生将不能参与全球经济竞争"。[①]

从1996年开始，美国教育部每隔5年发布新的《国家教育技术计划》（National Educational Technology Plan，NETP），致力于通过技术改善学生的学习。截至2016年，《国家教育技术计划》已经发布5次。《国家教育技术计划》（2016）提出"为未来而准备的学习：重塑技术在教育中的作用"这一主题，设置了通过技术促进学习的国家共同愿景，从学习、教学、领导、评价和基础设施五个方面提出了具体的行动计划，并明确指出这是"一项紧急的国家优先事项"，要确保所有年龄段学习者有机会促进个人发展与繁荣，并保持全球经济竞争力。[②]

《国家教育技术计划》（2016）指出，为了保持全球竞争力、培养有参与能力的公民，学校的教学内容要能培养学生应对21世纪挑战的能力和专门知识，包括批判性思维、复杂问题解决能力、合作能力，并将多媒体通信加入传统学科教学中。除了核心的学业能力，也必须培养学生的自我意识、自控力、关心他人等非认知能力。为此，需要利用技术使得既有的最有效学习原则的作用最大化，增加基于项目的探究性学习、混合式学习等学习体验，其最终目的在于，利用技术提供更为公平和易于获取的学习。[③]

《国家教育技术计划》（2016）重点关注通过技术变革学习，同时关注通过技术促进教育公平。时任教育部长的阿恩·邓肯（Arne Duncan）指出，如果技术变革只发生在富裕家庭，那么就不是真正的变革。[④]《国家教育技术计划》仍然非常注重缩小数字鸿

[①] Ducan A, Wheeler T. Connecting the Pieces to Prepare America's Schools for 21st Century [EB/OL]. (2015-12-22). [2017-10-22]. https://www.edsurge.com/news/2015-12-22-connecting-the-pieces-to-prepare-america-s-schools-for-21st-century-learning.

[②] Office of Educational Technology. 2016 National Education Technology Plan [R]. U.S. Department of Education, 2015: 6.

[③] Office of Educational Technology. 2016 National Education Technology Plan [R]. U.S. Department of Education, 2015: 5.

[④] Office of Educational Technology. 2016 National Education Technology Plan [R]. U.S. Department of Education, 2015: 1.

沟(digital divide),即缩小在学校和家庭都能连接网络与不能连接网络的学生之间的差距。但仅仅消除数字鸿沟并不能变革学习。为了进一步减少教育技术不平等,《国家教育技术计划》(2016)提出,要在此基础上缩小数字使用鸿沟(digital use divide),即缩小使用技术手段变革学习的学生和使用电子设备被动学习的学生之间的差距,确保所有学生理解如何运用技术(媒体制作、与专家互动、全球联系、设计、同伴合作、编程、沉浸式虚拟)创造、设计、建构、探索、合作来参与创造性的、富有成效的和终身性的学习,而不是简单地被动消费知识内容。①

(二) 教育技术在其他战略中的体现

除了《国家教育技术计划》,美国现阶段在国家战略层面对教育技术的重视,还体现在《每一个学生成功法案》和《国家创新战略》(A Strategy for American Innovation, 2015)的制定和推行。

《每一个学生成功法案》强调技术对于学习来说是一个必需品,而不是奢侈品,其第四条所提的"支持有效利用技术的活动"与《国家教育技术计划》(2016)的主旨一致。《每一个学生成功法案》将投入大约 8.49 亿美元来改善技术的使用,旨在从制定政策目标、直接融资、更新学习模式、支持教育者专业发展、鼓励提供商、增加研发经费六个联动的核心发展路径,来提高所有学生的学业成就和数字化素养,促进个性化教育和教育机会公平。具体包括六个方面:(1)给教育者、学校领导者和管理者提供专业学习工具、设备、内容和资源,来促使学习个性化,分享优质教育资源,并支持教师合作。(2)建设技术能力和基础设施,比如购买设备、仪器、应用软件等。(3)利用数字化学习技术和辅助技术,发展或使用有效的、创新的教学策略。(4)推行混合学习项目,发展新的教学模式(包括混合学习技术软件和平台)。(5)利用技术,促进教师和领导者的专业发展,进而提高学生的 STEM 包括计算机科学领域的成就。(6)为乡村偏远地区的学生提供优质在线课程资源。②

教育技术也被纳入美国《国家创新战略》的九大优先发展领域,强调为学生的学习提供技术支持,以变革所有学生的学习,从而推动国家创新生态系统的构建,实现全民创新并提升国家竞争力。《国家创新战略》提出了美国教育技术革命的愿景、挑战和路径,承诺加快基础设施建设,具体通过"连接教育计划"(Connect ED),在 2018 年前为

---

① U. S. Department of Education, Office of Educational Technology. 2016 National Education Technology Plan [R]. U. S. Department of Education, 2015: 18.
② U. S. Department of Education. Every Student Succeeds Act [R]. U. S. Department of Education, 2015: 485-488.

99%的美国学生接通高速宽带,除了主要为数字化学习的硬件和基础设施提供重大投资,政府还将投资教育软件,以提高学生在核心学科上的学业成就。其中主要强调以下两点:一是促进学习软件开发。创立美国教育部高级研究计划局,以实现学习技术的突破性创新;二是创造更多需求拉动机制,促进教育软件市场发展,进而使得学校获得更优质的学习软件。① 这促使美国公立教育进一步向新的提供商开放,由此带来的竞争压力又进一步刺激学校教育的创新和提升。这一点尤为体现在高中教育当中。

(三)用技术来变革高中

美国的高中辍学率普遍偏高,尤其是落后地区,只有极少数学生能在高中学到高水平的知识和技能。但21世纪技术的进步和教育市场竞争的加强使得这一现象有所改变,美国的高中呈现出新面貌。在缺乏优质师资的落后地区,学生也有能力使用技术掌握所有学科,而不必过度依赖教师。很多企业因此加大对在线高中教学的投资,使得学校以较低的成本提供大学先修课程、需求量较低的学科课程、针对落后生的暑期补习课程和针对辍学生的特别课程等,而且学生在学校和家庭都能随时随地学习。美国的在线特许学校也为落后地区的学生、弱势学生、辍学生等提供了学习机会。

美国的传统高中逐步向混合性机构演变。教师的教学工作以个体辅导、小组项目和研讨会方式开展。教师在课间和课后也会在线工作,提升新技能并发展新的教学方式满足学生的需要。大学教师也面向高中开设在线课程,学生参与这些课程可获得大学学分。技术的利用使得美国高中更有吸引力,更个性化,更有成效。

超级学校项目(The Super School Project)组织下的11所公立高中最为典型地反映了技术对高中的变革。这些高中通过增强虚拟、虚拟现实、全息模块的教学,将学生与社区和全球化世界连接起来。这些利用技术变革教学的高中开始引领美国的未来教育,技术作为一个强有力的工具,重塑学习经验,包括个性化学习,使得教学适应学生的个人需求。为更多学生提供高质量的在线课程、利用技术提供更多教育选择权也是美国教育部最新发布的教育优先要务中所极为强调的。②

在线学习和传统学校教育的元素相结合,构成了美国教育的混合动力系统。在美国历史上,收入、种族和地区等因素一直是公共教育和社会生活中的分界线,但技术避

---

① The White House. National Economic Council and Office of Science and Technology Policy. A Strategy for American Innovation [R]. The White House, 2015:99-100.
② U. S. Department of Education. Secretary's Final Supplemental Priorities and Definitions for Discretionary Grant Programs [EB/OL]. (2018-03-02). [2018-03-27]. https://www.federalregister.gov/documents/2018/03/02/2018-04291/secretarys-final-supplemental-priorities-and-definitions-for-discretionary-grant-programs.

开了这些因素，以常规课堂无法企及的方式满足了很多贫困地区学生的需求，使得大量学校从技术进步中获益。总之，问责制、竞争和技术重塑了美国很多学校，改善了美国学校的质量和公平。

三、培养具有 STEM 和 4C 技能的全球竞争力人才

如果说作为第一战略的市场竞争和作为第二战略的教育技术是美国建设教育强国的支持性战略，那么第三战略和第四战略则是通过培养 STEM 技能和 4C 技能来制造具有全球竞争力的美国人。

（一）培养 STEM 技能

全球经济竞争是由 STEM 领域的熟练度和能力来衡量的。[①] 技术对美国经济的驱动作用越来越大，越来越多的工作岗位将需要 STEM 技能，尤其是计算机科学。研究表明，未来 80% 的职业需要 STEM 技能。在后工业社会中，STEM 技能是刺激经济增长的根本，是高级人力资本的核心。"美国的经济竞争力依赖于提高和扩展 STEM 学习和参与的能力"。[②]

但另一方面，近年来，美国 STEM 领域人才短缺，其他一些国家在教育质量和 21 世纪技能（21st century skills）培养方面的提升，使得美国在培养高阶劳动力方面，不再无可匹敌。因而，美国教育愈加重视跨学科的 STEM 教育，试图通过 STEM 教育培养 STEM 人才来增强国家竞争力。美国的 STEM 教育不仅旨在培养高级人力资本即培养具有高端制造和创造能力的人才，也旨在培养新时代的技术工人，这是美国重塑制造业的重要举措。

美国《国家创新战略》指出，21 世纪美国创新的关键基础是培养知识经济时代中成功的劳动力，强调通过支持高质量的 STEM 教育来培养高技能人才。除了教育技术，在创新战略中处于优先发展地位的其他八大领域即先进制造、精密医疗、大脑计划、先进汽车、智慧城市、清洁能源和节能技术、太空探索和计算机新领域都需要 STEM 人才。[③] 技术自动化和人工智能的进一步发展，将大力推进 STEM 人才的需求。

---

① National Academies. Rising Above the Gathering Storm: Energizing and Employing America for a Brighter Economic Future [M]. Washington, D. C. : National Academies Press, 2005: 9.
② U. S. Department of Education. Secretary's Final Supplemental Priorities and Definitions for Discretionary Grant Programs [EB/OL]. (2018 - 03 - 02). [2018 - 03 - 27]. https://www.federalregister.gov/documents/2018/03/02/2018-04291/secretarys-final-supplemental-priorities-and-definitions-for-discretionary-grant-programs.
③ The White House. National Economic Council and Office of Science and Technology Policy. A Strategy for American Innovation [R]. The White House, 2015: 7 - 8.

在美国国家战略中,各届政府对 STEM 的投入有增无减。STEM 教育被奥巴马政府视为重建美国经济的一个重要支柱。改革美国教育和劳动力培训体系,特别是加强 STEM 教育,确保美国人具有良好资质以应对未来职业挑战,并在未来几十年领导创新经济,是奥巴马政府教育政策的急务。① 例如,动员公民、教育工作者、公司、专业人员、基金会和非营利机构来改善 STEM 教育。《联邦 STEM 教育五年战略计划》(Federal Science, Technology, Engineering, and Mathematics Education Strategic Plan,2013)提出,到 2020 年要培养 10 万名优秀的 K-12 教育阶段 STEM 新教师,同时支持现有 STEM 教师的专业发展;加大青少年和公众对 STEM 的参与;②为参与"力争上游"计划并优先强调 STEM 教育创新的州提供 40 亿美元经费。③

在《每一个学生成功法案》签署之前,培训 10 万名优秀的 STEM 教师的目标已经提前实现过半。《每一个学生成功法案》进一步强调通过 STEM 教育为学生提供全面教育的机会。其重点是:为女生、少数族裔学生、英语非母语学生、残障儿童和处于经济劣势地位的学生增加参与 STEM 教育的机会;支持来自低收入家庭的学生参与 STEM 学科的非营利性竞赛活动;提供动手实践的学习机会,支持利用户外场地或服务性学习来增进学生对 STEM 学科的理解;支持 STEM 专门学校的创建和发展;促进校内外机构之间的合作,整合特定学科;将艺术等学科融入 STEM 学科项目,促进教育的全面发展。④ 同时,政府为各州发展 STEM 专家型教师队伍和 STEM 专业发展项目的教育机构和非营利性组织提供资助。⑤

特朗普政府重塑美国制造业大国的决心要求加快了 STEM 领域人才的培养,因而进一步助推 STEM 教育的发展。2017 年 9 月,特朗普签署《总统备忘录》,要求教育部将高质量的 STEM 和计算机科学教育作为教育部的优先要务。其目标包含:拨款至少 2 亿美元加大对 STEM 和计算机科学教育的支持,旨在给美国儿童提供通往未来职场成功的路径,培养新一代美国工人,确保美国保持创新领域的全球领导地位。⑥ 尤其是针对少数族裔和落后地区的学生缺乏 STEM 教育和缺乏高质量 STEM 教师的

---

① National Economic Council, Council of Economic Advisers, and Office of Science and Technology Policy. A Strategy for American Innovation: Securing our Economic Growth and Prosperity [R]. The White House, 2011: 15.
② Committee on STEM Education, National Science and Technology Council. Federal Science, Technology, Engineering, and Mathematics(STEM)Education Strategic Plan [R]. Executive Office of the President of the United States, 2013: 9-11.
③ The White House. National Economic Council and Office of Science and Technology Policy. A Strategy for American Innovation [R]. The White House, 2015: 26-28.
④ U. S. Department of Education. Every Student Succeeds Act [R]. U. S. Department of Education, 2015: 474-476.
⑤ U. S. Department of Education. Every Student Succeeds Act [R]. U. S. Department of Education, 2015: 405-406.
⑥ The White House. President Trump Signs Memorandum for STEM Education Funding [EB/OL]. (2017-09-26). [2017-12-10]. https://www.whitehouse.gov/blog/2017/09/26/president-trump-signs-memorandum-stem-education-funding.

情况,美国教育部将帮助各地区招聘和培训 STEM 教师,进一步增加 STEM 教师数量。特朗普政府对 STEM 教育的重视进一步推动了美国企业加大对 K-12 教育的资助。

(二) 培养 4C 技能

尽管 STEM 学科背景下的 STEM 技能很重要,但未来知识经济越来越需要广泛的 21 世纪技能,其中最主要的技能是高阶的 4C 技能。哈佛大学东尼·华格纳(Tony Wagner)认为,世界变化太快,学校所教授的知识与当前劳动力市场最需要的能力之间,已经产生巨大断裂,21 世纪的教育需要重新设计。他认为,美国教育的真正挑战是,要将 STEM 视为增加人类创造力的手段而不是目的。STEM 本身并不是目的,而是一种手段。① 随着软件算法、计算机辅助设计、数据分析、机器学习等计算技术开始改变经济体系和实践,知识经济开始走向计算机化。计算机化促使工作和学习发生深刻的结构性变革,同时使很多常规性劳动形式变得多余,人的高阶技能即 4C 技能越来越重要。

为了应对知识经济时代的挑战,美国创新战略把创造性问题解决技能置于关键地位,极为强调创业精神,这也是美国经济的长期优势。《国家创新战略》指出,奥巴马政府致力于促进机器人技术和自动化系统等下一代通用技术的发展,不断发展的计算机化和自动化是长期的趋势,在技术使很多劳动自动化的时代,创造力和创新能力的培养至关重要。奥巴马明确呼吁教育目标要重点发展 21 世纪技能尤其是 4C 技能,并提出为各州提供经费实施更广泛的评价体系,来评价高阶技能。②

《每一个学生成功法案》明确把培养学生的 4C 技能作为教育的基本目标,呼吁面向所有学生教授高阶思维技能,强调各州重新设计教育体系来反映 21 世纪学习,期望各州采纳具有挑战性的学术标准和学习目标来发展所有学生的高阶思维技能。③ 实际上,被美国 40 多个州广泛采纳的《共同核心州立标准》一方面强调共同的内容标准,另一方面也强调 21 世纪技能。④ 所谓"21 世纪技能",由"21 世纪学习合作组织"于 2002 年所提出,是在 21 世纪获取个体成功和社会繁荣所必备的关键的通用技能,它包

---

① Araya D. Creativity and Learning for the Conceptual Age [EB/OL]. (2016-03-14). [2017-09-14]. https://www.brookings.edu/blog/brown-center-chalkboard/2016/03/14/creativity-and-learning-for-the-conceptual-age/.
② Obama B, Biden J. Barack Obama and Joe Biden's Plan for Lifetime Success Through Education [EB/OL]. (2013-03-20). [2017-09-28]. http://www.barackobama.com.
③ Cook-Harvey C M, Darling-Hammond L, Lam L, Mercer C, & Roc M. Equity and ESSA: Leveraging Educational Opportunity Through the Every Student Succeeds Act [R]. Palo Alto, CA: Learning Policy Institute, 2016: 5.
④ Partnership for 21st Century Learning. P21 Common Core Toolkit: A Guide to Aligning the Common Core State Standards with the Framework for 21st Century Skills [R]. Partnership for 21st Century Learning, 2011: 4.

括学习与创新技能、生活与职业技能以及信息、媒介和技术技能三个部分,其核心是学习与创新技能,即 4C 技能。其后,美国兴起了"21 世纪技能运动",至今已经在 21 个州得到了广泛实践。这样一场教育改革运动也被称为从 3R 到 4C 的教育改革运动。[1]

美国教育对 4C 技能的强调也反映了美国经济发展对人才的新要求。2012 年,全球最大的管理教育机构即美国管理协会进行了一项针对关键技能的调查(AMA 2012 Critical Skills Survey),在被调查的 768 位企业管理者中,有 90% 以上的管理者认为 4C 技能最重要或重要。[2]

美国教育对 4C 技能的强调,是对教育体系之外需求的回应,但这并不意味着 STEM 教育重要性的降低,反而反映了整合 STEM 教育和 4C 教育的必要性和趋势。丹尼尔·阿拉亚(Daniel Araya)认为,知识经济有多个不同的、冲突的范式,不同的范式对人才培养的要求并不完全相同(表 16-1)。其中,新自由主义知识经济范式下的美国教育政策与国家创新战略相配合,这种教育改革理念认为,发展高级人力资本是推动创新的关键,而 STEM 技能是高级人力资本的核心。在网络经济范式下,学习与个人获取信息资源的能力紧密相关,传统的教师授课方式需要大量时间和资源,但现在以维基百科、博客和网络社区形式的合作性问题解决范式正在重构人们建构和使用知识的方式。在工业社会,教育的目标是传递明确的技能和知识以满足经济需求,但知识社会需要更多具备创造性问题解决能力的跨学科专业人才。在创意经济范式下,人类创造力(包括企业家精神与跨学科能力)是后工业社会的关键动力。创造性工作是应对技术自动化的唯一战略,是推动新产品、新市场和新形式的劳动生产力产生的关键。因而教育系统也需要发生相应的变革,培养学生的 4C 技能。绿色经济是后工业文明的基础,技术和战略性的公共政策是关键。人们对气候变化和二氧化碳排放量影响的关注度提升将促使绿色经济成为教育改革讨论的重要部分。[3] 美国是一个多种知识经济范式并存的国家,既需要 STEM 人才,也需要 4C 人才,更需要"STEM+4C"的人才。美国教育部最新提出的第六个教育优先要务便是通过 STEM 发展批判性思维和问题解决等技能,并且强调通过有效利用技术来辅助这些技能的获得。[4] 实

---

[1] 邓莉,彭正梅. 美国学校如何落实 21 世纪技能——21 世纪学习示范学校研究[J]. 外国教育研究,2017,44(9):52.
[2] 转引自彭正梅,邓莉. 迈向教育改革的核心:培养作为 21 世纪技能核心的批判性思维技能[J],教育发展研究,2017(24):57-63.
[3] Araya D. Rethinking US Education Policy:Paradigms of the Knowledge Economy [M]. New York:St. Martin's Press LLC, 2015:110-133.
[4] U. S. Department of Education. Secretary's Final Supplemental Priorities and Definitions for Discretionary Grant Programs [EB/OL]. (2018-03-02). [2018-03-27]. https://www.federalregister.gov/documents/2018/03/02/2018-04291/secretarys-final-supplemental-priorities-and-definitions-for-discretionary-grant-programs.

际上，美国学校现阶段的 STEM 课程运动在发展学生的 STEM 技能基础上，尤为致力于发展学生以 4C 技能为核心的 21 世纪技能。[①] 当技术越来越聪明时，作为人的独特的高阶的 4C 技能尤为必要和迫切。

表 16-1　知识经济四个范式的特征[②]

特征 \ 范式	新自由主义知识经济	网络经济	创意经济	绿色经济
核心关注	人力资本	网络共享	智力资本	绿色创新
核心参与者	知识工作者	大众生产者	创意阶层	绿色职业者
学习/培训重点	STEM 技能	合作（群众生产）	创新/企业家精神	清洁技术
教育学科	商务管理、工程、科学与技术、数学/统计学	计算机与信息科学	通讯、建筑学、艺术、设计与媒体、计算机科学	自然科学、环境科学、工程、计算机科学
核心主题	创新、研发、知识产权	集体协作、群众生产、开源技术	人类独创性、知识产权	清洁技术、创新、可持续性
核心产业	工程业、生物技术、IT、管理、金融	社交媒体、开放科学、开源硬件、众包	设计、出版业、影视业、艺术、建筑业、软件	风能、太阳能、生物量、智能电网、软件

四、结语

　　竞争和问责制改善了美国公共教育格局，提升了美国教育的活力。但是，美国把市场竞争引入教育领域也受到了一些学者和民众的激烈批判、抵制和抗议。曾经支持市场竞争的美国前教育部长助理及顾问戴安娜·拉维奇（Diane Ravitch）后来也加入了对市场竞争的反对阵营中。她分析指出，新自由主义以择校、竞争和市场为核心的教育战略本质是用市场经济的逻辑来漠视、主导或取代教育的自身逻辑，甚至这些教育战略的推动者也是商界领袖。这些商界领袖通过减少成本来促进竞争，但其唯一的途径就是减少教师数量或降低教育成本，例如开办在线课程和在线学校。在她看来，"自由市场长于生产商品和服务，但也产生了极度的不平等，也会产生大量的

[①] McLachlan K. A Case Study of 21st Century Skills Programs and Practices [D]. Los Angeles, CA: University of Southern California, 2012: 26.
[②] Araya D. Rethinking US Education Policy: Paradigms of the Knowledge Economy [M]. New York: St. Martin's Press LLC, 2015: 109.

失败"。① 公立教育的基本原则是教育机会的平等,教育不能有这么多的失败。商业世界充满创新,但也充满失败、不稳定和混乱。用商业模式来管理教育,对儿童成长和学习并不有利。教育是一种公共的善(a public good),而不是一种消费品(a consumer good)。教育不是在市场上买草莓,通过某种质量标准,只挑好的,把烂的扔了。

但是,不可否认,教育改革必须回应社会特别是经济发展的关切,因此也间接具有一定的市场性质。当全球市场进一步加深和扩展之时,只有作为市场一部分的教育才会灵活地回应经济发展的需求,而作为公共事业的公立教育和教师工会在某种程度上已日益沦为效率低下的官僚体系。

全球化和竞争已经在传统的教育模式上打开了口子,技术最终会打破这个平衡。今天驱动变革的真正力量在于学习者,而不在于机构。传统的公共机构难以满足数字化时代变化着的消费者偏好。教育技术的发展为教师和学生打开了新的世界,有助于提升效率和教育质量,改善教育公平。当然,尽管技术具有巨大的解放力量,但技术不是一切。对于教育来说,不是"每个儿童一个 iPad"就万事大吉。技术过于强调狭隘的逻辑思维,可能会牺牲儿童其他的精神能力如想象力,电脑也会阻碍学生的批判思考,伤害儿童的个性。因此,技术不是超人,不是拯救者,不能代替好的教学以及真实的问题研究,尽管教育技术有助于培养 STEM 和 4C 技能。

STEM 和 4C 技能的培养是美国应对知识经济时代的全球竞争以及培养具有全球竞争力人才的核心举措,体现了一种人才培养规格的转型和提升。现在的全球经济竞争是机器难以取代的高阶能力的竞争。高阶人才是经济竞争的关键。作为美国建设教育强国的两大着力点,即 STEM 教育和 4C 技能的培养,已经为且将继续为美国参与全球经济竞争培养大量高阶人才,驱动美国的创新和经济增长,帮助美国再次走向强大,在未来更加深化的全球化竞争中取得优势地位。

尽管如此,美国社会仍然一直对教育保持着忧患意识。美国曾在 1983 年的《国家处于危机之中:教育改革势在必行》(A Nation at Risk:The Imperative for Educational Reform)中强调,如果一种不友好的外来势力试图把现存的平庸的教育表现强加于美国身上,那么,这可能会被视为一种战争行为。② 2017 年 11 月,教育部长德沃斯在演讲中也再提教育危机,她认为 1983 年的教育危机在 35 年之后仍没有改变,而且"美国

---

① Ravitch D. The Reign of Error:The Hoax of the Privatization Movement and the Danger to America's Public Schools [M]. New York:Knopf, 2014:304.
② The National Commission on Excellence in Education. A Nation at Risk:The Imperative For Educational Reform [EB/OL]. (1983 - 04 - 26). [2017 - 12 - 11]. http://www.csus.edu/indiv/l/langd/nation_at_risk.pdf.

正在被中国、德国、英国等国家所超越,美国处于更大的危机中,这是不可接受、不可宽恕的,是'非美国的',美国能够而且必须做得更好。"①对此,可以预见,美国将更加强化四大教育强国战略。而且,在特朗普政府采取"美国优先"来"使美国再次强大"时,还可以预见的是,美国保守性的价值观如爱国主义教育会在美国基础教育改革中得到强调,基础教育中培养具有全球竞争力的"美国人"这一点,也会更加明显。但特朗普的这种"美国主义"显然是为了更好地实现美国主导的全球主义,②这尤其体现在新近发布的把中国定义为"战略竞争者"的《美国国家安全战略》(National Security Strategy of the United States of America)之中。③

(彭正梅 邓 莉)

---

① U. S. Department of Education. Prepared Remarks from U. S. Secretary of Education Betsy DeVos to Foundation for Excellence in Edcuation National Summit on Education Reform [EB/OL]. [2017 - 12 - 18]. https://www. ed. gov/news/speeches/prepared-remarks-us-secretary-education-betsy-devos-foundation-excellence-education-national-summit-education-reform.
② The Guardian. Trump Pledges to Promote American 'Patriotism' in Schools as President [EB/OL]. (2016 - 09 - 01). [2018 - 04 - 02]. https://www. theguardian. com/us-news/2016/sep/01/donald-trump-american-patriotism-schools-immigration.
③ The White House. National Security Strategy of the United States of America [R]. The White House, 2017: 2.

第十七章　培养具有全球竞争力的中国人：基础教育人才培养模式的国际比较研究

1983年,邓小平同志提出:"教育要面向现代化,面向世界,面向未来。"教育的现代化是一种面向世界、面向未来的现代化。因此,既然世界和未来都在变化,甚至剧烈变化,那么教育现代化就不是某种固定的状态,而是应该带有一定的发展性特征。追踪和界定这一特征,并为我国发展提供理论、政策和实践对策,是中国比较教育学的恒久使命。

一、研究背景

当今世界是一种技术和创新驱动的知识社会。知识社会的基本特征就是知识多样性和共享性。前者强调文化和语言的多样性,后者强调人人都可以平等和普遍地获取知识。① 如今"知识社会"已经成为OECD大部分成员国考虑问题的框架。欧洲也努力把欧洲建设成为知识共同体。根据有关研究,未来世界将是一个计算机化的知识经济(computational knowledge economy)。②

自20世纪90年代以来,许多国际组织及国家和地区主要从新自由主义的角度来理解当今和未来世界,认为全球化进一步推进了全球市场的建立,从而加深和促进了各国之间的竞争。创新人才的培养成为各主要国家的核心关注,成为其国家发展、经济发展和教育发展的优先战略。

基础教育在人才培养上具有一种奠基性甚至是直接培育的作用。21世纪以来,国际教育改革不仅强调推进公平正义,更强调促进创新驱动。一些主要国际组织及国家和地区进一步调整其基础教育发展战略,转向一种"能力导向"的人才培养改革运动,借以提升和保持本国在全球竞争中的优势地位。换句话说,"21世纪能力"已成为国际基础教育人才培养模式改革的核心目标。主要国际组织及国家和地区已经或正在制定"2030教育战略"。

---

① 从信息社会迈向知识社会[EB/OL]. http://www.un.org/chinese/esa/education/knowledgesociety/1_2.html.
② Wolfram C. Moving to the computational knowledge economy [EB/OL]. http://river-valley.zeeba.tv/moving-to-the-computational-knowledge-economy/.

我国目前正在进行新的结构调整,强调"创新、协调、绿色、开放、共享"的发展理念,创新驱动和可持续发展已成为举国共识,也是对国际社会的承诺。中国已迈入中等收入国家行列,据世界银行预测,在 2030 年可能会成为一个高收入国家,而且"中国将在技术领域追赶上绝大多数发达国家,而且中国的增长将越来越多地受到自主创新的驱动,这种创新将推动技术前沿外移,并在这些领域获得新的比较优势"。①

但是,中国经济的创新能力和竞争力并不乐观。2015 年世界经济论坛对全球 140 个经济体的全球竞争力所进行的调查分析(The Global Competitiveness Report 2015-2016)中,中国排名第 28 位。虽在金砖国家中排名第一,但在过去四年里,中国在全球竞争力排行中的名次停滞不前。世界经济论坛创始人兼执行主席克劳斯·施瓦布(Klaus Schwab)指出,要在新的经济环境中保持和提升竞争力,需要特别重视促进生产力增长的关键要素:人才与创新。

这就需要变革我们的人才培养模式,包括变革我们基础教育的人才培养模式,以孕育社会发展所需要的自主创新。但是,我国基础教育的人才培养模式还存在以下问题:(1)人才培养目标不适应我国发展战略,不具有国际性的现代色彩和未来指向。(2)政府对基础教育人才培养的治理缺乏专业性,行政化倾向明显,学校自主权不够,限制了基础教育人才培养模式供给和发展的空间。(3)社会在参与基础教育人才培养模式方面缺乏保障和动力,在教育试验和供给上的潜能有待进一步激发。(4)家长的教育选择权不大,不利于学生的个性发展。(5)学校管理办学模式单一,缺乏办学活力和创造力。(6)课程模式单一,选择性不够,缺乏时代性。(7)教学模式单一。主要是以讲授法为主,探究式教学、项目式教学、讨论式教学等在实践中运用较少,不利于激发学生的高阶思维。(8)评价模式单一。评价为考试服务,纸笔测验等仍是主要手段,忽视评价的全面性、全程性和个性化。(9)学校教育和学习中,现代技术运用不足。技术对教学方式的变革潜能没有或很少得到实现。

世界在变化,教育也必须变化,基础教育的人才培养模式也必须随之变化。2001 年开始的基础教育课程改革提出了"为了中华民族的复兴、为了每位学生的发展"的宏伟目标,为我国建立了一套合理的素质教育课程体系,但随着全球化的不断扩展和加深,中国必然会进一步融入世界、甚至会领导世界,因此,我国需要启动国际上在 2001 年左右就已推动的"21 世纪能力导向"的基础教育改革,改革我们的人才培养模式,为我国未来发展战略所急迫需要的亿万高素质的劳动者和创新人才提供有力支持和保障。

---

① 世界银行和国务院发展研究中心联合课题组.2030 年的中国:建设现代、和谐、有创造力的社会[M].北京:中国财政经济出版社,2013:171.

中国"教育的现代化"需要"面向世界和面向未来",需要参考当今的国际教育变革和未来趋势来加以推进,培养"具有全球竞争力的中国人",帮助实现百年以来孜孜以求的"中国梦"。

二、研究设计

(一)研究对象

以联合国教科文组织(UNESCO)、经济合作与发展组织(OECD)、欧盟(UN)等国际组织,以及美国、德国、英国、法国、芬兰、西班牙、澳大利亚、金砖国家(俄罗斯、印度、巴西)、日本、"亚洲四小龙"(新加坡、韩国、中国香港、中国台湾)等国家和地区为研究对象,通过追踪这些国际组织、国家和地区的最新教育进展及2030教育战略动向,从培养什么样的人、如何培养人的维度,全面而深入地分析比较世界的和未来的基础教育人才培养模式,在此基础上,结合中国实际,探讨中国教育应有的人才能力框架和人才培养模式,为中国教育的人才培养提供政策建议和实践参考。

(二)研究方法

主要运用了以下几种方法:一是调研法。通过座谈和实际调查,确定中国基础教育人才培养模式存在的实际问题。二是文献分析法。通过查阅、整理、分析最新文献材料,全面探讨了主要国际组织及国家和地区的教育新理念、教育改革最新进展、21世纪人才能力框架和人才培养模式等。三是统计分析法。基于材料和数据,统计、加工和归纳了主要国际组织及国家和地区的人才能力框架和人才培养模式等。四是比较分析法。从国际比较的视野出发,对主要国际组织及国家和地区的人才能力框架和人才培养模式,以及教育政策的最新进展及2030教育战略等进行了分析和探讨,为我国基础教育人才培养提供一定的参照和考察。五是访谈法。以访谈的形式咨询了国内外著名教育专家或政策制定者对当前中国和世界教育的现状和未来的看法。

(三)研究特色

1. 丰富和深入的国际研究。全面而深入地分析比较了 UNESCO、OECD、UN 等国际组织,以及美国、德国、英国、法国、芬兰、西班牙、澳大利亚、金砖国家(俄罗斯、印度、巴西)、日本、"亚洲四小龙"(新加坡、韩国、中国香港、中国台湾)等国家和地区的基础教育人才培养模式现状及趋势。

2. 追踪所研究的国际组织、国家和地区的最新教育进展及2030教育战略动向文献,如 OECD 的《教育指标聚焦》、《美国 K-12 教育 2030》、《教学 2030》,以及德国、日本、俄罗斯等国的一手文献资料。

3. 通过对主要国际组织、国家和地区的基础教育的人才培养模式的比较和分析,构建 21 世纪基础教育人才培养模式图。

4. 从国际教育和中国教育出发,构建一个中国基础教育人才能力框架图。

5. 政策建议是针对中国的教育问题和当今的国际教育变革和未来趋势所提出,具有国际视野和系统性,并立足于中国教育实际。

6. 依据澳大利亚哈蒂(John Hattie)教授所著《可见的学习》中教育影响因素的元分析结论,探讨了改革措施最有效的问题。

三、发现及分析

21 世纪以来,若干重要的国际组织、国家和地区都把未来社会界定为一种知识社会,认为创新是知识社会的灵魂,强调基础教育要培养以 STEM 能力、4C 能力和跨文化能力为核心技能的终身学习者,并据此提出了各自的基础教育人才培养模式的战略。

(一) 发现:基础教育人才培养模式的国际趋势

这些人才战略模式包括三个方面:国家治理模式、社会参与模式以及学校教育模式。尽管就现代社会和未来社会发展而言,国家治理、社会参与和学校教育之间的固定界限正在模糊,但大致来看,前两者是为学校人才培养提供制度基础、物质保障和社会空间;学校教育中的管理、学习、课程、教学、教师和评价则是人才培养模式的基本要素(参见图 17-1),同时也是本轮国际教育改革的中心,体现了人才培养模式改革的关注点从学校之外转向学校之内。

图中显示国际基础教育人才培养模式在国家治理、社会参与和学校教育方面存在着以下趋势和特点。

1. 国家治理追求"公平、卓越、专业、开放"

21 世纪以来,国际教育及其未来规划强调更高层次的公平和卓越,强调在治理上的专业性和开放。其主要表现是:第一,在公平方面,提出共同标准,缩减教育质量的地方之间、学校之间和学生之间的差距,增加教育投入,确保物质保障,在资源供给上对弱势群体进行倾斜,把学前教育纳入义务教育体系;第二,更加追求教育卓越,促进学校教育特色发展,通过立法推动技术创新人才的培养(如 STEM 能力),吸引优秀人

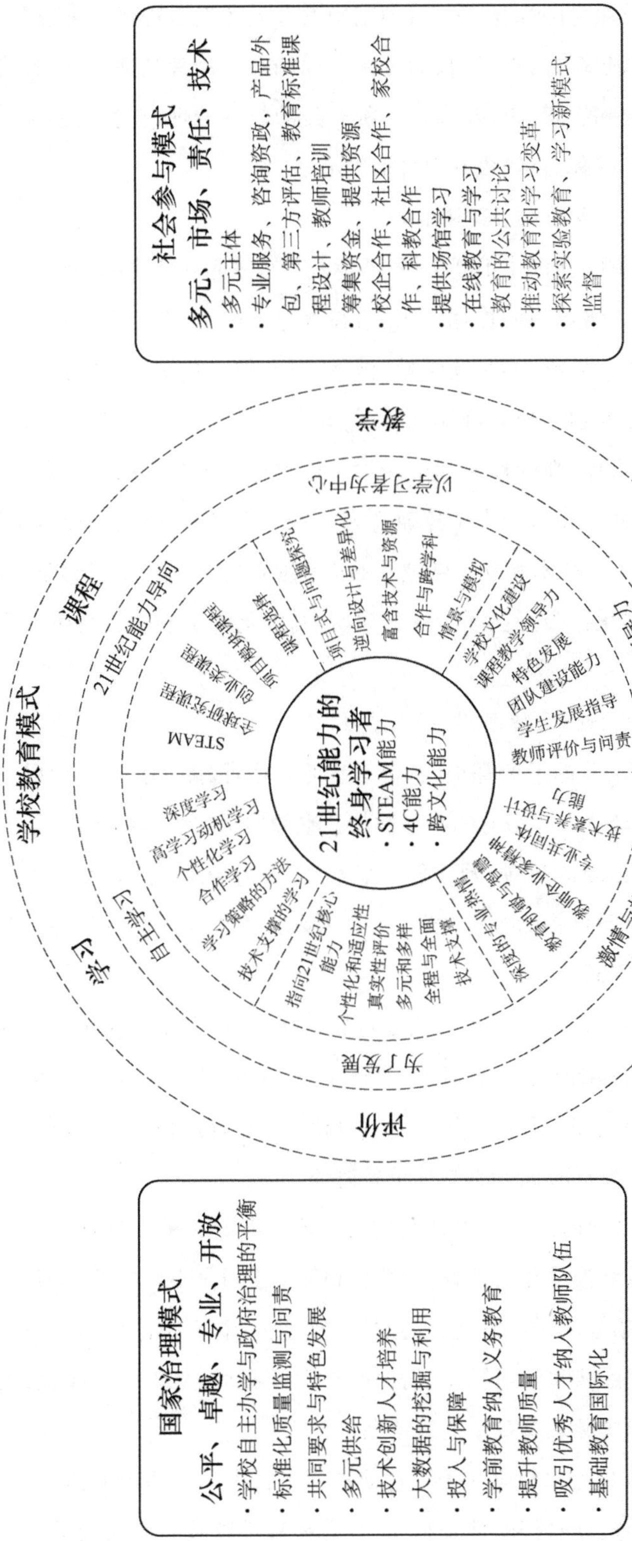
社会参与模式
多元、市场、责任、技术
· 多元主体
· 专业服务、咨询资政，产品外包、第三方评估、教育标准课程设计、教师培训
· 筹集资金、提供资源
· 校企合作、社区合作、家校合作、科教合作
· 提供场馆学习
· 在线教育与学习
· 教育的公共讨论
· 推动教育和学习变革
· 探索实验教育、学习新模式
· 监督
学校教育模式
课程
21世纪能力导向
STEAM
全球研究课程
创业类课程
课程选择
教学
以学习者为中心
项目式与问题探究
逆向设计与差异化
富含技术与资源
合作与跨学科
情景与模拟
管理
领导力
学校文化建设
课程教学领导力
特色发展
团队建设能力
学生发展指导
教师评价与问责
数字化学校
教师
激情与机敏
技术素养与设计能力
专业共同体
教师企业家精神
深度的专业热情
评价
指向21世纪核心能力
个性化和适应性
真实性评价
多元和多样
全程与全面
技术支撑
学习
自主学习
深度学习
高学习动机学习
个性化学习
合作学习
学习策略的方法
技术支撑的学习
21世纪能力的终身学习者
· STEAM能力
· 4C能力
· 跨文化能力
国家治理模式
公平、卓越、专业、开放
· 学校自主办学与政府治理的平衡
· 标准化质量监测与问责
· 共同要求与特色发展
· 多元供给
· 技术创新人才培养
· 大数据的挖掘与利用
· 投入与保障
· 学前教育纳入义务教育
· 提升教师质量
· 吸引优秀人才纳入教师队伍
· 基础教育国际化

图 17－1　21 世纪基础教育人才培养模式图

才进入教师队伍,促进基础教育国际化;第三,为基础教育人才发展提供专业支持,利用大数据进行以"证据为基础"的治理,在权力分配上强调政府治理与地方、学校自主办学的平衡,鼓励民间试验和探索;第四,强调一种开放的教育治理,在教育决策中引入不同的行动者,甚至引入国际力量,提升教育治理水平。

2. 社会参与追求"多元、市场、责任、技术"

随着新自由主义所理解的全球化不断扩展,国际教育越来越相信社会和市场在资金、资源和人力的配置、人才培养上的作用。第一,在参与主体上,强调不同行动者的责任和参与,强调教育的多元供给,如私立学校、国际学校、教育券学校、特许学校、在家上学、场馆学习;第二,在办学途径上,强调校企合作、社区合作、家校合作、科教合作以及基础教育与高等教育合作,强调社会和市场对学校教育提供专业服务,简化学校教育不必要的负担;第三,社会和市场为学校教育人才培养提供教育试验、教育标准、第三方评估和监督;第四,ICT 技术和互联网技术的进步使得"人人学习、时时学习、处处学习"的泛在学习和学习化社会正在逐步变成现实,制度化的学校教育与生活和职业的界限正在瓦解。

3. 学校教育追求"自主、创新、特色、数字化学习"

学校是基础教育人才培养的专业基地,并负有专业责任,因此,是 21 世纪以来教育改革关注的重点。基础教育人才培养的高层次的公平和质量在于学校之内,而非学校之外。给予学校相对的创新的自主,建设富有特色的、数字化的、且对外开放的学校,以满足学生在技术上日益可能的个性化学习,是未来人才培养的基本趋势。其努力方向主要在于以下六个方面:

(1) 学习:迈向自主学习。学校教育的核心是学生高效、自主和个性化的深度学习。项目式学习、以问题为基础的学习、合作学习与探究、技术支持的学习以及混合学习,不仅可以尊重、保护、激发和提升每个学生的学习动机、学习能力和学习权利,同时也是学生找到自己的兴趣、发展其高阶思维的重要途径。

(2) 课程:21 世纪能力导向。学习内容问题是人才培养的关键。没有高度丰富性、选择性、层次性、跨主题和模块化的课程,个性化和深度学习是不可能的。因此,国际教育改革把内容问题留给学校、教师以及专业性的社会公司,而是仅仅强调一种以 21 世纪能力为导向的课程目标和学习结果。其中,STEM 课程、全球研究课程、创业类课程与大学先修课程,是国际教育改革的最新亮点。

(3) 教学:以学习者为中心。教学作为一种促进学生自主学习的专业活动,被置于国际教育改革的优先位置。脑科学、认知科学、计算机科学以及大数据技术的进步使得教学和学习更加走向科学。高级认知通过社会互动形成,成为国际教学改革的理论基础。以问题为基础的教学、项目式教学、跨学科教学、富含技术与资源的教学,更加受到提倡和扩展,更加重视基于标准的结构化的逆向教学设计与基于个性化指导的差异化教学的平衡。

(4)教师:激情与机敏。教师是受雇于学校来促进学生学习的专业人士,是学生发展中"更富能力的他者"。国际教育改革重视制定教师的专业能力标准,促进富有创新精神、具有深度的专业热情的教师发展。哈蒂通过15年的数据研究,分析确证了"教师最重要"的结论,呼吁教师要"认识你的影响力",并提倡一种能给予及时有效反馈的具有激情和机敏的教师形象。因此,教师企业家精神、合作的专业共同体以及技术素养与设计能力被认为是21世纪教师专业发展的关键。一些国家采取对教师"信任但要检查"(trust but check)的教育战略。

(5)评价:指向21世纪核心能力。各国教育改革强调加强学生评价和增值性评价,以监测学校教育人才培养的质量、公平和效率,以及学校教育在培养21世纪核心技能的能力,一些国际性评价如PISA被认为对各国全球竞争力具有标杆作用,因为它测试的是知识应用学校情境之外的能力。各国都强调把21世纪的核心能力作为学校情境之内的学生评价的标杆,但其内在逻辑则是导向评价的全程与全面性、多元和多样、个性化和适应性、真实性和技术支撑。

(6)管理:领导力。基础教育的人才培养最直接的影响因素是学校的管理文化和管理风格,确切说是学校的领导力。各国的学校改进都重视学校文化建设、特色发展、课程教学领导力、团队建设能力、学生发展指导和教师评价与问责。英美的灯塔学校、蓝带学校、磁石学校、自由学校、核心知识学校、KIPP(Knowledge Is Power Program)学校,苏格兰的卓越课程,新加坡的卓越学校、日本的全球学校都有在领导力上独具风格的人才培养模式。

(二)分析:基础教育人才培养模式的两个努力层面

从上面这些基础教育人才培养模式的国际趋势中,可以看出两个层面的努力:(1)追求一种全民的、全纳的教育公平,培养拥有未来社会所必需的基本能力的公民;(2)在此基础上,追求一种差异性的高质量的教育卓越,培养领导未来社会经济发展的人才。

1. 养成公民,追求一种全纳、平等的有质量的教育

基础教育的根本目标在于养成一个国家的公民,是一个国家国民素养的重要保

障。21世纪以来的国际教育改革尤其重视共同性的要求,试图消除国内和国际的学业成就差异。例如,德国的国家教育标准、美国的《不让一个孩子掉队法案》以及《共同核心州标准》,都是为了加强国家对教育的监测,确保教育公平。

针对当今国际上的教育工具主义和经济主义的倾向,UNESCO 强调重新思考教育,倡导一种新人文主义的教育,提出 21 世纪教育的根本宗旨在于维护和增强个人在其他人和自然面前的尊严、能力和福祉,要指导人们应对全球学习格局的变化,实现所有人的可持续发展。OECD 在 2015 年发布的报告《普及基本技能》(Universal Basic Skills)中指出,不管是富裕国家还是贫穷国家,若能确保所有 15 岁青少年在 2030 年前至少具备现代功能性素养(modern functional literacy),即基本的阅读、数学、科学技能,对经济的包容性增长和可持续发展的效益将是巨大的。报告还指出,增加入学机会是首要任务,然后再向前迈进,让更多人具备更好的技能。

2. 养成人才,追求一种带有个性化色彩的教育卓越

美国的 21 世纪技能、日本、欧盟、新加坡以及我国台湾地区都在试图培养具有 21 世纪技能的终身学习者,并且都强调 4C 能力、跨文化能力以及 STEM 能力。人们不再专注于低阶技能,而是强调高阶技能,把学习和创新能力置于核心位置,正如 UNESCO 所指出的:"所需的知识不是由某一中央机关指定的,而是由学校、教师和社区来确定。这种知识不仅限于传播,而是根据人们的需要来探索、研究、试验和创造知识。运用这种知识的目的在于:培养基本的语言和交流技能;解决问题;以及培养更高层次的技能,例如逻辑思维、分析、综合、推理、演绎、归纳和假设。获取这种知识的过程,可以培养出最重要的技能:获取信息和批判性处理信息的能力。学会如何学习从来没有像今天这么重要。"[1]

显然,21 世纪能力超出了正规学校教育正规课程的学习结果,而是终身逐渐发展的。因此,这些能力的模式的本质就是在为终身学习以及终身学习能力作辩护,它要求提供学习和发展机会,同时,也对学校包括高等教育的结构和课程具有重要意义。

终身学习能力成为所有能力的重中之重,同时这些能力也规定了终身学习的内容。因此,对成人和学生的评价,越来越趋向一致。例如,PISA 测试强调知识在真实世界的运用,也就是通过把学校中学习的知识运用于非学校情境之外,来促进学生投入到终身学习。因此,PISA 既测试课程知识,也应用和反思知识。

在养成公民和养成人才方面,我们可以作这样的区分:前者强调基础素养,后者

---

[1] 联合国教科文组织. 反思教育:向"全球共同利益"的理念转变?[M]. 联合国教科文组织总部中文科,译. 北京:教育科学出版社,2017:41.

强调核心能力;发展中国家更应该关注全纳性的教育公平,更加关注养成公民;发达国家更加关注促进经济发展的能力,更加关注养成人才。但这两个努力层面是统一的,同时表现于同一个国家的教育改革努力之中。我们知道,康德把主体性理解为一种"勇于认知"的自主活动,但是 OECD 不仅强调自主活动,还强调互动性地使用工具和在异质群体中的互动。这就从工具和他者的角度拓展了对人的主体性的认知,既吸收了技术哲学思考,也吸收了后现代哲学的反思,从而体现了一种新的人类形象。

但是,这些能力的本质却是一种经济人的假设和形象。在社会民主时代,教育的利益会被集体通过社会公民机构等重新分配和利用,而新自由主义政策话语则只关注两个方面:教育为了个人的就业和教育为了经济发展。新自由主义教育政策认为个人要为自己受教育从而获得就业机会负责。政府的角色被全球化和自由市场限制了,所以政府对于经济没有约束力。而每个国家能做的就是培养出理性的符合需求的劳动力,吸引投资增加就业。对于就业而言,教育的价值就是促进高端的国际市场中劳动力的扩大,而低要求的工作便会转向低收入经济体。所以教育既是新的福利也是新的经济政策。尽管新自由主义的教育政策的实施促进了受教育者的人数增加,每个人拥有了更多的自我提高的机会,但在义务教育中,由于新自由主义的选择政策功能的作用,教育结果正不断地走向两极分化、教育排斥和贫穷正不断加深,尽管这些政策也提高了教育的整体水平。

四、政策建议

21 世纪以来,两个重要事件对中国社会的发展及未来发展具有重要的指标意义。一是,2001 年 12 月 11 日,中国加入世界贸易组织,认可并参与全球性的自由市场,10 多年后,中国成为全球第二大经济体,全球贸易总额仅次于美国。中国经济已深度融入了全球化的世界之中。二是,2001 年教育部实行了新中国成立以来首次将批判思考作为目标的最具世界意义的基础教育课程改革。2009 年和 2012 年,中国上海在 OECD 的 PISA 测试中,两次获得世界第一。中国基础教育质量在全球性的教育评价中获得了深广的认可和赞许。

这两个事件表明,我国在参与以创新创造和批判思考为核心的全球经济体系和教育体系时不应妄自菲薄,充满疑虑,而是应该自信地积极应对全球竞争以及挑战。

从 PISA 测试的国别比较中可以看出,长期被西方贴上灌输、填鸭式教学标签的中国教育在 OECD 的能力测试中表现优秀,富有潜力。同时,从 PISA 测试的内在比较中可以看出,我们的教育在激发和培养高阶思维方式上存在不足,与欧美发达国家的教育存在差距。这就要求我们的教育改革瞄准全球竞争,锻炼和磨砺作为全球竞争通用货币的21世纪能力,因为我们不仅要面向世界,还要介入世界,甚至领导世界,正如"一带一路"倡议所要求的那样。

研究表明,个体学习表现是一个递进的过程,是一个从简单到复杂的过程(参见图17-2)。我们目前的教育优势在于对低阶的学习目标比较重视,而相对忽视高阶学习目标。尽管低阶的学习目标对于高阶学习目标具有某种奠基性的作用,但我们实际上并未走向高阶学习目标,反而在低阶阶段停滞不前,把大量时间消耗在低阶能力的自动化上。我们仍然缺乏21世纪成功生活和社会良好运转的工程技术能力、高阶思维能力、外语能力和自主行动的能力。因此,在我们学业成绩总体表现良好、主要教育指标已达到中等发达国家的21世纪的今天,本书的政策建议集中在培养具有21世纪竞争力的中国人这一较高目的之上。

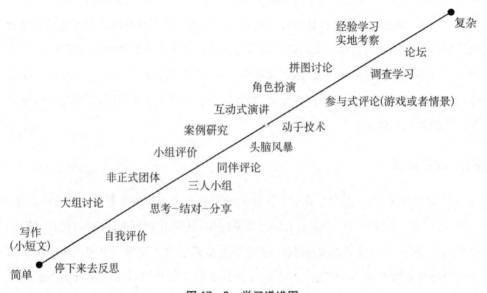

图17-2 学习递进图

(一) 培养具有全球竞争力的中国人

世界主要国际组织以及国家和地区均实施或提出了适应21世纪知识社会的人才能力框架,提出21世纪应该具备的关键能力或核心素养。为了参与全球竞争,有必要汲取国际经验,探讨适合中国国情的人才能力框架。

在基础能力和公民素养已经得到发展的基础上,本书强调提出"培养具有全球竞争力的中国人"的人才能力框架(参见图 17-3)。

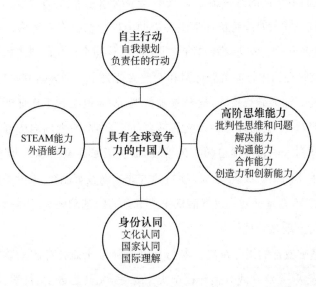

图 17-3 "具有全球竞争力的中国人"的人才能力框架图

图的左边圆圈是指科技能力＋外语能力,是一种硬能力;图的右边圆圈是指高阶的软能力,包括批判性思维和问题解决能力、沟通能力、合作能力、创造力和创新能力。图的上面圆圈是自主行动,下面圆圈是身份认同,包括文化认同、国家认同和国际理解,培养一种反思性忠诚于自己,并反思性地对待其他文化的世界主义精神。本书用这个模式来体现 21 世纪中国人的人才形象:既有身份认同之根,又有国际理解和跨文化能力之行;既具有科技、外语的硬能力,又具有 4C 的软能力;能够自我规划和负责任地行动。

显然,今天和未来的基础教育的人才培养模式是为实现这一人才形象,"培养大批具有国际视野、通晓国际规则、能够参与国际事务和国际竞争的国际化人才"奠定基础,以帮助实现中华民族的复兴之梦。下面的政策建议就是围绕培养"具有全球竞争力的中国人"这一主题而展开。

(二) 政策建议

在国家教育治理方面,我们建议:

(1) 建立以法治为基础的、责权相称的治理体系。加强教育治理的国际共通性,引入多元的行动者,鼓励不同的教育试验和创新。重视私立学校的价值。鼓励民办教育的发展,明确民办学校的办学标准,建立公平的竞争机制,形成开放性、多供给的教育体系,满足人们多元化的选择需求。改革大学的招生方式,扩大大学招生自主权。扩大学校选择权。加大对弱势群体学生的资助力度。改善女童教育。坚持义务教育均衡发展,保障每个学生成功,高中教育差异发展,保障个性化的成才机会。

(2) 从行政管理为主转向资源保障和专业支持为主。加大研究机构对教育评估、教育咨询的参与。加大教育投入,提升教师待遇、发展机会和工作尊严。扩大学校自主权、经费使用权。把学前教育纳入义务教育体系,学前教育向弱势群体倾斜。开办满足学生个性化需求的特色项目和特色学校,促进天赋儿童的成长,促进弱势群体资优生的发展。缩小高中班级规模。以项目的方式推动教育创新、鼓励教育实验。启动中国版本的 STEM 教育计划。改善信息化技术方面的基础设施,消除数字鸿沟,以信息化的专业支持推动教育现代化。

(3) 提升基础教育的国际维度。参与具有国际可比的教育质量监控。通过项目方式或通过国家级、省级在线方式开设全英文课程,尤其是数学、科学、技术等学科的全英文课程,供学生选择参与。尝试建立 1 000 所双语教学的高级中学。加强学生出国交流和教师国外研修。

在社会参与方面,我们建议:

(4) 促进参与主体多元化。重点是推进企业、社会团体、高校等行动主体参与和提供教育服务,明确各方主体的教育责任。建立透明的认证制度。

(5) 推动教育资源市场化配置、教育服务的市场化供给和第三方评估。将市场机制引入教育领域,促进教育竞争,满足多样化和个性化的教育需求。

(6) 建立以技术支撑的学习化社会和教育创新环境,降低教育成本,增加教育供给。提供场馆学习、在线学习等非制式学习机会,支持泛在学习和终身学习,为青少年提供可替代的学习与教育模式。

在学校教育的学习方面,我们建议:

(7) 尊重、激发和保持学生的学习热情,促进自主和个性化学习,培养其自我管理能力、领导力和企业家精神。寻求不同途径,如心理测试、选拔测试、课程模式、学校类型和专门的促进中心,促进儿童天赋发展。

(8) 促进学习方式的多样性。鼓励合作学习和探究;倡导真实性学习、体验学习、服务学习、技术支持的学习等多种学习方式,发展学生的高阶思维。

(9) 利用技术支持学习,支持终身学习。缩小数字使用鸿沟,发展学生的信息素养,保障学生利用现代技术学习和解决问题。建立优质的数字化校园。

在学校教育的课程方面,我们建议:

(10)加强课程的丰富性、层次性和选择性。开设创业课程和学生领导力课程,高中阶段开设高阶思维及方法课。把社会、科技发展的前沿主题引入课程,激发问题意识和探索精神。

(11)加强体育与艺术教育,促进健康且艺术的生活习惯和能力。创新的精神来自健康的身体活力和对自我、世界的审美表达。

(12)加强以技术为支撑的课程开发。开发电子学习材料和多元化的学习环境。推进项目学习,在所有课程中贯穿高阶思维能力的培养。

(13)加强国家认同和国际理解课程。加强高中的国学课程和全球研究课程,使学生能够反思性地忠诚于自己,并反思性地向外开放,具有全球公民意识,培养其团队意识和共享的核心价值观。

(14)设置STEM综合课程,加大工程、技术、计算机应用的课程比重。STEM教育应该从幼儿园就开始,让儿童从小养成工程思维和工匠精神。

在学校教育的教学方面,我们建议:

(15)教学方式、策略的多样化,照顾儿童的多元需要和天赋差异。力求讲授教学、小组学习及个体学习之间的平衡。促进学生参与、合作对话。加大运用项目式、问题式、探究式的教学方式。

(16)加快和扩展技术与教学的融合,发展在线教学,为学生的学习提供技术支持,建立合作学习平台来分享和扩展知识及能力,建立高互动学习反馈平台,优化和革新学生的学习方式。

(17)探索小班化、定制化、长课时等方式来支持项目式、探究式教学。教学要与核心能力的培养相一致。

在学校教育的教师方面,我们建议:

(18)提升教师的专业品质。重点提升教师的学科素养、人文素养、革新能力和跨学科教学能力。加强教师合作,分享专业知识和开展跨领域合作,促进教师专业共同体建设。设置更严格、更高的教师教育能力标准。教师教育课程要强化计算机应用、脑科学和心理科学的学习。

(19)善于给学生设计具有挑战性的目标和任务,为学生的学习提供及时有效的反馈,并为学生提供适应性的支持。为教师提供相关培训,使之可以有效应对有特殊需要学生的挑战。

(20)重点提高教师的技术素养和设计能力。加强对教师的技术培训,使教师具备在学校中运用技术开展教学的能力。建立国家性的教学服务中心和服务平台。以数据支撑教师的工作和发展。

在学校教育的学习评价方面,我们建议:

(21) 推行全程性、全面性的发展性评价,使评价有利于不同天赋儿童的成长,实现其最大潜能。增加评价的多样性,扩大真实性评价的运用。加强对高阶思维能力、跨学科能力和技术能力的评价,使评价有利于学生的个性化发展,支持其以自己的方式践行终身学习。

(22) 利用评价改善学习。在义务教育阶段,更加关注儿童身心健康和学习乐趣,淡化竞争性、选择性评价。减少不必要的评价,减少高风险评价,推行关键时期的学习评价。让教师参与到评价设计的过程中,借以判断其教学的有效性。

(23) 运用技术和大数据,推行在线测试,让系统记录学生表现,帮助教师更深入地了解学生需要及其教学反馈,促进学生更高水平的个性化学习。

在学校教育的管理方面,我们建议:

(24) 让优秀的领导者管理学校。创设健康、合作、积极向上的学校文化和学习文化,使儿童免于忧虑、恐惧和精神创伤。建立制度,促进企业、社会组织、家长和学生等参与学校治理,接受其监督。打造数字化学习环境,为学生不同的学习风格提供支持。

(25) 提升校长以实践创新为核心的课程教学领导力,促进教育的开放、透明和高效,支持和促进教育者的专业发展和终身学习,帮助其寻找和推广最佳的教育实践方式。减少教师不必要的压力。

(26) 加强对学生发展的指导。加强对学生学业、未来职业想象与规划、心理健康的指导,并为其提供咨询服务,帮助他们识别自己的兴趣,在个体学习和升学选择上得到充分指导。

五、结语:什么最有效

关于基础教育人才培养模式,国际教育作过大量的改革探讨和试验。那么,这些改革措施中什么最有效呢?哈蒂用了 15 年时间对 2.8 亿学生进行元分析,对这个问题作了迄今为止规模最大的、最为可信的探讨。

哈蒂在其出版的《可见的学习》中,把影响学业成就的 138 个因素归入学生、家庭、学校、教师、课程和教学等 6 大类别,分别加以比较、阐释和总结,对这 6 大类的效应量进行平均化处理,效应量从小到大排序的是教师、课程、教学、学生、家庭、学校(参见图 17-4)。英国的《泰晤士报·教育版》认为,哈蒂发现了教育的圣杯。德国的《明镜周刊》认为哈蒂的研究帮助我们回到了教育改革的核心；而德国《时代周刊》则直接指出，教师最重要。[1]

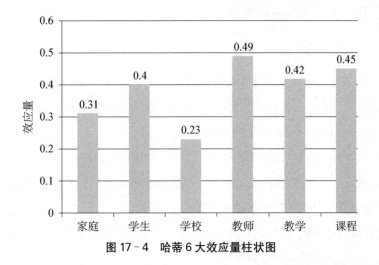

图17-4 哈蒂6大效应量柱状图

中国的教育问题当然要基于中国的情况来加以分析和解决，但是哈蒂对影响学业成就的因素模式的探索，对于中国基础教育人才的培养具有重要的借鉴意义。我们认为，尽管国家治理模式和社会治理模式非常重要，要解决中国基础教育人才和创新人才的培养问题，可以从教师、课程、教学等方面入手。这些方面对我们的体制来说，既容易入手，也容易出成绩。而且，在这方面，我们不仅可以向国际教育学习，同时也可以向我们自己的儒家传统学习。

儒家尊师重教的传统，强调教师拥有较高的教育责任和关键性作用，这与当今国际人才培养研究的结果是一致的；儒家修身传统则把修齐治平理解为一种"学而时习之"的无限辩证，又恰恰与学习、生活和工作界限的日益模糊的未来社会，特别是2030年的社会有着内在的一致性。

（彭正梅　郑太年　邓志伟）

---

[1] 彭正梅.寻求教学的"圣杯"——论哈蒂《可见的学习》及教育学的实证倾向[J].教育发展研究,2015,35(6):1.

结语：为了人的更高发展

1840年，古老的帝国在战争中败于西洋，1895年，古老的帝国在战争中又败于东洋，帝国突然发现自己已经被拖入到一个"三千年未有之变局"中，被拖入到世界之中。而在这之前，中国就是世界，就是世界的中心。

按照《大学》的逻辑，"欲明明德于天下者"必先"明德修身"。也就是说，欲拯救天下，必先拯救人心。当然，这个人心已经不再是传统的儒家气质了，而是经历了一系列史诗般的变革后所寻求的新的突破和再生。

现代化成为中华民族以后各个时代的通奏低音，而按照《大学》的逻辑，人的现代化被认为是国家现代化的前提或根本。

一

魏源最初提出了应对西方战略，即"师夷长技以制夷"。不过，他在《海国图志》之中也考察了德国普鲁士的教育，并表示了欣赏。稍后，中国的教育变革很快被张之洞表述为"中体西用"，也就是，中国伦理加上西方技术。

但严复指出，中学有中学之体用，西学有西学之体用，分之则并立，合之则两亡。有牛之体，则有负重之用；有马之体，则有致远之用。怎么能"有以牛为体，以马为用者也"。西方强大之处恰恰在于"以自由为体，以民主为用"。

1915年9月15日，陈独秀在《青年杂志》撰写的发刊词《敬告青年》中列举"新青年的六大标准"，即"自主的而非奴隶的；进步的而非保守的；进取的而非退隐的；世界的而非锁国的；实利的而非虚文的；科学的而非想象的"。这稍后被归纳为"德先生"和"赛先生"。后来，胡适激进地指出，"争你们个人的自由，便是为国家争自由！争你们自己的人格，便是为国家争人格！自由平等的国家不是一群奴才建造得起来的！"（胡适，《介绍我自己的思想》，1930年）

急切的胡适先生可能不太明白"皮之不存毛将焉附"的道理。毛泽东指出，培养又红又专的人才，才是建设新中国最为切实可靠的需求。没有坚定正确的政治方向和国家意识，专业知识和专业技能有可能导致"不识大体"，甚至认贼作父、危害国家。新中国的人才培养暂时不需要"挥一挥衣袖不带走一片云彩"的洒脱以及对"水莲花不胜凉风的娇羞"的审美欣赏。因为每个人都必须劳动,都必须为建设国家劳动。

但是"又红又专"的潜在风险在于忽视了世界,忽视了人的现代化是一种现代的精神气质,并需要相应的战略、制度的支持和保障。邓小平同志于1983年指出,教育要面向现代化,面向世界,面向未来。这不仅是一种教育发展战略,同时还意味着人的现代化需要面向世界,而面向世界才能找到我们真正的未来。因为现代化早已存在于世界之中,我们需要改革开放,向世界学习。1984年中文版的英格尔斯的《人的现代化》是"三个面向"的最好注解,是走向未来的"丛书"。

二

每个人都必须劳动,而劳动创造人自身。但是马克思认为,劳动也可能走向异化劳动。特别是在资本主义社会,劳动者不拥有劳动产品,劳动成果成为一个异己的力量;劳动成为谋生而不是乐生的手段;自由自觉的活动转变为谋生的活动;并最终导致了人与人之间相互关系的异化,把人与人之间的关系变成剥削关系和对立关系。

创造性劳动是马克思克服异化的基本解决办法,同时也是马克思"劳动创造了人自身"的本义。人只有在创造性劳动中才能感到各种本质力量,才能按照美的原则来表达自己。相反,在异化劳动中,劳动者在劳动中感受不到自己,而只有在不劳动的时候,才能感受到自己。因为人的本质在于自由自觉的活动。

因此,按照马克思主义,社会主义的教育原则是培养"富有创造力的劳动者"。这一点在今天全球知识社会下,显得尤为必要。因为创新已经成为个体发展、社会发展的根本要素。

习近平总书记指出,"创新是撬动发展的第一杠杆。当前,新兴科技和产业革命加速兴起,创新发展面临难得的历史机遇。我们要推动科技创新和制度创新两个轮子一起转,市场和技术和谐共振,让新技术、新业态、新模式不断开花结果,最大限度释放发展潜能"。(习近平2017年11月11日在亚太经合组织第二十五次领导人非正式会议第一阶段会议上的发言)

按照习总书记的论述,教育也要相应地指向培养人的创新能力。而国际教育2030的若干文件,特别是OECD 2015年启动的"未来的教育与技能:教育2030"项目,以及联合国教科文组织2015年提出的"迈向全纳、公平、有质量的教育和全民终身学习"的《教育2030行动框架》,其根本宗旨就是要求面向所有人培养人的高阶能力。

也就是说,2030的教育就是要求一种为了人的更高发展的教育。这种转向不仅有着更为人道的意义,同时更具有一种现实意义。日益剧烈的国际竞争,在根本上还是体现为人的创造力的竞争。上古竞于道德,中古竞于功利,当今之世,竞于高阶能力。

就教育而言,当今及未来的国际竞争越来越取决于我们的教学内容、学习方式以及评价方式。

三

20世纪末,美国出现了两个重要的影响世界的文本,一个是福山(Francis Fukuyama)的《历史的终结》(1989)(1992年被扩展为《历史的终结和最后的人》);另一个是亨廷顿的《文明的冲突》(1993)(1996年被扩展为《文明的冲突与世界秩序的重塑》)。《历史的终结》认为冷战的结束标志着历史的结束,资本主义和自由民主取得了对共产主义的胜利,标志着人类都在迈向自由民主社会,只是暂时处于迈向这个目的地的阶段不同而已;《文明的冲突》认为,冷战的结束只是意味着西方文明内部冲突的结束,而文明间的冲突将会开始,文明的界限将会是战争的界限。

这两个文本体现了西方中心主义的偏见。令人忧虑的是,今天的国际社会仍然存在这种意识形态方面的文明冲突。

因此,对于中国政府、教育研究者以及教育者来说,面向2035年培养所有人的高阶能力,不仅是一种幸福之道,更是竞争之道。

中华民族必将因其优秀的子女而在世界中获得复兴,中国的文化含义将再次得到确认。

彭正梅

华东师范大学丽娃河畔

2019年11月13日

图书在版编目(CIP)数据

为了人的更高发展:国际社会谋划 2030 年教育研究/彭正梅,邓莉,周小勇著.—上海:华东师范大学出版社,2019
(2035 中国教育发展战略研究)
ISBN 978-7-5675-5132-9

Ⅰ.①为… Ⅱ.①彭…②邓…③周… Ⅲ.①教育研究-世界 Ⅳ.①G51

中国版本图书馆 CIP 数据核字(2019)第 292256 号

2017 年上海市文教结合"高校服务国家重大战略出版工程"资助项目

2035 中国教育发展战略研究

为了人的更高发展:国际社会谋划 2030 年教育研究

著　者　彭正梅　邓　莉　周小勇
项目统筹　阮光页
责任编辑　白锋宇　王冰如
特约审读　郑　策
责任校对　谭若诗　时东明
装帧设计　高　山

出版发行　华东师范大学出版社
社　　址　上海市中山北路 3663 号　邮编 200062
网　　址　www.ecnupress.com.cn
电　　话　021-60821666　行政传真 021-62572105
客服电话　021-62865537　门市(邮购)电话 021-62869887
地　　址　上海市中山北路 3663 号华东师范大学校内先锋路口
网　　店　http://hdsdcbs.tmall.com

印 刷 者　上海盛隆印务有限公司
开　　本　787×1092　16 开
印　　张　17.5
字　　数　299 千字
版　　次　2019 年 12 月第 1 版
印　　次　2019 年 12 月第 1 次
书　　号　ISBN 978-7-5675-5132-9
定　　价　58.00 元

出 版 人　王　焰

(如发现本版图书有印订质量问题,请寄回本社客服中心调换或电话 021-62865537 联系)